W0109704

Egmont R. Koch

Das geheime Kartell

BND, Schalck, Stasi & Co.

Unter Mitarbeit von
Thomas Scheuer

Hoffmann und Campe

Die Deutsche Bibliothek – CIP-Einheitsaufnahme

Koch, Egmont R.: Das geheime Kartell :
BND, Schalck, Stasi und Co. / Egmont R. Koch.
– 1. Aufl. – Hamburg : Hoffmann und Campe, 1992
ISBN 3-455-08435-4

Copyright © 1992 Hoffmann und Campe Verlag, Hamburg
Schutzumschlag- und Einbandgestaltung: Werner Rebhuhn
Gesetzt aus der Aldus
Satz: Utesch Satztechnik GmbH, Hamburg
Druck und Bindung: Mohndruck, Gütersloh
Printed in Germany

Inhalt

Schlachter-Connection

Marlboro, Mafia und Marx

Deutsch-deutsche Ma(s)chenschaften

Waffen für den Rest der Welt
(Thomas Scheuer)

Anhang

Vorwort

Als am 9. November 1989 die Mauer fiel und sich das Ende des real existierenden Sozialismus auf deutschem Boden abzeichnete, löste das, entgegen anderslautenden Behauptungen, in vielen Chefetagen keineswegs Jubel und Euphorie aus, weder in der Politik noch in Industrie und Handel, schon gar nicht bei den Nachrichtendiensten. Mochte das Grundgesetz auch die Wiedervereinigung fordern, mochten vornehmlich die konservativen Parteien die Fahne des vereinten Vaterlandes immer noch hochhalten, im Grunde genommen hatten sich alle mit der Existenz zweier deutscher Staaten unterschiedlicher ideologischer Prägung abgefunden, ja, sich mit ihr eingerichtet.

Gewiß, niemand kann ernsthaft bezweifeln, daß es den Politikern bei ihren Kontakten mit der DDR in erster Linie um eine Verbesserung der menschlichen Beziehungen ging, da unterschied sich Willy Brandt nicht von Franz Josef Strauß. Heute weiß man indes: Das Ausmaß an Vertraulichkeit, das sogar die beteiligten Nachrichtendienste Ost und West einschloß, lag zumindest im Falle des CSU-Vorsitzenden und bayerischen Ministerpräsidenten gehörig über der politischen Notwendigkeit. Wer heute in den Notizen und Vermerken des Devisenbeschaffers und Mielke-Adlatus Alexander Schalck-Golodkowski (der in der Ex-DDR nur »der Schalck« hieß) oder in den Geheimdossiers des MfS und des BND liest, muß den Eindruck gewinnen, daß es eine Art Geheimkartell der wirtschaftlichen Interessen gab. In Schalcks Schattenreich ging es darum, mit

Methoden des Manchester-Kapitalismus zu Valuta zu kommen, weil das eigene Geld nichts wert war; und in manchen westlichen Unternehmen genoß eben eine solche Maxime höchste Sympathie, ließen sich mit dem internationalen Firmenreich, das den unverdächtigen Namen »Kommerzielle Koordinierung« trug, doch fürtrefflich Geschäfte machen. Und die Politik gab hüben wie drüben ihren Segen dazu.

Der Eiserne Vorhang – es mag zynisch klingen, trifft aber den Kern der Sache ziemlich genau – diente Ost- wie West-Unternehmen als willkommenes Instrument, die Legalität zu umgehen. Dort scherte man sich nicht darum, und hier verschloß man die Augen, griff eher noch unterstützend ein, als die Machenschaften in bester deutsch-deutscher Solidarität zu unterbinden. Man darf davon ausgehen, daß sich keiner der betroffenen bundesdeutschen Politiker, die so schamlos billigten, wie staatliche und private Interessen verknüpft wurden, so verhalten hätte, wenn ihm klargewesen wäre, daß dies irgendwann herauskommt. Deshalb auch lösten die Schalck-Protokolle hierzulande vereinzelt geradezu hysterische Angst aus. Zwar wußten die westlichen Gesprächs- und Handelspartner nicht definitiv, daß der Stasi-Offizier alles penibel aufgeschrieben hatte wie ein preußischer Beamter. Sie ahnten es aber, hatten sie doch gerade seine Verläßlichkeit stets gelobt.

Die Abertausende von Aktenordnern, mit denen der Parlamentarische Untersuchungsausschuß seit dem Sommer 1991 zugeschüttet wurde, bergen noch viele Skandale und werden wohl auch eine Reihe politischer Opfer fordern. Es gehört nicht viel Wagemut zu dieser Prognose. Wer sich die Zeit nimmt, Unterlagen verschiedenster Herkunft, aus den westdeutschen wie aus den ehemals ostdeutschen Geheimdiensten, miteinander zu vergleichen, Informationen wie ein Puzzle zusammenzusetzen, erhält ungetrübte Einblicke in die Dunkelfelder der deutsch-deutschen Geschichte der letzten drei Jahrzehnte.

Ich habe diesen Versuch in einigen Bereichen gewagt, wohl wissend, daß eine solche Analyse durch neue Akten und neue, zumeist schockierende Informationen ständig Gefahr läuft, von der Aktualität überholt zu werden. Gleichwohl fand ich es lohnend und notwendig, das, was heute schon sichtbar ist, in einen Zusammenhang zu bringen und aufzuschreiben. Nicht zuletzt deshalb, damit nicht jene politischen Kräfte Oberwasser bekommen, die in der (leider berechtigten) Hoffnung, das öffentliche Interesse an den fragwürdigen Beziehungen werde schon nachlassen, lieber auf Zeit spielen. Es gibt nämlich, soviel ist sicher, in allen Bonner Parteien, die Grünen ausgenommen, genügend Bremser. Sie würden dieses Kapitel der neueren deutschen Vergangenheit gern mit dem Mantel der Geschichte zudecken. Aus wohlverstandener politischer Schadensbegrenzung – und aus purem Eigennutz.

Bremen, im Februar 1992   Egmont R. Koch

Schalck und die Dienste

Mitgehört – und geschwiegen?

Der Vermerk war in jeder Hinsicht höchst brisant und deshalb verständlicherweise »unter Verschluß« zu halten. Um die Mittagsstunde des 5. Dezember 1989, etwa 40 Stunden nach der Flucht Alexander Schalck-Golodkowskis aus der DDR, informierte der Bundesnachrichtendienst das Bundeskriminalamt, man habe gegen zehn Uhr »durch technische Aufklärung ein Telefongespräch mithören können, das von einem Rechtsanwalt aus Rostock mit dem Sekretariat des Vorsitzenden der CDU-Ost, de Maizière, geführt wurde«. Dabei sei Lothar de Maizière mitgeteilt worden, daß sich Schalck »wahrscheinlich unter dem Decknamen Hans Salzmann in Köln-Frechen aufhält«.

Bemerkenswert an diesem Vorgang ist nicht so sehr dessen Inhalt, der sich später nicht bestätigen sollte, als vielmehr die Tatsache, daß durch den Vermerk erstmals deutlich wurde, was bis dahin zwar als offenes Geheimnis galt, von den Diensten jedoch immer wieder nachdrücklich in Abrede gestellt wurde: In der DDR wurden die Telefongespräche der wichtigsten Repräsentanten des Regimes systematisch abgehört, seit Jahren schon, und in der Wendezeit sogar besonders intensiv. Der damalige Staatsminister im Bundeskanzleramt und Koordinator der Nachrichtendienste, Lutz Stavenhagen, beeilte sich denn auch, die Rechtmäßigkeit des Lauschangriffs herauszustreichen: Der BND habe auf gesetzlicher Grundlage und weisungsgemäß Richtfunkstrecken in der DDR überwacht. Doch dann verstrickte sich der Minister, wie später im Zuge der Schalck-Affäre noch häufiger, in erhebliche Widersprüche: »Das Büro von de Maizière ist nicht abgehört worden, sondern es ist lediglich ein Gespräch zwischen der KoKo und de Maizière mitgeschnitten worden.«

Diese Ausflucht war offensichtlich falsch: Zielperson der BND-Abhörer war entweder der Anwalt aus Rostock oder, wahrscheinlicher, de Maizière, in keinem Fall aber der Bereich Kommerzielle Koordinierung (KoKo). Das Wirtschaftsimperium des ehemaligen Devisenbeschaffers und DDR-Staatssekretärs Dr. Alexander Schalck-Golodkowski, offiziell eine Dependance des Außenhandelsministeriums in der Ostberliner Wallstraße, gab es am 5. Dezember als funktionierende Einheit nicht mehr; das Bürogebäude war nach Schalcks Flucht umgehend von der Staatsanwaltschaft durchsucht und versiegelt worden. Auf Anweisung des DDR-Ministerpräsidenten Hans Modrow.

Stavenhagen bestätigte hingegen ungewollt etwas anderes: Alexander Schalck zählte jahrelang zu den wichtigsten Späh-Objekten des BND in der DDR; er wurde von »menschlichen Quellen« (vulgo: Spionen) ausgeforscht wie auch mit Hilfe von Lauschantennen abgehört. Sogar bei den Telefongesprächen der KoKo-Bediensteten dürften die Horcher aus Pullach stets in der Leitung gesessen haben.

Die elektronische Aufklärung des BND genießt in Geheimdienstkreisen weltweit einen hervorragenden Ruf, der wohl nur noch von jenem der schon legendären amerikanischen National Security Agency (NSA) übertroffen wird. Zu dem hohen Ansehen trägt vor allem die eingesetzte Software bei der computergestützten Entschlüsselung der Richtfunk-Kommunikation bei, mit der sich in der Regel fremde Chiffren schneller auflösen lassen als von anderen Diensten. So konnte der

BND im Falkland-Krieg als erster den argentinischen Code knacken und den Briten zur Verfügung stellen.

Bei den Kontakten zwischen Deutschland-West und Deutschland-Ost war sogar, unabhängig davon, ob Geschäftsleute, Ganoven, Funktionäre oder Politiker miteinander telefonierten, keine Entschlüsselung notwendig, weil die Gespräche offen geführt werden mußten. Die Chiffrierung setzt gleichartige Geräte am Anfang und am Ende einer Leitung voraus.

Bei Lauschangriffen auf den Richtfunk-Telefonverkehr lassen sich im Rahmen der sogenannten »Permanent-Überwachung« zielsicher jene Gespräche herausfischen, die entweder von einem bestimmten Telefonapparat (Nummern-Analyse), von einer bestimmten Zielperson (Stimm-Analyse) oder von einem bestimmten Inhalt (Stichwort-Analyse) geführt werden. Der Computer kann also charakteristische Stimmen, ja einzelne Wörter identifizieren und zeichnet solche Telefonate automatisch auf. Hinterher werden sie dann ausgewertet. Der BND dürfte bis zur Wiedervereinigung viele hundert DDR-Politiker und -Funktionäre stimmanalytisch erfaßt haben, darunter mit Sicherheit auch den KoKo-Chef und Stasi-OibE (Offizier im besonderen Einsatz) Alexander Schalck sowie viele Rufnummern in dessen Geschäftsbereich.

Die Spezialisten der Gegenseite waren zwar technisch nicht zur Stimm- und Stichwortanalyse in der Lage, doch hatte die Hauptabteilung III des Ministeriums für Staatssicherheit ebenfalls »mehr als einhundert westdeutsche Größen«, Politiker, Manager, Banker und auch einige Journalisten beziehungsweise deren Büro-, Autotelefon- und Privatnummern gezielt im »Visier«, wie der ehemalige Leiter des Bereichs, Generalmajor Horst Männchen, heute unumwunden einräumt.

Die Abhörer Ost wie West waren demnach über ihre jeweiligen Antennenanlagen entlang der innerdeutschen Grenze stets bestens informiert, der BND nicht zuletzt über die dubiosen Geschäfte, Schiebereien und krummen Finanztricks von KoKo.

Ob die DDR-Untergrundwirtschaft Zigaretten schmuggeln, Kunst- und Antiquitäten verhökern, Waffen verschieben oder »verbotene« Elektronik aus dem Westen beschaffen ließ, ob Schalck mit westdeutschen Politgrößen wie Strauß, Jenninger, Schäuble, Seiters oder deren »Wasserträgern« (zum Beispiel dem Rosenheimer Fleischfabrikanten und Strauß-Intimus Josef März) fernmündlich verhandelte oder kungelte – der Dienst-West war stets ebenso im Bilde wie der Dienst-Ost.

Angesichts der eher dürftigen Berichte, die der BND im Rahmen des Schalck-Untersuchungsausschusses herausrückte, stellte sich deshalb Insidern sofort die Frage, ob die Abhorcher wohl weggehört hatten, sobald in Schalcks Telefonleitung westdeutsche Gesprächspartner identifiziert worden waren, oder ob sie auch darüber Dossiers anlegten. Offiziell durfte und darf der BND keine Erkenntnisse über Bundesbürger sammeln. Die Ergebnisse der Lauschangriffe auf KoKo und damit die Kenntnisse über deren illegale Machenschaften im innerdeutschen Handel zum Wohle des Ost-Regimes (und seiner westlichen Partnerfirmen) müssen aber auf jeden Fall ihren Niederschlag in entsprechenden Berichten gefunden haben, sonst hätte der Nachrichtendienst seine Aufgabe verfehlt: Die hochentwickelte Abhör- und Entschlüsselungstechnik des BND erfüllt schließlich keinen Selbstzweck. Deshalb bleibt unverständlich, warum Informationen aus der technischen Aufklärung dem Parlamentarischen Untersuchungsausschuß offensichtlich vorenthalten wurden. In dessen Akten gibt es gut zwei Dutzend BND-Dossiers über die siebziger Jahre; aus den achtziger Jahren, als die elektronische Aufklärung gegenüber der Tätigkeit von Spionen an Bedeutung gewann, finden sich dagegen kaum noch Reports über KoKo und Schalck – und die wenigen stammen von »gut unterrichteten« DDR-Bürgern, »aus Wirtschaftskreisen« oder »von hohen SED-Funktionären«, also »menschlichen Quellen«.

Für die Geheimniskrämerei gibt es nur zwei Erklärungen:

Entweder ging es darum, die elektronischen Fähigkeiten der Späher aus Pullach auch gegenüber den Bundestagsabgeordneten zu verheimlichen, um eine Grundsatzdiskussion über die Macht (und fehlende Kontrolle) der Dienste zu vermeiden; oder aber es sollte verschleiert werden, daß noch jede Bonner Regierung, speziell aber die seit 1982 amtierende CDU/CSU-FDP-Koalition, über die Wirtschaftsallianz bundesdeutscher Firmen mit den Devisen-Kommunisten der DDR stets bestens informiert war. Sollte also das geheime Ost-West-Kartell vor einer Enttarnung bewahrt werden?

Die Flucht des KoKo-Chefs

Wendezeit in der DDR. 1. Dezember 1989. Auf der Sitzung des Politbüros der SED unter Vorsitz von Egon Krenz ging es hoch her. Alexander Schalck, der am 8. November bei der Wahl zum Politbüro durchgefallen war, geriet in äußerste Bedrängnis. Der gewichtige Devisenbeschaffer befürchtete, er sei längst als Buhmann ausgeguckt worden und müsse nun für alle Machenschaften des Honecker-Regimes geradestehen. »Unter Tränen« erklärte Schalck, man bedrohe ihn: Ob denn seine Partei ihm keinen Schutz gewähren könne?, erinnerte sich der damalige DDR-Regierungschef Hans Modrow später.

In der Volkskammersitzung vom selben Tage wurde Schalck vor dem Ausschuß zur Überprüfung von Amtsmißbrauch und Korruption heftig kritisiert, sogar beschuldigt, den alten Machthabern und SED-Bonzen stets mit Luxusartikeln zu Diensten gewesen zu sein. Der Ausschuß forderte ihn auf, alsbald über den Bau von Privathäusern für die ehemalige Parteiführung und leitende KoKo-Mitarbeiter auszusagen.

Nach der Sitzung zweifelte Schalck, ob die SED noch gewillt sei, ihn »gegen diesen Rufmord, diese Unwahrheiten, Lügen, Halbwahrheiten und auch Wahrheiten (!) zu verteidigen«.

17

2. Dezember 1989. Schalck flog vom Westberliner Flughafen Tegel über Stuttgart nach Bonn, um dort mit dem damaligen Kanzleramtsminister Rudolf Seiters über den geplanten Besuch Helmut Kohls in Ost-Berlin zu verhandeln. Zuvor hatte er, wie der Ex-Staatssekretär später einräumte, sich mit Karl Heinz Neukamm, dem Präsidenten des Diakonischen Werkes, getroffen, dem er wahrscheinlich seine Fluchtpläne anvertraute. Telefonisch besprach er sich von Stuttgart aus auch mit Wolfgang Schäuble, der sich später nur an »vage Andeutungen« Schalcks über einen Wechsel in die Bundesrepublik, keineswegs aber an »konkrete Fluchtpläne« zu erinnern vermochte. Schäuble, Schalck und Neukamm kannten sich aus jahrelanger Zusammenarbeit beim Freikauf von DDR-Häftlingen, die über das Diakonische Werk abgewickelt wurden.

Bei seiner Rückkehr nach Ost-Berlin erfuhr Schalck, daß »es dem Genossen Modrow nicht möglich gewesen« sei, den Korruptions-Ausschuß der Volkskammer »davon abzuhalten, Befragungen zu meiner Person durchzuführen«. Obwohl er dem Ausschuß-Vorsitzenden noch ein paar Tage zuvor schriftlich zugesichert hatte, dem Gremium »zur Beantwortung aller auftretenden Fragen zur Verfügung« zu stehen, wollte er genau dies um jeden Preis verhindern. Er sehe sich trotz angedrohter »strafrechtlicher Konsequenzen« außerstande, »wahrheitsgemäß Auskunft zu geben«, begründete Schalck am nächsten Tag seine Haltung – schriftlich. Da hatte er schon damit begonnen, seine Flucht zu organisieren.

Noch in der Nacht verfaßte er einen handgeschriebenen Brief an den »werten Genossen Vorsitzenden des Ministerrates Hans Modrow«, bat darin um Verständnis, daß er »kurzfristig einen Urlaub antreten möchte, (um) in geordneteren Verhältnissen über fast 40 Jahre im Dienste unseres Staates nachzudenken«. Und dann legte Schalck eine falsche Fährte: »Ich fahre nicht in die BRD, nach West-Berlin oder in NATO-Staaten.« Aber genau das hatte er vor. Nach den Gesprächen in

Stuttgart und Bonn fühlte er sich offenbar ermutigt, in die Bundesrepublik überzulaufen und sich dort den Behörden zu stellen. Schäuble habe ihm an diesem 2. Dezember 1989 ein »Versprechen« gegeben, offenbarte Schalck drei Monate später in einer Befragung durch den BND. Der sollte dies heftigst dementieren.

Versprechen hatten in diesen Wochen keinen Wert. Das mußte Schalck wissen. Er selbst sagte Hans Modrow in seinem persönlichen Brief bindend zu: »Ich werde gegenüber niemandem über meine Kenntnisse sprechen.« Natürlich wußte der DDR-Staatssekretär, daß er sich nicht den bundesdeutschen Behörden stellen könnte, ohne von BKA und BND ausgequetscht zu werden. Selbst wenn er nach dem Gespräch mit Wolfgang Schäuble den Eindruck gewonnen hatte, dieser werde sich – wie auch immer – für ihn verwenden, konnte Schalck nicht so weltfremd sein, sich daran zu klammern. Wahrscheinlich sah er ohnehin keine Alternative mehr, als sich abzusetzen.

Am selben Tag noch verfaßte er einen knappen fünfseitigen Bericht über die Aktivitäten von KoKo, eine Art Rechtfertigungsschrift über seine 25jährige Tätigkeit als Dunkelmann der DDR-Wirtschaft. Er wies darin jede Schuld von sich und warnte nachdrücklich davor, die »strikte Geheimhaltung« im Bereich der KoKo-Hauptabteilung I aufzuheben, weil sonst »ein nicht gutzumachender außenpolitischer und finanzieller Schaden für die DDR« entstünde, »die Sicherheit einer Reihe von Personen nicht mehr gewährleistet wäre« und für die Zukunft »stabile, konspirative Verbindungen« unmöglich gemacht würden. Die eher dürftige Bilanz seines Schaffens veranlaßte Alexander Schalck später zu der bemerkenswerten Formulierung, er habe sich aus der DDR »korrekt abgemeldet«.

In einem weiteren Brief an den Generalstaatsanwalt der DDR gab er die Urkunde über eine ihm im Juli 1977 von Erich Honecker geschenkte Datscha am Golliner See (»Musterhaus der Firma Okal«) zurück, die er der Volkskammer verheimlicht hatte, nicht ohne sich dafür auch bei »meiner Partei zu entschuldigen«. Schließlich vertraute er seinem persönlichen Anwalt, Wolfgang Vogel, rund sechs Dutzend Leitz-Ordner mit persönlichen Aufzeichnungen an, in Metallkoffern verpackt.

3. Dezember 1989. Während der Eröffnung einer Aktion »Brot für die Welt« in Bremen, mit der die Evangelische Kirche wie in jedem Jahr in der Weihnachtszeit zu Spenden aufrief, erreichte Karl Heinz Neukamm, den Präsidenten des Diakonischen Werkes, ein dringender Anruf des Bundesinnenministers: Alexander Schalck werde sich absetzen. Er möge sich bitte um den prominenten Flüchtling kümmern. Neukamm fühlte sich »als Pfarrer gefordert« und beschloß, Schalck zu helfen. Er organisierte eine erste Bleibe in West-Berlin, reiste gleich am nächsten Tag an die Spree, um vor Ort zu sein, falls der DDR-Staatssekretär tatsächlich kommen sollte.

An jenem Sonntag wurde Hans Modrow schon während des Vormittags als »besonderes Vorkommnis« mitgeteilt, Schalck befinde sich nicht mehr in der DDR. Er rief Außenhandelsminister Gerhard Beil, Schalcks Stellvertreter Manfred Seidel und einige andere Vertraute zu sich, um die Lage zu erörtern. Dabei erfuhr er von Seidel, daß im KoKo-Keller mehr als 20 Tonnen Gold lagerten. Wie Schalck plädierte auch dessen Stellvertreter dafür, die von ihm geleitete Hauptabteilung I nach außen abzuschotten. Tatsächlich ordnete Modrow danach an, daß »aus Gründen der nationalen Sicherheit... mit sofortiger Wirkung der Einsichtnahme in die Geschäftsakten der HA I des Bereichs Kommerzielle Koordinierung nicht stattgegeben wird«. Gleichzeitig ließ der DDR-Regierungschef das KoKo-Gebäude in der Wallstraße unverzüglich versiegeln, die Konten des Schalck-Geschäftsbereichs in der DDR sperren und, mit Wirkung vom nächsten Tag, Schalcks Vollmachten für die Bankguthaben in der Schweiz annullieren.

Schalck selbst behauptete später, erst in der Nacht vom 3. auf den 4. Dezember zusammen mit seiner Frau Sigrid über den Berliner Grenzkontrollpunkt Invalidenstraße ausgereist zu sein. Für diese Diskrepanz in den Darstellungen gibt es nur zwei Erklärungen: Entweder ließ Hans Modrow ihm, entgegen seiner eigenen Darstellung, eine Möglichkeit zur Flucht, indem er die Grenzposten nicht alarmierte, oder das Ehepaar Schalck befand sich zu dieser Zeit längst im Westen, in der Obhut der Evangelischen Kirche von West-Berlin, was wahrscheinlicher ist. Wie auch immer die Flucht im Detail ablief, ob es eine stillschweigende Übereinkunft zwischen den beiden Regierungen Ost und West gegeben hatte, Alexander und Sigrid Schalck die Front wechseln zu lassen – dem Bundesnachrichtendienst dürften die Fluchtvorbereitungen ebensowenig entgangen sein wie der amerikanischen NSA mit ihrem Horchposten auf dem Westberliner Teufelsberg.

Aber auch die Stasi war vermutlich im Bilde. Doch Schalck konnte seine ehemaligen Kollegen vom MfS offenbar leimen. Sie waren noch am Tage danach ganz Ohr, als Schalck seinen angeblich so bezeichneten »Schutzpatron« Schäuble in Bonn anrief – aus West-Berlin.

4. Dezember 1989: Karl Heinz Neukamm war inzwischen in West-Berlin angekommen und dort mit Schalck und seiner Frau zusammengetroffen. In Form einer konzertierten, humanitär-politischen Aktion berieten Neukamm, Schalck und Schäuble über die nächsten Schritte. Man kam überein, der Überläufer müsse unverzüglich in die Offensive gehen, KoKo-Gelder von Schweizer Konten in die DDR zurücküberweisen, solange seine Vollmacht noch gelte, und sich dann der Justiz stellen – freiwillig. Als Rechtsbeistand wurde Peter Danckert gewonnen, dem ausgezeichnete Beziehungen zum damaligen SPD-Bürgermeister Walter Momper nachgesagt wurden und der zeitweilig bereits als Justizsenator einer neuen SPD-ge-

führten Regierung im Gespräch gewesen sein soll, zu der es dann aber nicht kam.

Tatsächlich veranlaßte Schalck noch an jenem Montag die Rückzahlung von rund 58 Millionen D-Mark aus der Schweiz an die Außenhandelsbank der DDR – eine ausschließlich von Taktik bestimmte symbolische Geste, denn Vollmacht besaß der ehemalige Staatssekretär noch für andere, auf eidgenössischen Banken »geparkte« Gelder. Seine in diesem Zusammenhang abgegebene Behauptung, er habe »über weitere Konten und Wertgegenstände (einschließlich Edelmetalle) im Ausland keine Kontrolle ausgeübt«, erwies sich jedenfalls schon wenige Tage später, nach einer ersten Überprüfung durch eine von Hans Modrow eingesetzte Kommission, als unhaltbar.

5. Dezember 1989. Während sich Schalck in Obhut der Evangelischen Kirche mit seinem Anwalt über die nächsten Schritte beriet, ging beim Westberliner Generalstaatsanwalt per Telex ein Fahndungsersuchen seines Kollegen aus Ost-Berlin ein; zur gleichen Zeit setzte die Ständige Vertretung der DDR das Bundeskanzleramt in Kenntnis.

In dem Schreiben des DDR-Generalstaatsanwalts hieß es, gegen den »Staatsbürger der Deutschen Demokratischen Republik« Dr. Alexander Schalck-Golodkowski sei »ein Ermittlungsverfahren wegen des dringenden Verdachtes eines Verbrechens der Untreue und des Vertrauensmißbrauches eingeleitet« worden. »Der Beschuldigte ist flüchtig.«

Am nächsten Tag reichte die DDR-Justiz einen förmlichen Haftbefehl nach, in dem die Vorwürfe konkretisiert wurden: Schalck habe als KoKo-Chef 1980 Anweisung erteilt, daß für Honeckers Wirtschaftsboß Günther Mittag »und dessen beide Töchter je ein Haus auf Kosten des Ministeriums für Außenhandel gebaut wurde, wobei er erhebliche Valutamittel des Staates einsetzen ließ«. Zudem seien Erschließungsarbeiten für sein Wochenendhaus in Gollin nicht abgerechnet worden.

Der Haftbefehl betraf also exakt jene Vorwürfe, die ihm von der Sonderkommission der Volkskammer gemacht worden waren und deretwegen er sich nach West-Berlin abgesetzt hatte. Schalck ging später in seiner Begründung für die Republikflucht darauf gar nicht mehr ein, sprach vielmehr allgemein von »Verleumdungen« und warf insbesondere General Wolfgang Schwanitz ein falsches Spiel vor: Der Mielke-Nachfolger an der Spitze des MfS habe ihm bedeutet, »daß meine Akten beim MfS vernichtet worden seien«, so daß er keinen Nachweis mehr für seine Stasi-Einkünfte gehabt hätte. Dem Vorwurf der Bestechlichkeit wären somit Tür und Tor geöffnet gewesen.

Für kurze Zeit verhaftet wurde am 5. Dezember der Honecker-Vertraute und Schalck-Anwalt Wolfgang Vogel. Er übergab, möglicherweise nach Rücksprache mit seinem Mandanten, dessen »Vermächtnis«, die Metallkoffer mit den brisanten Akten, der Generalstaatsanwaltschaft. Zwei Wochen später wurden die Unterlagen dann dem Regierungsjuristen Willi Lindemann zur Verfügung gestellt, der inzwischen von Hans Modrow zu einem der KoKo-Auflöser ernannt worden war. Später, nach der deutschen Wiedervereinigung, landeten die brisanten Dokumente bei der Berliner Staatsanwaltschaft.

6. Dezember 1989. In Bonn berieten die Bundesminister Schäuble, Seiters und Kinkel, wie in der delikaten Angelegenheit zu verfahren sei. Ob dabei weiterhin Kontakt mit dem prominenten Flüchtling in West-Berlin bestand und von Bonner Seite irgendwelche Zusicherungen gegeben wurden oder ob sich Alexander Schalck als Hans Salzmann in Köln aufhielt, wie vom BND nach einem mitgehörten Telefongespräch des Vorsitzenden der Ost-CDU, Lothar de Maizière, tags zuvor gemeldet worden war, wissen nur die Beteiligten. Und die Nachrichtendienste. Auch Horst Männchen und seinen Lauschern der Stasi-Hauptabteilung III dürften verräterische Telefonate nicht entgangen sein.

Die Bonner Minister-Troika jedenfalls signalisierte im An-schluß an ihre Beratung der Berliner Justizsenatorin Jutta Lim-bach, »daß die Bundesregierung keinen Einfluß auf das Verfah-ren nehmen werde«. Als hätte es in einem Rechtsstaat eines solchen Hinweises überhaupt bedurft.

Um 22.20 Uhr an jenem 6. Dezember stellte sich Alexander Schalck mit seinem »Verteidiger in der Justizvollzugsanstalt Moabit« und bat »um seine Aufnahme« (Limbach). »Seinem Wunsch entsprechend wurde ihm ein Einzelhaftraum zuge-wiesen.«

Ausliefern oder aushorchen?

Nachdem sich Alexander Schalck in Gewahrsam der Justiz begeben hatte, ließ er über seinen Anwalt Danckert verlauten, er bitte darum, daß »die gegen mich erhobenen Vorwürfe ohne Emotionen und unter strikter Wahrung der Rechtsstaatlichkeit aufgeklärt« werden.

Unterdessen hatte hinter den Kulissen eine heftige Diskus-sion begonnen, wie mit dem Flüchtling zu verfahren sei. Vom BND war sogleich starkes Interesse an dem Überläufer und dessen profunden Kenntnissen nicht nur über KoKo, sondern auch an Informationen über die Aktivitäten des Ministeriums für Staatssicherheit bekundet worden. Es sei »die Pflicht« des Dienstes gewesen, den Mann aus Ost-Berlin abzuschöpfen, hieß es später aus Pullach; ja, »es hätte einer Weisung bedurft, es nicht zu tun«.

Bereits eine Woche nach seinem Versprechen gegenüber Hans Modrow, sich nicht zu offenbaren, relativierte Schalck seine Zusage: »Ich bin nicht bereit, mich den Nachrichtendien-sten der Alliierten ... einer Befragung zu stellen.« Er hatte also seiner »Abschöpfung« durch den Bundesnachrichten-dienst längst zugestimmt.

Einer intensiven Befragung stand allerdings das Auslieferungsersuchen der DDR-Generalstaatsanwaltschaft im Wege, zumal die Berliner Justizsenatorin Jutta Limbach umgehend verfügte, »daß – mit Ausnahme des Verteidigers Rechtsanwalt Dr. Danckert – keine anstaltsfremde Person mit Dr. Schalck-Golodkowski Gespräche führt«. Merkwürdigerweise fand während der Auslieferungshaft dann doch, mit Genehmigung der Staatsanwaltschaft, »ein Besuch von zwei Personen mit Wohnsitz in Berlin-Hohenschönhausen« statt (Gefangenen-Personalakte Moabit). Hohenschönhausen ist eine übliche Ortsbezeichnung für Mitarbeiter des Ministeriums für Staatssicherheit. Was die Leute aus Ost-Berlin bei Schalck wollten, ob sie ihn unter Druck setzten oder aber Anweisungen entgegennahmen, ist unklar. Der ehemalige Devisenbeschaffer fühlte sich jedenfalls massiv durch DDR-Stellen bedroht.

Der BND ließ denn auch verlauten, »eine Gefährdung von Leib und Leben« könne für Schalck in der DDR »nicht ausgeschlossen werden«. Selbst wenn »die Durchführung eines rechtsstaatlich einwandfreien Verfahrens für wahrscheinlich« gehalten werden könne, spreche die Bedrohung gegen eine Auslieferung. In diesem Sinne informierte der damalige BND-Präsident Hans-Georg Wieck am 19. Dezember den Berliner Generalstaatsanwalt, ohne ihm zu erläutern, woher er die Gewißheit habe. Doch es reichte. Zwei Tage später ließ Wieck vorsichtshalber schon einmal in Bonn nachfragen, »ob der BND die Sicherung des weiteren Aufenthalts (von Schalck) übernehmen soll«. Da war längst beschlossen, das Auslieferungs-Ersuchen der DDR abzulehnen.

Außerdem prüfte die Berliner Staatsanwaltschaft auch die Frage, ob gegen Schalck als ehemaligen Stasi-Mitarbeiter nach *bundesdeutschem* Recht ein Ermittlungsverfahren wegen nachrichtendienstlicher Agententätigkeit (§ 99 StGB) eingeleitet werden müsse. Deshalb hatte die Staatsanwaltschaft über das Landesamt für Verfassungsschutz beim BND um Freigabe der dort vorhandenen Erkenntnisse über Schalck gebeten. Das Bundeskanzleramt stimmte der Weitergabe leichten Herzens zu – es handelte sich offensichtlich um »Spielmaterial«. Die Unterlagen gäben »nichts darüber her, ob und in welcher Weise Sch. für den MfS gegenüber der Bundesrepublik Deutschland tätig geworden ist. In einem Strafverfahren wird der Bericht kaum zu verwerten sein«, notierte ein hochrangiger Mitarbeiter des Bundeskanzleramtes für seinen Chef, Rudolf Seiters. Er »sehe deshalb (!) auch keine durchgreifenden Bedenken gegen die Freigabe« der BND-Unterlagen. In Bonn hatte man also auch an einem Spionage-Prozeß gegen Schalck kein Interesse.

Anfang Januar 1990 lehnte der Berliner Generalstaatsanwalt eine Auslieferung Schalcks ab. Er begründete seine Entscheidung damit, »die DDR-Justiz habe nicht den Zweifel ausräumen können, daß sich hinter den Vorwürfen der schweren Untreue gegen Schalck-Golodkowski weitere Vorwürfe wie etwa der des Landesverrats verbergen können«. Im Klartext: Schalcks Aussagebereitschaft gegenüber dem BND diente als Anlaß, ihn vor einem Spionage-Vorwurf in der DDR schützen zu müssen. So sah es auch das Bundeskriminalamt: Selbst im Falle eines neuen DDR-Auslieferungsantrags, könnte dem »entgegengehalten werden, daß . . . Herr Schalck-G. wegen seiner Zusammenarbeit mit dem BND auch wegen landesverräterischen Straftatbeständen . . . rechnen müßte«. Die Juristen hatten ihre Argumentation gefunden – in Form einer sich selbst erfüllenden Prophezeiung.

Nach einer Vernehmung Schalcks durch zwei Anwälte der Karlsruher Generalbundesanwaltschaft in der Haftanstalt Moabit am 9. Januar 1990 gab es auch keinen Anlaß mehr für ein Ermittlungsverfahren nach § 99. Der ehemalige Stasi-OibE habe nach eigener Darstellung »keine Aktion veranlaßt oder selbst ausgeführt, die gegen die Interessen der Bundesrepublik Deutschland gerichtet« gewesen sei, hieß es hinterher. Dies bedeute, daß der Tatbestand nachrichtendienstlicher Agenten-tätigkeit, »nicht erfüllt ist«. Punktum.

Schalck bekräftigte bei der Gelegenheit noch einmal seine Bereitschaft, »mit den verschiedenen Behörden der Bundesrepublik Deutschland zusammenzuarbeiten«, fand das Interesse des BND an seiner Person sogar »völlig legitim«. Wenige Stunden nach dem Besuch der Bundesanwälte wurde Alexander Schalck auf freien Fuß gesetzt. Der Deal war perfekt.

Ein Ermittlungsverfahren wegen Spionageverdachts nach § 99 StGB wurde dann später, im August 1991, doch noch eingeleitet. Aber da hatte der Spitzenspion beim BND bereits »ausgesungen«.

Stets zu Diensten

Noch am Abend des 9. Januar 1990 flog Alexander Schalck nach München. Karl Heinz Neukamm hatte dort ein erstes Asyl organisiert, die Privatwohnung einer alten Dame – der Mutter eines Kollegen der Evangelischen Kirche in Bayern. Drei Wochen lang quartierten sich die Schalcks unter dem Mädchennamen der Ehefrau, Gutmann, ein.

Bayern war für Alexander Schalck ein vertrautes Feld. Er hatte dort Freunde und Bekannte, den Strauß-Sohn Max, dessen damaligen Kollegen in der Rechtsanwalts-Sozietät, Dr. Bardia Khadjavi-Goutard, vor allem aber die Familie März in Rosenheim. Der 1988 verstorbene Fleischmagnat Josef März war einer der engsten Spezis des CSU-Vorsitzenden und bayerischen Ministerpräsidenten Franz Josef Strauß gewesen. Schalck kannte März seit Mitte der siebziger Jahre, hatte über ihn 1983 Strauß kennengelernt und mit beiden über Jahre hinweg informelle Beziehungen der besonderen Art gepflegt. Die Familie März fühlte sich wegen der engen Geschäftsbeziehungen zu Schalck und KoKo gewissermaßen verpflichtet, dem

DDR-Asylanten Hilfe zuteil werden zu lassen. Sie gewährte Ehefrau Sigrid Anfang Februar 1990 einen günstigen Kredit über rund eine halbe Million D-Mark und besorgte dem Ehepaar, »direkt oder indirekt«, wie es in einem späteren Vermerk des Bundeskanzleramtes hieß, eine repräsentative Bleibe, eine Doppelhaushälfte im Jet-set-Zentrum Rottach-Egern.

Max Strauß und Bardia Khadjavi brachten Schalck dann konspirativ mit dem BND zusammen – als hätte der neugierige Dienst keinen anderen Weg gefunden, den Ex-Staatssekretär anzusprechen. Allerdings fand Strauß jr. wenig Positives an den Aktivitäten der Leute aus Pullach: Nicht er, Max, oder die Familie März hätten die Schalck-Villa besorgt, sondern der Geheimdienst, zumindest »mittelbar«, holzte er öffentlich. »Die Pullacher haben in der ganzen Angelegenheit ein rabenschwarzes Gewissen.«

Da mag der Strauß-Sohn durchaus richtig gelegen haben. Nach seinem unmißverständlichen Angebot vom 21. Dezember, sich um Schalcks Sicherheit zu kümmern, war dem Dienst aus Bonn, zumindest offiziell, beschieden worden, den Mann aus Ost-Berlin »zu befragen, aber nicht zu betreuen«. Dies freilich war ein frommer Wunsch weltfremder Bürokraten gewesen, die Agentengeschichten nur aus John-le-Carré-Romanen kennen, denn in Pullach gab sich niemand der Illusion hin, eine Top-Quelle ausquetschen zu können, ohne klare Zusagen zu machen. Natürlich mußten vor der Befragung einige Bedingungen des Überläufers erfüllt werden.

Bei den ersten Begegnungen mit den BND-Leuten ging es deshalb vornehmlich um Schalcks Sicherheit, um eine neue Identität, Verdienstmöglichkeiten und eine »Unterstützung durch hiesige politische Mandatsträger« (BND-Dossier). Großzügig verzichtete Schalck auf den üppigen Informantenlohn, 300 D-Mark pro Stunde, den der BND ihm offerierte.

Schon nach ihrer ersten Begegnung am 22. Januar 1990, zwei Wochen nach seiner Haftentlassung, begannen die Nachrichtendienstler damit, die Liste abzuarbeiten. Einige Wünsche konnten schnell erfüllt werden: Schalck erhielt Ausweispapiere auf den Mädchennamen seiner Ehefrau, einen Betreuer und Beschützer namens Joachim Philipp, der als BND-Oberst a. D. eine Münchner Personen- und Objektschutzfirma beriet, ein vorübergehendes Ausweichquartier, eine abgelegene Berghütte mit Kanonenofen, und einen internen Decknamen (»Schneewittchen«).

Mit einer Forderung jedoch taten sich die Pullacher schwer: An politische Solidaritätsbekundungen aus Bonn war nicht zu denken, seit die Empörung über Schalck, vor allem in der DDR, hohe Wellen schlug.

Am 20. Februar 1990 legte Alexander Schalck auch inhaltlich erstmals richtig los, plauderte mit der BND-Spezialistin 12LA (Tarnname »Granada«) über seinen Werdegang als MfS-Mitarbeiter, gab Details preis über den ehemaligen Stasi-Boß Erich Mielke (»hatte zuletzt den Überblick völlig verloren«), seinen früheren Vorgesetzten, Außenhandelsminister Gerhard Beil (»langjähriger Resident der HVA«, Hauptverwaltung Aufklärung im MfS) und Spionage-Chef Markus Wolf (»fiel wegen seiner dritten Ehefrau Andrea in Ungnade«). Allerdings versuchte Schalck von Anfang an einen großen Bogen um alle Aktivitäten seines Schattenimperiums »Kommerzielle Koordinierung« zu schlagen und vermied Äußerungen, mit denen er sich möglicherweise selbst belastet hätte. Von Waffen- oder Embargogeschäften kannte er angeblich keinerlei Einzelheiten, von einer KoKo-Beteiligung am U-Boot-Deal der Kieler HDW-Werft mit Südafrika wußte er überhaupt nichts.

Andererseits gab er Tips, welche Ex-Genossen drüben als potentielle Überläufer in Frage kommen könnten, ließ sich ausführlich über die »Motivationslage leitender MfS-Offiziere zur Zusammenarbeit mit dem BND« aus. Wenig Hoffnung machte er seinen Gesprächspartnern bei den älteren Mitarbeitern der Mielke-Truppe wegen deren »tiefen Glaubens an die sozialistische Gesellschaftsordnung«. Überdies habe der KGB inzwischen mit denen »entsprechende Absprachen« getroffen. »Bei jungen Leuten, vor allem Mitgliedern der mittleren Leitungsebene« hielt »Schneewittchen« »eine Motivation für eher gegeben, zumal diese Leute von nackter Existenzangst beherrscht seien« (BND-Protokoll).

»Zahlreiche Einzelhinweise« sollten »vertieft werden«, notierte der Nachrichtendienstler 12EB (Tarnname: »Falbe«) nach einem Gespräch mit Schalck am 15. März 1990 im Arabella-Schliersee-Hotel am Tegernsee. »Wie erwartet« sei dabei von den ebenfalls anwesenden Herren des Generalbundesanwalts (GBA) und des Bundeskriminalamtes (BKA) »erneut bestätigt worden«, daß es keinen Anlaß für ein Ermittlungsverfahren gebe (Falbe). – »Wie erwartet«? Weil es eine stillschweigende Übereinkunft gab?

»Schneewittchen« »äußerte sich anerkennend über die Bemühungen des BND«, kritisierte aber seine Bonner Gesprächspartner, mit denen er offenbar schon vor einer Flucht Verabredungen getroffen hatte: »Es sei nun die Zeit gekommen, den Bundesinnenminister Schäuble an sein Versprechen vom 2. 12. 89 zu erinnern«, meinte Schalck im Arabella-Hotel und stieß dabei auf das Verständnis des Karlsruher Bundesanwalts Hans-Jürgen Förster, der ihn »in dieser Absicht bestärkte«. Er müsse jetzt auch »an sich denken«, ermutigte Förster laut BND-Protokoll den ehemaligen DDR-Staatssekretär, und »könne nicht mehr auf Politiker Rücksicht nehmen«.

Was mag der Vertreter der Generalbundesanwaltschaft mit diesem Solidaritätsbekenntnis gemeint haben? Und warum nahm Schalck auf Politiker Rücksicht?

Später, vor dem Bonner Untersuchungsausschuß behaupten Schalck und Schäuble völlig gleichlautend, als hätten sie ihre Aussagen abgestimmt, es sei bei dem »Versprechen« immer nur um die Zusicherung einer »rechtsstaatlichen Behandlung« gegangen. Doch warum wollte Schalck den Bundesinnenminister daran erinnern, obwohl er von der Justiz gar nichts zu befürchten hatte? Irgend jemand sagte da offensichtlich nicht die Wahrheit.

Über das Gespräch am 15. März 1990 existiert auch ein BKA-Protokoll. Es gibt zwar keinen Aufschluß über diesen Punkt, läßt aber das Verhältnis zwischen dem BND und seinem »Schneewittchen« erkennen. Es sei ein Folgetreffen verabredet worden, heißt es im BKA-Vermerk. Der Termin solle in Abstimmung mit dem GBA festgelegt werden – und, natürlich, mit »dem Schalck-Golodkowski betreuenden Dienst«.

Entgegen der offiziellen Bonner Anweisung »betreuten« die Pullacher ihre Spitzenquelle von drüben äußerst intensiv, unterrichteten später auch zwei Leute des US-Geheimdienstes CIA über die Ergebnisse der Besprechungen. Dem verantwortlichen Staatsminister Lutz Stavenhagen war das entweder verborgen geblieben – oder er wollte es nicht sehen. Als Anfang März 1990 der SPD-Bundestagsabgeordnete Peter Conradi wissen wollte, ob Schalck vom Bundesnachrichtendienst Hilfe angeboten bekommen habe, »beispielsweise durch Ausstellung eines Reisepasses«, ließ sich Stavenhagen zunächst unter Mithilfe aus Pullach einen Antwortentwurf formulieren. In dem hieß es, Schalck-Golodkowski habe wie jeder DDR-Bürger »Anspruch auf die Ausstellung eines Reisepasses der Bundesrepublik Deutschland« – als hätte Conradi das wissen wollen. Doch Stavenhagen fügte noch eigenmächtig einen Satz hinzu, der ihn später in erheblichen Rechtfertigungsnotstand brachte: »Ich kann Ihnen versichern, daß Herrn Schalck-Golodkowski ›Hilfe‹ in der von Ihnen geschilderten Art weder angeboten noch geleistet wurde.« Das war objektiv und – nach späteren Äußerungen des zwischenzeitlich ausgeschiedenen BND-Präsidenten Hans-Georg Wieck – auch subjektiv falsch. Er, Wieck, habe seinen Vorgesetzten bei einem Gespräch am 28. Februar 1990 darauf hingewiesen, der Dienst habe für Schalck »vorläufige Papiere«, also falsche Pässe ausgestellt.

Bei jenem Meeting in Bonn sei Stavenhagen umfassend und unmißverständlich über die »Operation Schneewittchen« informiert worden. Laut Protokoll des Treffens machte dabei der BND-Mann AL1 darauf aufmerksam, daß Schalck »über gute Verbindungen zu Personen der Bonner Politikszene« verfüge, so zum damaligen Bundesinnenminister Schäuble. Zur Verwunderung von Stavenhagen erklärte AL1 weiter, daß Schalck »seinen Schritt, in die Bundesrepublik zu wechseln, mit Politikern in der Bundesrepublik vorher besprochen habe und dabei die Zusicherung von Hilfestellung erhalten haben soll«. Auch damit konnte nach Lage der Dinge nur Wolfgang Schäuble gemeint sein, der dies freilich immer wieder bestritt.

Als BND-Präsident Wieck den verheerenden Satz Stavenhagens las, den dieser eigenmächtig in die Conradi-Antwort aufgenommen hatte, bekam er es offensichtlich mit der Angst zu tun und ließ das Ehepaar Schalck wissen, man möge die Falsch-Dokumente, Pässe und Führerscheine, doch bitte schön, zurückgeben. Am 28. März 1990 schickte er deshalb einen geheimen Brief an den Staatsminister, Kopie an Bundesaußenminister und Bundesinnenminister, in dem er darauf hinwies, daß die »behördliche Ausstellung eines vorläufigen Reisepasses für Schalck-Golodkowski . . . BND-seitig . . . begleitet worden sei. . . . Der vorläufige, auf einen Decknamen ausgestellte Reisepaß wurde zwischenzeitlich eingezogen.«

Dieses Schreiben verschwand, wie sich hinterher herausstellte, ungelesen im Panzerschrank des Abteilungsleiters Hermann Jung; er hatte es nicht für wichtig genug gehalten, um es dem Staatsminister zur Kenntnis zu geben. Als die Affäre später auffiog und sich in Jungs Safe noch andere »unwichtige« Vermerke fanden, wurde der Schulfreund von Helmut Kohl vom Dienst suspendiert; kurze Zeit später nahm auch Lutz Stavenhagen seinen Hut. Er mußte sich vorhalten lassen, die Aussage, die er dem Abgeordneten Conradi aufgetischt hatte, nie korrigiert zu haben.

Es war, im Frühjahr 1990, die Stunde der Nebelkerzen-Bataillone. Während die Opposition vermutete, die enge Betreuung des Stasi-Oberst Schalck hänge damit zusammen, daß der Mann sonst möglicherweise seine Kenntnisse über die engen Beziehungen zwischen westdeutschen Wirtschaftsbossen, Politprominenz und dem DDR-Regime preisgeben könne, tat das Bundeskanzleramt alles, die Schalck-BND-Connection so gut wie möglich zu verschleiern.

Als sich, etwa um die gleiche Zeit, der SPD-Bundestagsabgeordnete Willfried Penner, Mitglied der Parlamentarischen Kontrollkommission der Nachrichtendienste (PKK), um Wortprotokolle der Schalck-Befragungen bemühte, teilte ihm Staatsminister Stavenhagen mit, »Wortprotokolle... sind beim BND nicht angefertigt worden«. In einem internen Vermerk des Bundeskanzleramtes hatte es zuvor freilich geheißen: Der Abgeordnete Penner habe »keinen Rechtsanspruch auf Einsichtnahme in die Befragungsunterlagen... Einblick in Wortprotokolle sollte... wegen des notwendigen Schutzes der Nachrichtenzugänge... nicht gewährt werden«.

Hintergrund der neuerlichen Falsch-Information: Der BND hatte seinem ehemaligen Ost-Kollegen Schalck »wie jeder nachrichtendienstlichen Verbindung« absolute Vertraulichkeit sowie »eine nachrichtendienstlichen Grundsätzen entsprechende Handhabung der Befragungsergebnisse zugesagt«. Ein Bruch der Vereinbarungen hätte dem Dienst Schaden zufügen, ja sogar zu »Regreßforderungen« Schalcks, zum Beispiel »wegen Beeinträchtigungen seiner zukünftigen Geschäftsbeziehungen zur Sowjetunion«, führen können.

Die Sorge vor Schadenersatzansprüchen war nur vorgeschoben. Tatsächlich erfuhr Alexander Schalck, gewissermaßen als Spion unter Spionen, solidarische Hilfe des Bundesnachrichtendienstes. Angeblich wurden sogar Fluchtpläne mit dem Ex-OibE geschmiedet, für den Fall der Fälle.

Andere Ermittlungsbehörden hatten keinen offiziellen Zugang zum DDR-Übersiedler. Das Bundeskriminalamt (BKA) oder das Kölner Bundesamt für Verfassungsschutz (BfV) konnte nicht einfach über Schalcks Anwalt um eine Zeugenvernehmung ersuchen oder gar direkt in Rottach-Egern anrufen und einen Termin vorschlagen, alle Kontakte mußten über Pullach laufen.

Schon im Februar 1990 hatte das Bundeskriminalamt beim BND angeklopft, um den Überläufer zum illegalen Rauschgifthandel in der DDR befragen zu können. Es waren nämlich Verdachtsmomente wegen »der Beteiligung des Schalck-Golodkowski« am internationalen Drogenschmuggel aufgetaucht. Eine erste Vernehmung verlief jedoch »in der Sache unbefriedigend«, die Behauptungen des »Zeugen Dr. Schalck« waren »wenig glaubhaft« (BKA-Vermerk). Der Rauschgift-Experte des BKA bat deshalb im Juli 1990 um eine »erneute Anhörung mit Vorbehalten«. Das indes hielt der für Schalck zuständige BND-Beamte 12E (Tarnnamen: Dr. Burgdorf, Dr. Reiss) eigentlich für »wenig sinnvoll«. Er fand, im Gegenteil, Schalcks Ausführungen »relativ glaubhaft« und verlangte daher zunächst, »zu erfahren, ob das BKA über Erkenntnisse verfügt, welche eine erneute Anhörung sinnvoll erscheinen lassen«. Und dann die verräterische Bemerkung von Burgdorf alias Reiss: Er wolle ein weiteres Gespräch zwischen BKA und Schalck »keinesfalls unterbinden«. Hätte er denn Ermittlungen unterbinden können?

Auf der anderen Seite scheuten sich die BND-Verantwortlichen nicht, den Stasi-OibE für Beschaffungsaktionen in der Noch-DDR einzusetzen, von Agent zu Agent gleichsam. 12E (Dr. Burgdorf) bat Schalck im Sommer 1990, einen Schlußbericht der DDR-Staatsanwaltschaft über Waffengeschäfte der KoKo-Firma Imes zu beschaffen. Der tat, was ihm aufgetragen worden war. Er besaß ja noch die nötigen Connections. »Schneewittchen hat sich Kopie ›konspirativ‹ besorgt«, hielt Burgdorf am 14. August 1990 in einer Aktennotiz fest, sei

»aber einverstanden, daß dieses Papier mit der nötigen Diskretion in Bonn verwendet wird«.

BND-Kollege 34E (Tarnname: »Pelikan«) dagegen überkam das schlechte Gewissen: »Eine Weitergabe... zum jetzigen Zeitpunkt setzt den Dienst dem Verdacht aus, entgegen seinem Auftrag noch konspirative Beschaffung in der DDR zu betreiben.«

Im September 1990 trat Burgdorf mit einer neuen Bitte an sein »Schneewittchen« heran. Es gebe da einen Mann namens Ralf P. Geisthardt, CDU-Abgeordneter in der DDR-Volkskammer, den er unbedingt empfangen müsse. Als Schalck zögerte (»Ich konnte ja nicht einfach auf Zuruf jemanden aus der DDR empfangen...«), gab sein BND-Betreuer »Zuckerbrot«: Der Wunsch komme aus dem Bundeskanzleramt; ihn zu erfüllen »könnte für Ihre persönliche Zukunft von großer Bedeutung sein«. »Schneewittchen« blieb skeptisch, stimmte schließlich jedoch zu, sofern der Mann »mit technischer Hilfe des BND zum Treffpunkt«, einem Münchner Hotel, gebracht werde.

Geisthardt habe dann versucht, ihn über Lothar de Maizière, den damaligen DDR-Ministerpräsidenten und Vorsitzenden der CDU-Ost, auszuhorchen, ob der für das MfS gearbeitet habe. Schalck mußte passen, konnte oder wollte auch keine Leute mit Insiderkenntnissen benennen. Geisthardt habe in dem Zusammenhang »als seinen unmittelbaren Auftraggeber Herrn Krause« – jetzt Bundesminister für Verkehr – genannt, berichtete Alexander Schalck ein Jahr später dem Parlamentarischen Untersuchungsausschuß. Was der Münchner Pfarrer, bei dessen Mutter die Schalcks zunächst untergekommen waren und den Schalck als Zeugen zu dem Gespräch mit Geisthardt gebeten hatte, bestätigte. Die CDU hatte also zwischenzeitlich den BND-Draht zum ehemaligen DDR-Staatssekretär »privatisiert«. Das Bundeskanzleramt räumte hinterher ein, den Gesprächswunsch über den BND an Schalck weitergeleitet zu haben, ohne allerdings den Hintergrund zu kennen: Es sei ausgeschlossen, schrieb der zuständige Abteilungsleiter Hermann Jung im Mai 1991 an seinen Chef Rudolf Seiters, Kopie an Staatsminister Dr. Stavenhagen (»nur unter Verschluß«), »daß von hier aus nach Belastungsmaterial gegen Herrn de Maizière gefragt worden ist«. Geisthardt und auch Günther Krause wiesen die Darstellung Schalcks vehement zurück, ohne dabei allerdings sehr überzeugend zu wirken.

Augen zu, solange er singt!

Im November 1990 fragte ein Mitglied der in Bonn zwischenzeitlich eingesetzten »Unabhängigen Kommission zur Überprüfung des Vermögens der DDR-Parteien« beim BND nach der Anschrift Schalcks, um mit ihm in Kontakt treten zu können. Der Pullacher Beamte 90A (Tarnname: »Welf«) gab bereitwillig Auskunft. Unter dem Vermerk des Kollegen notierte Schalck-Verbindungsmann 12E alias Dr. Burgdorf empört: »Das war gegen die Abmachungen!«

Daß der BND seine Top-Quelle während der insgesamt über 30 Befragungen abzuschirmen versuchte, ist verständlich und entsprach allgemeiner Praxis im Spionage-Geschäft. Aber die Pullacher gewährten Schalck nicht nur Sicherheit und Schutz. Es gab eine fast kumpelhafte Zusammenarbeit, gelegentlich auch in Schalcks Domizil am Tegernsee, bei Kaffee und Kuchen (Schalck: »Ick hab' den BND betreut!«). Solange »Schneewittchen« sang, waren die Leute vom Geheimdienst um ein gutes Verhältnis geradezu rührend bemüht.

Auch die Generalbundesanwaltschaft erweckte in dieser Zeit den Eindruck, den »Fall Schalck« nicht gerade übereifrig zu klären. Er war zu den Akten gelegt. Wenigstens vorläufig. Seit ihrem Gespräch mit dem Flüchtling in der Haftanstalt Moabit, Anfang Januar 1990, hatten die Bundesanwälte immer wieder geblockt, Ermittlungen gegen Schalck nach § 99 StGB einzuleiten. Sowohl beim Bundesamt für Verfassungsschutz (BfV) als auch bei der Berliner Staatsanwaltschaft, die mittlerweile mehrere Verfahren wegen Untreue und anderer Delikte gegen den ehemaligen KoKo-Boß führte, löste die Ignoranz der Karlsruher Bundesanwaltschaft heftiges Kopfschütteln aus.

Im Januar 1991 berichtete das BfV dem Generalbundesanwalt über den Hinweis eines ehemals hohen Stasi-Funktionärs, Schalck habe als MfS-OibE »Waffen- und Embargogeschäfte, auch für Konzerne der Bundesrepublik, in immensen Größenordnungen abgewickelt«. Auch die U-Boot-Affäre sei über ihn gelaufen. In Karlsruhe ließ man sich von der Neuigkeit nicht im mindesten beeindrucken: »Zwar wäre ein nachrichtendienstliches Interesse an den behaupteten Aktivitäten Schalcks denkbar«, er sei jedoch als »Leiter des Bereichs Kommerzielle Koordinierung (KoKo)... nicht in die geheimdienstliche Organisation oder deren Aktivitäten eingebunden« gewesen.

Nun gab es durchaus berechtigte Zweifel, ob die Spionage-Chefs der DDR überhaupt nach bundesdeutschem Recht belangt werden durften, sofern sie auf bundesdeutschem Boden nicht illegal tätig geworden waren. Doch diese Argumentation lag gerade nicht im Interesse der Generalbundesanwaltschaft. Es mußten deshalb andere Gründe gesucht werden, um einen Anfangsverdacht gegen den MfS-Oberst Schalck-Golodkowski penetrant verneinen zu können. Dabei verstieg sich der GBA sogar zu der Behauptung, Schalck habe »nur gegenüber Günther Mittag und Erich Honecker« Gehorsam geleistet. Es gebe keine Anhaltspunkte dafür, daß er »auch dem Minister für Staatssicherheit, Erich Mielke, unterstellt« gewesen sei; vielmehr hätten »seine Aufgaben – strikt getrennt von nachrichtendienstlichen Operationen – auf dem Gebiet der Valuta-Erwirtschaftung« gelegen. Das war nicht eigene Erkenntnis, das war Originalton Schalck. Er hatte seit seiner Flucht wiederholt gelogen, nie Weisungen von Mielke erhalten zu haben.

Daß dies nicht den Fakten entsprach, hätten die Karlsruher wissen müssen. Aus den unzähligen Protokollen, die er seinem Vertrauensanwalt Wolfgang Vogel vor der Flucht in mehreren Metallkoffern überlassen hatte und die dann nach der Wiedervereinigung bei der Berliner Staatsanwaltschaft gelandet waren, konnte man unschwer herauslesen, daß Schalck Mielke und seinem langjährigen Führungsoffizier im MfS, Heinz Volpert, Mielkes persönlichem Referenten, verpflichtet war. Über Jahre hinweg berichtete Alexander Schalck Exklusives an Stasi-General Erich Mielke, zum Teil ausdrücklich an Günther Mittag und Erich Honecker vorbei.

»Aus prinzipiellen Gründen würde ich nicht empfehlen, daß ich das Thema ... über Genossen Mittag dem Generalsekretär zuleite, weil sonst die Frage nach der Kurierverbindung gestellt wird«, schrieb Schalck beispielsweise am 10. Februar 1984 an Mielke. »Wenn Sie anderer Auffassung sind, müßte ich durch Sie entsprechende Auflassungen (gemeint ist wohl »Anweisungen«, d. Verf.) bekommen.« Wenige Monate später verfaßte er einen Bericht über die damals engen Polit- und Privatkontakte zum bayerischen Ministerpräsidenten Franz Josef Strauß – »nur für Genossen Minister Mielke«. »Ich habe eine Kopie des Materials Genossen Volpert direkt zugestellt«, ließ Schalck den Stasi-General wissen und bat »um weitere Entscheidung«.

Aus den gleichen Anlässen stellte Schalck oftmals zum selben Sachverhalt unterschiedliche »Informationen« für Mittag und Honecker beziehungsweise das MfS zusammen. Vieles wurde dem Generalsekretär und seinem Wirtschaftsminister gezielt vorenthalten. »Lieber Genosse Minister«, schrieb er zum Beispiel am 10. November 1987 an Mielke, »am 9. 6. 1987 wurde beiliegende Mitteilung des Gesprächspartners F. J. S. übermittelt. Ich würde empfehlen, ohne Information von Genossen Mittag F. J. S. mit folgendem Text zu antworten. Bitte um Zustimmung zur Absetzung dieser Antwort.«

Alexander Schalcks Tätigkeit als OibE für das Ministerium für Staatssicherheit hatte somit keineswegs Pro-forma-Charakter. Der Staatssekretär war gegenüber Erich Mielke weisungsgebunden, und das seit den sechziger Jahren, von Anfang an. Doch das wollten die Karlsruher Bundesanwälte offenbar nicht sehen.

Merkwürdig nur, daß nach dem letzten Abschöpfungs-Gespräch zwischen Schalck und dem BND, Ende Februar 1991, der GBA dem Gedanken plötzlich wieder nähertrat, der Chef-Devisenbeschaffer könnte sich vielleicht doch nachrichtendienstlicher Agententätigkeit schuldig gemacht haben. Man gehe aufgrund der Befragung ehemaliger MfS-Angehöriger »erneut... dem Vorwurf nach«, verlautete es Anfang Mai 1991 aus Karlsruhe. Und wenige Wochen später – inzwischen hatte sich in Bonn der Parlamentarische Untersuchungsausschuß konstituiert – hieß es, die Bundesanwaltschaft müsse weitere »Erhebungen und Ermittlungen... in einem nach wie vor sensiblen Umfeld« durchführen, wobei die Tätigkeit des Untersuchungsausschusses »die Aufklärung... behindern könnte«.

Im Kölner Bundesamt für Verfassungsschutz trieben solche argumentativen Taschenspielertricks den Leuten von der Inlandsaufklärung die Zornesröte ins Gesicht. Sie fühlten sich ausgebootet und mußten nun noch mit ansehen, wie aus ihrem Hauptgegner früherer Tage über Nacht ein Mann wurde, den man allein aus politischer Rücksichtnahme mit Glacéhandschuhen anfaßte. Der Brief, den die Behörde am 11. Juni 1991 an den GBA schickte, kam jedenfalls einer Ohrfeige gleich: »Bei den von Ihnen erwähnten (vermeintlichen) neuen Gesichtspunkten eventuell nachrichtendienstlicher Aktivitäten Dr. Schalck-Golodkowskis handelt es sich... um eine zusammenfassende Bewertung bereits bekannter Fakten«, die längst »beim BKA vorhanden« und »natürlich gerichtsverwertbar« seien.

Die Verfassungsschützer wiesen auch auf Schalcks Ausführungen bei seinen Vernehmungen hin. Danach habe er eingeräumt, an der Beschaffung einer Paßfälschungsanlage für das MfS in der Schweiz mitgewirkt zu haben. Zudem hätten »Aussagen von ehemaligen MfS-Offizieren gegenüber BKA-Beamten« Schalcks Rolle »als hauptamtlicher Mitarbeiter des MfS mit direkter Unterstellung unter den Minister« deutlich gemacht. Das reiche allemal für einen sogenannten Anfangsverdacht.

Schalcks Pech war, daß der BND mit der deutschen Einheit sein Interesse an der Top-Quelle nach und nach verlor. Die MfS- und KoKo-Aktivitäten waren danach aus der Sicht der Pullacher allenfalls von historischem Interesse. Zwar galt es einige Monate lang noch, Schalcks Wissen über den KGB abzufragen. Als der Flüchtling an den Ufern des Tegernsees zu einer zunehmenden Belastung für die Bonner Regierung, vor allem aber (wegen seiner Connection zu Strauß und März) für die CSU wurde, ging der BND auf Distanz.

»Wir lassen Sie nicht fallen«, er könne sich »in allen Fragen und Sorgen an den BND wenden«, habe ihm dessen Präsident Hans-Georg Wieck am Anfang der Kontakte beteuert und, gewissermaßen als Agentenlohn, »eine Italienreise für mich und für meine Frau« versprochen. Doch davon sei hinterher keine Rede mehr gewesen. Wieck habe ihn am Telefon von seiner Sekretärin abwimmeln lassen, klagte Schalck später vor dem Bonner Untersuchungsausschuß. Dabei hätte er wissen müssen, daß Spionage nicht eben ein faires Gewerbe ist.

Ende August 1991 leitete die Generalbundesanwaltschaft ein förmliches Ermittlungsverfahren gegen Alexander Schalck-Golodkowski wegen Verdachts geheimdienstlicher Agententätigkeit (§ 99 StGB) ein. Der Spion hatte seine Schuldigkeit getan, der Spion war zum Abschuß freigegeben. Er mochte allerdings noch einige Pfeile im Köcher haben, mit denen er sich wehren konnte.

Einen ersten Eindruck davon bekam Wolfgang Schäuble. Schalck erklärte vor dem Untersuchungsausschuß, er habe 1990 und 1991, während der Gespräche mit dem Bundesnachrichtendienst, »drei handgeschriebene Briefe – ich habe davon deshalb keine Kopien – an den Bundesinnenminister« geschickt, »ohne daß ich dazu von ihm eine Antwort erhielt«. Über den Inhalt wurde er nicht befragt, gab von sich aus auch keine Details preis.

Wolfgang Schäuble wurde, als ihn der Ausschuß ein paar Wochen später nach ebendiesen Briefen fragte, sehr störrisch. Er handele sich um »private« Schreiben, die er wohl vernichtet, vielleicht aber auch zu Hause vertrödelt habe. Auch wenn er sie wiederfände, würde er dem Ausschuß eine Einsichtnahme verweigern, da sie, wie gesagt, »rein privat« seien.

Dies freilich erwies sich Monate später als sehr eigenwillige Interpretation. Mindestens eines der Schreiben, dessen Kopie »Schneewittchen« seinem BND-Betreuer Manfred Burgdorf übergeben hatte, enthielt umfangreiche Hinweise auf laufende Operationen seiner alten KoKo-Seilschaften. So berichtete der Ex-Staatssekretär über einen bevorstehenden Besuch seiner ehemaligen Vertrauten Waltraud (»Traudchen«) Lisowski, die im KoKo-Imperium für die SED-Parteifirmen im Westen zuständig und zwischenzeitlich von der Treuhandanstalt mit der Auflösung der DDR-Untergrundwirtschaft betraut worden war, bei Schalcks Schweizer Statthalter Ottokar Hermann in Lugano. Tatsächlich spricht vieles dafür, daß bei dieser Visite darüber beraten wurde, auf welchen Kanälen KoKo-Kapital unbemerkt von der Treuhandanstalt auf Privatkonten abfließen könne. Wolfgang Schäuble hätte demnach Vermögensverluste in Höhe dreistelliger Millionenbeträge verhindern können. Oder anders herum: Es muß schwerwiegende Gründe gegeben haben, daß er den Parlamentsausschuß so brüsk in die Irre leitete.

Das Schattenimperium

Streng geheim

Der junge Mann verfügte ohne Frage über Eigenschaften, die es zu fördern galt. Im Dezember 1965 – der 33jährige Alexander Schalck leitete seit mehr als drei Jahren das SED-Kreissekretariat für den gesamten Bereich des DDR-Außenhandels – schrieb er dem »werten Genossen Hermann Matern«, Mitglied des Politbüros, »einige Gedanken über die Fortführung« seiner bisherigen Tätigkeit, schlug konkret vor, daß auch weiterhin bestimmte »Geschäftsoperationen durch mich, in Zusammenarbeit mit einigen Genossen, organisiert« werden. »Dabei haben uns vor allem Vertrauensfirmen des MfS, die Firma Simon und die Firma Gerlach, außerordentlich große Hilfe und Unterstützung gegeben.« Für die Zukunft könne er Gewinne von »drei bis vier Millionen DM-West« in Aussicht stellen, wenn »man diese Arbeit hauptamtlich durchführen«, mit »Vollmachten durch den Minister für Außenhandel« ausstatten und an »den zuständigen Bereich im MfS«, das Ministerium für Staatssicherheit, anbinden könnte.

Eine »enge Zusammenarbeit« mit Erich Mielkes Stasi-Zentrale, so ließ Schalck durchblicken, sei »deshalb notwendig, weil eine Reihe von Operationen wie illegale Warentransporte, Versicherungsbetrug und andere streng geheimzuhaltende Maßnahmen« konspirative Tätigkeiten voraussetzen würden. Und das gelte nun einmal als Domäne des MfS.

Schalcks Schreiben war der Ursprung des Handelsimperiums Kommerzielle Koordinierung (KoKo), das zwar nominell eine Abteilung des Ministeriums für Außenhandel wurde, tatsächlich jedoch weitgehend unter Kontrolle der Stasi stehen sollte.

Als Alexander Schalck fast 26 Jahre später, nach dem Ende der DDR und der Auflösung von KoKo, vor dem Parlamentarischen Untersuchungsausschuß an seinen damaligen Brief erinnert wurde, verweigerte er die Aussage: »Ich möchte dazu . . . weiter nichts sagen, zumal nicht eindeutig klar ist, ob es sich hier um eine Fälschung handelt.« Als ob er sich nicht an seine Vorschläge hätte erinnern können.

Der Hinweis auf die Firmen Simon und Gerlach kam nicht von ungefähr. Beide Unternehmen waren einige Jahre zuvor unter Mielkes Fittichen gegründet und mit geheimen Geschäftsoperationen beauftragt worden. Die beiden Inhaber, Simon Goldenberg und Herschel Libermann (alias Michael Wischniewski), beide Jahrgang 1914, wurden Schalcks Lehrmeister, weihten den strebsamen und flexibel denkenden Kreis-Sekretär in die »dirty tricks« der Untergrundwirtschaft ein, mit denen man den Klassenfeind im Westen schädigen konnte. Und Goldenberg wie Libermann verstanden ihr Handwerk: Vor dem Bau der Mauer, im August 1961, hatten sie blendende Handelsgeschäfte zwischen den Sektoren gemacht und auch danach ihre Beziehungen zu westlichen Wirtschaftskreisen zu nutzen gewußt – zum eigenen, aber auch zum Vorteil des Mielke-Ministeriums.

Das von Schalck zusammen mit Goldenberg und Libermann erarbeitete Konzept stieß deshalb auf erhebliches Interesse seitens des MfS. Mielkes Überlegung war dabei so simpel wie erfolgversprechend: Wer im Westen von Schalck, Goldenberg und Libermann profitierte, revanchierte sich womöglich mit Informationen oder war, im Ernstfall, sogar zu nachrichtendienstlichen Aktivitäten erpreßbar. Es mußte also Ziel sein, ökonomische Abhängigkeiten zu erzeugen, und dafür schien Schalck gerade der richtige Mann.

Schon seit Anfang 1965 hatten sich deshalb Heinz Volpert, MfS-Oberst und enger Mielke-Vertrauter, der für die Rückführung von Agenten aus dem »Feindesland« verantwortlich war, und Hans Fruck, stellvertretender Leiter der »Hauptverwaltung Aufklärung« (HVA) und Leiter des MfS-Stabes auf der Leipziger Messe, um Schalck bemüht. Fruck führte damals Libermann und Goldenberg.

Im September 1966 warben die beiden den SED-Sekretär offiziell an. Schalck erklärte sich zur Mitarbeit bereit, bekam Rang und Gehalt eines Offiziers im besonderen Einsatz (OibE); Heinz Volpert wurde sein Führungsoffizier, Schalck mußte ihm uneingeschränkt berichten. Als Volpert zwanzig Jahre später bei einem Saunabesuch völlig unerwartet einer Herzattacke erlag, ging die absolute Berichtspflicht des inzwischen zum Staatssekretär aufgestiegenen Alexander Schalck an Mielkes neuen persönlichen Referenten Hans Carlsohn über.

Das Stasi-gesteuerte Trio Libermann-Goldenberg-Schalck verfügte schon 1965 über »gute Beziehungen zur ökonomischen Führungsspitze in Berlin/West« (BND-Protokoll). Eine der Kontaktpersonen war der Berliner »Schweinekönig« Horst Krumke, ein Fleischgroßhändler, der den Schlachtviehmarkt beherrschte und später, dank Schalck, die besten Geschäfte mit DDR-Fleischkombinaten machte. Als Krumke 1983 verstarb und seine Firma vom bayerischen Fleischmagnaten Alexander Moksel geschluckt wurde, stieg dieser auch in die besonderen Beziehungen zu Schalck und KoKo ein.

Krumke verfügte (wie später Moksel) über erstklassige Kontakte zur SPD. So war es nicht weiter verwunderlich, daß er Schalck damals Gespräche mit dem amtierenden Westberliner Wirtschaftssenator Dr. Karl König anbot, den Krumke gut kannte. Er habe sich nach der überraschenden Offerte bei seinem Minister »und bei den Leuten, die die Sache besser kannten als ich«, also bei Mielkes MfS, »erkundigt, ob so ein Gespräch zweckmäßig wäre, und erhielt dann das Mandat«. Es entstand eine erste Schalck-Connection zur SPD, die fast acht Jahre, bis zur Entlarvung des DDR-Spions Günter Guillaume, Bestand hatte. Ironischerweise sollte ein Jahrzehnt später eine zweite, noch weit engere Schalck-Connection zur CSU zustande kommen, ebenfalls über einen Fleischfabrikanten, den Rosenheimer Strauß-Intimus Josef März. Auch er war ein Freund der Schalck-Spezis Libermann und Goldenberg.

Die Starken

Kaufen Sie sich einen Wachtmeister und besorgen Sie sich von ihm die Universalschlüssel des Zuchthauses!« Der Befehl kam von einem Mann, der nicht mit sich spaßen ließ: Herschel Libermann. Und der Ganove, dem Libermann die Order im Café Hochschule in der Ostberliner Invalidenstraße zuflüsterte, wußte das. Also tat er, was ihm so unmißverständlich aufgetragen wurde. Es galt, zwei Mitglieder der Libermann-Bande, Jakob Mandel und Natan Feuer, zu befreien. Das war 1956.

Der gebürtige Pole Herschel Libermann war Boß eines Berliner Schieberrings. Er hatte die Handelszentrale »Kuba« in Ost-Berlin gegründet und überschwemmte über sie West-Berlin mit geschmuggelten amerikanischen Zigaretten und zollfreiem Kaffee. Gesteuert wurde die Organisation, wie Schalck nach seiner Flucht 1990 gegenüber dem Bundeskriminalamt einräumte, von Hans Fruck aus dem Ministerium für Staatssicherheit, das seinerzeit noch Staatssicherheitsdienst (SSD) hieß.

Libermann selbst, der früher einmal auch unter dem Namen Henry oder Herz Liebermann auftrat, wußte aus eigener Erfahrung, wie ungemütlich die Gefängnisse in West-Berlin sein können. Er war, der Falschmünzerei beschuldigt, 1953 kurzzeitig in Moabit inhaftiert gewesen, ehe er von seinen Kumpanen hatte befreit und per Taxi nach Ost-Berlin gebracht werden können. Am Steuer hatte damals Simon Goldenberg gesessen. Der war daraufhin wegen Gefangenenbefreiung auf die Fahndungsliste der Westberliner Polizei geraten (und später auch von Interpol) und hatte sich deshalb ebenfalls nach Ost-Berlin abgesetzt.

Goldenberg, 1914 in Konstantinopel geboren, war 1919 nach Frankreich gekommen, hatte mit 14 Jahren die Schule verlassen und war dann verschiedenen Beschäftigungen nachgegangen, vor allem im Kolonialwarengeschäft seines Bruders Maurice in Paris. Im September 1940 wurde Goldenberg wegen Hehlerei zu fünf Jahren Gefängnis verurteilt, aber im Oktober 1942 befreit. Danach ließ er sich als Vertreter für Champagner in Epernay nieder und bekam nach Kriegsende die französische Staatsbürgerschaft. Im April 1951 setzte sich Goldenberg nach Unterschlagungen und Scheckbetrügereien aus Frankreich ab, verlor ein Jahr später per Dekret die französische Staatsbürgerschaft, 1954 auch die Aufenthaltsgenehmigung, weil er in seinem Antrag auf Einbürgerung den Gefängnisaufenthalt verheimlicht hatte. Seit 1951 wechselte er seine Wohnsitze in West- und Ost-Berlin wie andere Leute ihr Hemd.

Libermann und Goldenberg arrangierten sich nicht nur mit Mielkes Staatssicherheit, um ihren krummen Geschäften nachgehen zu können, sie ließen sich auch vom KGB einspannen. In den Zeiten des Kalten Krieges gedieh die Symbiose zwischen Ganoven und Genossen vortrefflich.

Schon gleich nach Kriegsende hatten sich ehemalige KZ-Häftlinge wie Libermann, Mandel und Feuer zu der Berliner Schiebergang »Die Starken« zusammengeschlossen. Neue Mitglieder wurden zumeist unter Leuten ohne Arbeit und festen Wohnsitz rekrutiert, den von der Militärregierung so genannten »displaced persons«. Später gründete der Ring, dem sich Simon Goldenberg 1951 anschloß, dann das »Kuba«.

Viele Details des Schmuggelgeschäftes zwischen den damals noch offenen Berliner Sektoren wurden im Dezember 1957 bei einem Prozeß gegen die Libermann-Gefährten Mandel und Feuer publik. Die Ostberliner Schieber und Stasi-Helfer erhielten seinerzeit wegen Kaffee- und Zigarettenschmuggels je drei Jahre Gefängnis. In der Urteilsbegründung hieß es, der Prozeß habe »in das Hauptquartier des ostzonalen Schwarzhandels und des roten Geheimdienstes geführt«.

1959 siedelte Simon Goldenberg endgültig nach Ost-Berlin über, weil ihm im Westen der Boden zu heiß geworden war. 1960 heiratete »Herr Simon«, wie er sich fortan nannte, Helga Scheufler, Tochter eines hohen DDR-Funktionärs. Danach verschaffte er sich eine Gewerbeerlaubnis (Nr. 20357), ausgestellt vom Rat des Stadtbezirks Prenzlauer Berg, und gründete seine Firma G. Simon Industrievertretungen. Sie war direkt der Staatssicherheit unterstellt und genoß deshalb ebenso einen Sonderstatus wie auch die F. C. Gerlach seines Freundes Herschel Libermann. Gleichzeitig rief er das Unternehmen Simetal in dem als Steueroase bekannten Fürstentum Liechtenstein ins Leben. Spezi Herschel – der nannte sich inzwischen allerdings Michael Wischniewski – zog mit einem Ableger seiner F. C. Gerlach nach.

Bis Parteisekretär Alexander Schalck zu dem Ganoven-Duo stieß, hatte es sich bereits zu Frucks »schweren Jungs« entwickkelt: Nach späteren Erkenntnissen verschiedener Nachrichtendienste sollen sie in diesen Jahren an Devisenschiebungen mit gefälschten US-Dollars (Goldenberg), Paßfälschungen, Spionage (Wischniewski), Schwarzhandel (Goldenberg) und Anstiftung zur Ermordung westlicher Agenten (Wischniewski) beteiligt gewesen sein. Die »Intensität« der Verbindungen Wischniewskis und Goldenbergs zum MfS und KGB, »gekoppelt mit kommerziellen Interessen, ist schon daraus ersichtlich, daß Simon Goldenberg seit 1957 in acht Ermittlungsverfahren des GBA (Generalbundesanwalts) wegen Verdachts verräterischer Beziehungen als ›Geschäftspartner‹ und Kontaktperson genannt worden ist«, hieß es später in einem Dossier bayerischer Verfassungsschützer. Und deren Kollegen des Bundesamtes für Verfassungsschutz hielten Kompagnon Libermann alias Wischniewski für »einen der Größten beim Schmuggel und Schwarzhandel . . . von Wurstpellen über Alkohol bis zu Edelmetallen«, der »auf das engste mit dem MfS verbunden« sei.

Schalcks Werdegang seit Anfang der sechziger Jahre, vor allem aber sein späterer Erfolg als Devisenbeschaffer der maroden DDR, wäre ohne den Beistand von Wischniewski und Goldenberg undenkbar gewesen. So gesehen entsprach sein Hinweis auf deren »große Hilfe und Unterstützung« (im Brief vom Dezember 1965 an das Politbüro-Mitglied Matern) durchaus den Tatsachen.

Schalcks freundschaftliche Beziehungen zu Libermann währten Jahrzehnte. Der lieferte bis zuletzt Millionenbeträge, teils in bar, bei KoKo ab. Erst lange nach der Wende in der DDR und mehr als ein Jahr nach Schalcks Flucht, im März 1991, ließen Staatsanwaltschaft und Kripo Wischniewski auffliegen und erhoben schließlich Anklage. Viele Unterlagen und Dokumente waren offenbar zwischenzeitlich verkollert oder verkokelt worden. In einem Stahlschrank stießen die Fahnder bei der Razzia allerdings auf Zeitungsausschnitte über den Prozeß gegen seine Konsorten Mandel und Feuer im Jahre 1957 – sorgfältig ausgeschnitten und abgelegt.

Kanal Kaiser

Alexander Schalck übernahm 1969 den 1966 gegründeten Bereich »Kommerzielle Koordinierung«, der fortan unter der Bezeichnung »Büro Schalck« firmierte. Kurz nach seiner Rekrutierung als MfS-OibE, im Mai 1967, also lange vor Aufnahme seiner KoKo-Tätigkeit, kam es zu einer ersten Begegnung mit dem Westberliner SPD-Wirtschaftssenator Dr. Karl König. Die ersten Kontakte waren über den Großschlachter Horst Krumke geknüpft worden.

Schalck lernte schnell: Wie bei streng konspirativen Verbindungen üblich, erhielt König einen Decknamen, wenn auch nicht eben einen phantasievollen (»Kaiser«). Über den »Kanal Kaiser« sollten danach für mehr als sechs Jahre politische Informationen aus dem Berliner Senat und aus der seit 1966 in Bonn regierenden Großen Koalition auf Mielkes Schreibtisch landen.

Die informellen Gespräche zwischen Karl König und Alexander Schalck gaben der Stasi detaillierte Einblicke in die Bonner Regierungsarbeit, zuerst unter dem Bundeskanzler Kurt-Georg Kiesinger, danach unter Willy Brandt. Später behauptete Schalck, über den »Kanal Kaiser« seien zwar »Geheimverhandlungen« geführt, aber niemals »geheime Dokumente der Bundesrepublik Deutschland oder des Senats von Berlin ausgehändigt worden«. Das jedoch steht in erheblichem Widerspruch zu seinen eigenen Vermerken für Stasi-General Erich Mielke. »Ausgehend von unserem Wunsch, die Studie über die weitere Entwicklung Berlins zu erhalten, hat Kaiser den politischen Teil als Ablichtung übergeben«, notierte Schalck zum Beispiel nach einem Treffen am 22. März 1969. Dabei habe sein Informant darum gebeten, »daß nach Kenntnisnahme die von ihm erhaltene Fotokopie vernichtet wird«.

Bei diesem Gespräch wurde der DDR auch die bevorstehende politische Wende in Bonn bekanntgegeben: »Kaiser machte längere Ausführungen darüber, daß durch die SPD-Führung alle Anstrengungen unternommen werden, um gemeinsam mit der FDP so viele Stimmen zu erhalten, daß sie die CSU/CDU in die Opposition drängen können.«

Natürlich hatte die neue Brandt-Scheel-Regierung ein starkes politisches Interesse an einem direkten Kontakt zur DDR – und da bot sich die Schiene König-Schalck an. »Kaiser teilt mit«, hielt Mielkes OibE in jenem März-Vermerk des Jahres 1969 fest, »daß er offiziell von Herbert Wehner gebeten wurde, zu prüfen, ob ein Treffen über den Kanal Kaiser in dessen Wohnung mit zwei führenden SPD-Politikern in den nächsten Tagen stattfinden kann.« Voraussetzung sei allerdings »absolute Geheimhaltung«. Ob es zu dem konspirativen Tête-à-tête kam, ist nicht bekannt. Auf jeden Fall gediehen die engen SPD-SED-Stasi-Beziehungen prächtig. In der Folgezeit beteiligte sich auch der Berliner Senator für Bundesangelegenheiten und spätere Chef des Bundeskanzleramtes, Horst Grabert, daran.

So entstand ein politisch-ökonomisches Interessengeflecht. Den Sozialdemokraten ging es um eine neue Ostpolitik, um Tauwetter nach der Eiszeit und dadurch Erleichterungen auch im menschlichen Bereich. Schalck dagegen hatte im Sinn, das eigene Regime ökonomisch zu stützen und politisch bedeutende Nachrichten zu beschaffen. Die SPD begab sich also, selbst wenn ihr – anders als in späteren Jahren der CSU – Schalcks Rolle als Mielkes MfS-Offizier nicht klar war, auf politisches Glatteis, weil sie ihn in hohem Maße ins politische Vertrauen zog.

Kaiser wäre bereit, ihm »sein eigenes Exemplar« eines Geheimprotokolls zur Entwicklung der Atomenergie »zur Verfügung zu stellen«, hielt Schalck nach einer internationalen Tagung im Herbst 1973 in West-Berlin fest. Und weiter: »Die Sowjetunion, die zu dieser Beratung eingeladen war, aber ihre Teilnahme absagte, hat offiziell um dieses Material gebeten, es aber nicht erhalten. Kaiser legt größten Wert auf Wahrung strenger Vertraulichkeit.«

Um Atomenergie ging es auch im Dezember 1973, als Schalck prüfen mußte, »ob die westdeutsche Seite bereit ist, ein Atomkraftwerk in der DDR... zu errichten, dessen Bezahlung... durch Stromlieferungen erfolgen solle«. König alias Kaiser reagierte umgehend, ließ seinen DDR-Gesprächspartner »nach Rücksprache mit Bahr« wissen, »daß die westdeutsche Seite im Prinzip mit der Durchführung eines solchen Projektes einverstanden ist«.

Zu der Verwirklichung der Idee eines gigantischen Kernkraftwerks in der DDR kam es dann aber doch nicht. Hintergrund: Von einem Tag auf den anderen fror der »Kanal Kaiser« ein. In Bonn wurde am 24. April 1974 der Kanzlerspion und MfS-Hauptmann Günter Guillaume enttarnt. Zwei Wochen später trat Bundeskanzler Willy Brandt zurück.

Glaubt man Alexander Schalck, dann war dem Bundesnachrichtendienst (BND) der Draht zwischen Senator König und KoKo-Boß Schalck bekannt. »Es wäre wirklich schade«, meinte er 1991 vor dem Bonner Untersuchungsausschuß, wenn all seine Informationen »in den Schreibtischen meiner Gesprächspartner versickert« wären.

Das Netzwerk entsteht

Sofort nach Beginn seiner Tätigkeit im neugeschaffenen Bereich Kommerzielle Koordinierung (KoKo), Anfang 1969, begann Alexander Schalck, dem inzwischen der Ruf eines dynamischen und phantasievollen Wirtschaftsfunktionärs vorauseilte, mit dem Aufbau eines international verschachtelten Firmenkonsortiums, das vornehmlich dem Zweck diente, Devisen für die darniederliegende DDR zu erwirtschaften.

Goldenberg und Wischniewski standen Schalck nicht nur mit Rat und Tat zur Seite, sie ließen sich in sein Imperium integrieren, halb freiwillig, halb gezwungenermaßen; sie hätten sonst ihren Sonderstatus und damit ihre blendenden Verdienstmöglichkeiten aufs Spiel gesetzt. Unter Schalcks Kontrolle wurden gemischte Firmen im Ausland gegründet, zum Beispiel die Tradimex in Paris, deren Anteile Goldenbergs Liechtensteiner Firma Simetal und das DDR-Außenhandelsunternehmen Holz und Papier hielten.

Zusammen mit seinem MfS-Führungsoffizier Heinz Volpert als Koautor legte Schalck im Mai 1970 seine Dissertation vor. Doktorvater war Erich Mielke. Auf 140 Seiten, von Mielke sogleich als »geheim« unter Verschluß genommen (MfS 354/70), beschrieb der quicke Außenhändler im Detail, wie er sich den modernen Klassenkampf vorstellte: »Dem Feind mit allen uns zur Verfügung stehenden Mitteln und Möglichkeiten, durch Anwendung seiner eigenen Methoden und Moralbegriffe Schaden zuzufügen sowie die sich bietenden Möglichkeiten des feindlichen Wirtschaftspotentials zur allseitigen Stärkung der DDR voll zu nutzen.«

Er schlug ein »Netz von internationalen Bankverbindungen«, die »Gründung von Auslandsfirmen ... in enger Zusammenarbeit mit dem MfS«, die Einrichtung von »Briefkastenfirmen, die ausschließlich zur Abdeckung risikovoller Geschäfte und Sonderoperationen eingesetzt werden«, und den Einsatz von »Strohmännern« vor, deren Aufgabe es sein müsse, »die Herkunft des Geldes ... zu verschleiern«. Zudem gingen Schalck und Volpert davon aus, »daß in der kapitalistischen Gesellschaftsordnung eine Vielzahl von Personen käuflich sind und bei entsprechend hohen Gewinnaussichten zu jeder Art von Geschäften legaler und illegaler Art und auch zur nachrichtendienstlichen Tätigkeit bereit sind«. Natürlich müsse das Netzwerk höchst konspirativ angelegt sein: »Aus Gründen der Geheimhaltung sollte außerhalb des MfS kein anderes Organ der DDR informiert und eingeschaltet werden.«

Mit seiner Doktorarbeit strafte Schalck seine späteren Beteuerungen Lügen, die auch von der deutschen Generalbundesanwaltschaft willfährig aufgegriffen wurden: Er habe nie nachrichtendienstlich für Mielke gearbeitet. Die Dissertation war auch nicht etwa eine überzogene Darstellung eines strebsamen DDR-Funktionärs, der sich bei Erich Mielke anbiedern wollte, sondern ein programmatischer Leitfaden für organisierte Wirtschaftskriminalität, Spionage und subversive Tätigkeit.

Im September 1972 – inzwischen war Erich Honecker Partei-chef geworden – erhielt Dr. Alexander Schalck die erhofften Kompetenzen übertragen, um seine Pläne in die Tat umzuset-zen. In einer Direktive des stellvertretenden Ministerpräsiden-ten Horst Sindermann hieß es, die KoKo-Konten würden fortan nicht mehr »in die allgemeine Bankenkontrolle einbezo-gen«, sondern dem Genossen Schalck unterstellt. Das war die von Schalck gewünschte Ermächtigung. Zwar blieb der zum Staatssekretär ernannte KoKo-Chef optisch dem Minister für Außenhandel zugeordnet, tatsächlich durfte der ihm weder reinreden noch ihn kontrollieren. Nur Erich Honecker und dessen Wirtschaftsminister Günther Mittag konnten ihm Wei-sungen erteilen. Und natürlich Erich Mielke. Der hatte schon Tage nach der Sindermann-Order erwirkt, daß eines der KoKo-Konten (Nr. 0528) »ausschließlich« ihm zur Verfügung stehen dürfe. OibE Schalck schrieb dazu: Weitergabe von Berichten über Konto 0528 »an einen anderen Personenkreis ist nicht gestattet«.

Auf das Geheimkonto Mielkes flossen horrende Gewinne aus der Handelstätigkeit der sogenannten Hauptabteilung I von KoKo, der beispielsweise die von der HVA geführten Firmen mit Sonderstatus wie F. C. Gerlach und G. Simon unterstanden. Außerdem gingen Beträge ein, die im Rahmen des Freikaufs politischer Häftlinge von der Bundesregierung gezahlt wurden. Jährlich konnte das MfS auf dem Konto 0528 über etwa 35 bis 40 Millionen D-Mark verfügen, von denen das Ministerium vornehmlich illegale High-Tech-Beschaffungen finanzierte. Auch dabei konnten die Herren Goldenberg und Wischniewski behilflich sein.

Schalck und die beiden »Starken« verkehrten auch privat miteinander, obwohl zumindest das Verhältnis zu Simon Gol-denberg nicht mehr völlig ungetrübt war. »Es gab rauschende Feste, bei denen sie hemmungslos soffen, sich dann anbrüllten und hinterher wieder verbrüderten«, erinnerten sich später

Nachbarn der Goldenberg-Villa im Ostberliner Prominentenvorort Karow. Mindestens einmal soll auch ein Schweizer Bankier aus Zürich bei einem solchen Saufgelage mit von der Partie gewesen sein. Über ihn wickelte Schalck bis zuletzt einen Teil seiner Devisen-Transaktionen ab.

Simon Goldenberg engagierte sich seinerzeit besonders für den bayerischen Fleisch- und Wursthersteller Gebr. März KG (»Marox«). Schon seit einigen Jahren hatte er Schlachtvieh aus der DDR zu Marox nach Rosenheim vermittelt, zwischen 1966 und 1968 zum Beispiel 58 000 Hammel und 12 000 Pferde. Sie wurden jedoch von Firmeninhaber Josef März nach Frankreich »durchgehandelt«, wobei 25 Millionen Franc Zoll hinterzogen wurden. Wegen des Schwindels verurteilte ein Gericht in Toulouse März später zu einer Geldbuße in gleicher Höhe – und einer Haftstrafe von einem Monat.

Anfang Januar 1972 beteiligte sich Goldenberg an der Westberliner März-Tochter Primovo. Offiziell war das DDR-Bürgern verboten, und Schalck soll, als er davon erfuhr, höchst ungehalten reagiert haben. Goldenbergs Fähigkeit, ideologisch unverbrämt nur auf den eigenen Vorteil und Wohlstand bedacht zu sein, betrachtete sein Schüler Schalck mit zunehmendem Argwohn. Am 13. März 1973 schrieb er dem »werten Genossen Simon« von der Leipziger Frühjahrsmesse einen höchst offiziellen Brief, »persönlich und streng vertraulich«: »Aus gegebener Veranlassung« müsse er »nochmals besonders darauf hinweisen, daß alle Importaktivitäten ... vorher mit mir abzustimmen sind«. Die beigefügte »Weisung« möge Goldenberg bitte auf seine »Geschäftstätigkeit ... sinngemäß anwenden«.

Alexander Schalck war gewillt, seine neuen Befugnisse rigoros auszunutzen.

Simons Geschäfte

Durch seine Ernennung zum Staatssekretär im Jahre 1972 konnte Dr. Alexander Schalck seine Machtfülle auch nach außen demonstrieren. Unverzichtbar hatte er sich schon vorher gemacht. Er entlastete mit Devisen aus Finanzaktionen, Goldgeschäften, Schmuggel, Hehlerei und Menschenhandel den Staatshaushalt; er beschaffte Elektronik, High-Tech und Computer für Industrie, Forschung und Militär; er lieferte dem Ministerium für Staatssicherheit ausgezeichnete Polit-Informationen und wertvolle nachrichtendienstliche Erkenntnisse; er finanzierte mit Hilfe von Westfirmen die Einheitspartei SED und dank im Ausland anfallender Provisionen die westdeutsche DKP; er versorgte nicht zuletzt die Nomenklatura mit westlichen Luxusgütern. Wer immer im Staatsapparat einen besonderen Wunsch hatte – Waren, Valuta, Kontakte –, der KoKo-Chef konnte ihn erfüllen. Er war der Mann für alle Fälle. Niemand wagte es, sich mit Schalck anzulegen – schon der eigenen Nachteile wegen, die das bedeutet hätte; alle suchten seine Freundschaft, zumal es als gefährlich galt, den Mielke-Protegé zum Feind zu haben.

Auch die deutschen Geheimdienste waren im Bilde. Das Kölner Bundesamt für Verfassungsschutz (BfV) erhielt 1973 durch einen Überläufer erstmals detaillierte Insider-Informationen über die enge Verzahnung von Schalcks KoKo und Mielkes MfS. Der Dienst erfuhr auf diese Weise, daß der Devisenbeschaffer von der Stasi geführt wurde und seinem MfS-Offizier Volpert berichtspflichtig war. Als sich die Erkenntnisse in den folgenden Monaten bestätigten, fertigte das BfV einen ausführlichen Bericht für das Bonner Innenministerium an. Spätestens seit dieser Zeit mußte den Regierenden klar sein, daß Doktor- und Staatssekretärs-Titel des Alexander Schalck nur über seine wahre Rolle als Dunkelmann des DDR-Regimes hinwegtäuschen sollten.

Unterdessen drohte das Verhältnis zwischen Schalck und Simon Goldenberg Mitte der siebziger Jahre in die Brüche zu gehen. Die Firma G. Simon wurde offiziell von der Hauptverwaltung Aufklärung (HVA) geführt, also Mielkes Spionage-Abteilung unter Markus Wolf, mußte einen Teil der erwirtschafteten Gewinne aber an KoKo abführen. Und Goldenberg verstand sein Geschäft: »Ich habe die ganze Welt vertreten.« Allein für die Rosenheimer Gebr. März KG (»mein kleinster Kunde«) wickelte er in jenen Jahren Schlachtvieh-Importe »bis zu 100 Millionen DM jährlich« ab. Da blieb für KoKo einiges hängen. Aber natürlich auch für Herrn Simon.

Hinzu kam, daß Schalck keineswegs alle dubiosen Handelsaktivitäten seines ehemaligen Lehrmeisters durchschaute. Das tat offenbar auch die HVA nicht. Goldenberg machte jede Menge »Nebengeschäfte«, soll sich sogar »mit dem Handel von Rauschgift befaßt haben« (so der bayerische Verfassungsschutz). Aber Goldenberg mußte auch Niederlagen einstecken.

1974 und 1975 fanden in Wien zwei Prozesse gegen die größte Alkoholschmugglerbande der Nachkriegszeit statt. Mehr als ein Dutzend Ganoven saßen auf der Anklagebank und wurden am Ende überführt, zwischen 1960 und 1972 fortgesetzt gigantische Mengen Rohalkohol aus DDR-volkseigenen Brennereien in die Bundesrepublik und nach Österreich verschoben zu haben. Wie ein roter Faden tauchte dabei der Name des Drahtziehers Simon samt seiner Liechtensteiner Tarnfirma Simetal in dem mehr als 10 000 Seiten umfassenden Prozeßmaterial immer wieder auf. Der österreichische Schmuggler-Boß Richard Wolf (Name geändert) packte vor Gericht aus: Er sei Goldenbergs Kompagnon und für den Export von Fleisch und anderen Lebensmitteln verantwortlich gewesen. Sein damaliger Lieferant, der Deutsche Innen- und Außenhandelsbetrieb (DIA) Nahrung habe auch Rohalkohol produziert, den er im Auftrag von Simetal verschieben mußte, um auch legale Geschäfte machen zu können, bekannte Wolf. Von den Gewinnen sei ein erheblicher Teil als Provision an KoKo gegangen – in Devisen, versteht sich. Ein anderes Mitglied des Schieberrings erinnerte sich später, Wolf habe immer die Pässe der Fahrer eingesammelt und sei damit nach Ost-Berlin geflogen. Von Goldenberg sei dann alles weitere erledigt worden, mit Hilfe des MfS, das die gefälschten Frachtpapiere beschaffte.

Das Kölner Zollkriminalamt schätzte später, daß dem deutschen Fiskus durch Goldenbergs gewerbsmäßige Schieberei mit schwarzem Sprit aus roten Quellen mehr als 100 Millionen D-Mark Steuern entgangen seien: »Die Schmuggeltechnik funktionierte nur deshalb reibungslos, weil Stellen in der DDR eingeschaltet waren, die diese kriminelle Vereinigung wirkungsvoll unterstützten.« Die Tankfahrzeuge wurden an der Grenze avisiert und dann ohne jede Kontrolle durchgewunken.

Dem Vernehmen nach soll Schalck über den Prozeß und die damit verbundenen Veröffentlichungen in Wien erheblich verärgert gewesen sein. Der Standort Wien spielte in seinem internationalen Geflecht von Tarn- und Scheinfirmen eine herausragende Rolle. Schlagzeilen kamen ihm da äußerst ungelegen, gefährdeten womöglich weitaus wichtigere Geschäfte über Österreich, zum Beispiel bei der Beschaffung von High-Tech und Elektronik.

Die zunehmende Verschlechterung der Beziehung zwischen Schalck und Goldenberg blieb offenbar auch Josef März in Rosenheim nicht verborgen. Er sah jedenfalls im März 1975 Handlungsbedarf und erbat aus Anlaß der Leipziger Frühjahrsmesse ein erstes direktes Gespräch mit dem KoKo-Boß. März kam gleich zur Sache und bot ihm an, eine gemischte Gesellschaft zwischen der Gebr. März KG und KoKo mit Sitz in Beirut zu gründen, zum Export von DDR-Fleisch, »besonders nach Saudi-Arabien«. März versuchte Schalck das Geschäft mit dem Angebot schmackhaft zu machen, er sehe »konkrete Ansatzpunkte zu inoffiziellen Kontakten mit Strauß«. Das klang nicht schlecht; vor allem mußte es Mielke gefallen, denn

Schalck hatte nach dem Ende der Beziehungen zu Karl König (»Kaiser«), Anfang 1974, keinen informellen, nachrichtendienstlich interessanten Draht zu einem BRD-Politiker von Rang mehr zustande gebracht. Josef März sei »jederzeit bereit, nach Berlin zu kommen«, ließ Schalck seinen MfS-Führungsoffizier in einem Vermerk wissen, »um auf dem kommerziellen als auch politischen Gebiet Kontaktgespräche weiterzuführen«.

Es war die Stunde Null der bayerischen Schalck-Connection, die mehr als zwölf Jahre währen und beiden Seiten enorme Vorteile bringen sollte: dem Großschlachter März den Profit und Schalcks Auftraggeber Mielke eine hochkarätige Quelle.

Simon Goldenberg beschloß im Oktober 1975, der DDR den Rücken zu kehren. Einerseits gab es im Westen bessere Geschäfte zu machen, andererseits war sein Aufenthaltsverbot in Frankreich nach 20 Jahren aufgehoben worden. Ob, wie er später behauptete, eine schwere Krankheit letztendlich den Entschluß beschleunigte, die »geschäftliche Tätigkeit, die ja in Ost-Berlin stattfand, zu beenden, um einen westdeutschen Wohnsitz zu nehmen«, ob es Streit mit Schalck war oder ein Auftrag der ihn führenden HVA im Ministerium für Staatssicherheit, ist unklar. Eine Art Deal mit Schalcks KoKo lag der Genehmigung, als DDR-Bürger in die Bundesrepublik überzusiedeln – mit Familie, Sack und Pack, wertvollem Meißner Porzellan inklusive –, gewiß zugrunde.

Am 1. Februar 1976 ging die Firma G. Simon in den Besitz von drei KoKo-Unternehmen über; Goldenberg trat alle Rechte ab, verzichtete auch auf das Inventar seiner Büroräume in der Schönhauser Allee 26a; für Schalck hatte dessen Stellvertreter Manfred Seidel »die Grundsätze für die Übergabe/ Übernahme« ausgehandelt. Einige Monate später sollte die Firma in Camet umgetauft werden.

Er dürfe »sein Devisenkonto behalten«, sagte Seidel zu, auch die Liechtensteiner Firma Simetal »bleibt weiter für Herrn Goldenberg bestehen«. Von »Staatssekretär Dr. Schalck wurde entschieden, anstelle der Fa. Simetal eine neue Firma zu gründen«. Schließlich erklärte sich Goldenberg noch bereit, »zur Einführung in die Messeaufgaben . . . konsultativ zur Verfügung zu stehen«.

Sämtliche Geschäftsbeziehungen Goldenbergs allerdings zu Unternehmen in New York, Wien, Paris, Brüssel, Genf, Valencia und Hamburg gingen auf die neue KoKo-Firma über. Auch die Kontakte zur Gebr. März KG waren fortan (über Camet) direkt in Schalcks Schattenimperium angesiedelt.

Nachdem er seine Unterschrift unter Vertrag und Protokoll gesetzt hatte, erhielt Herr Simon für sich, seine Frau und seine zwei Kinder die Ausreisevisa. Er flog zunächst nach Wien und fand dann am 1. Mai 1976 für einige Wochen Unterschlupf auf Gut Spöck, dem Landsitz des März-Clans, ehe er in Rosenheim eine adäquate Villa fand. Innerhalb von 14 Tagen habe er ohne jede Befragung durch bundesdeutsche Sicherheitsbehörden die nötigen Papiere erhalten, behauptete Goldenberg später. »Die Übersiedlung soll nur möglich gewesen sein«, so hieß es im Juli 1977 in einem Vermerk des bayerischen Verfassungsschutzes, »weil Goldenberg mit Veröffentlichung seiner Erfahrungen aus der DDR-Zeit gedroht habe.«

Merkwürdig nur: Die deutschen Nachrichtendienste wollten gar nichts von Simon Goldenberg wissen. Der Präsident des Bayerischen Verfassungsschutzes fragte im Juli 1977, mehr als ein Jahr nach Goldenbergs Frontenwechsel, vorsichtig beim Staatsminister des Innern nach, »ob und gegebenenfalls welche weiteren Klärungsmaßnahmen durchgeführt werden können . . . im Hinblick auf die Beziehungen des Vorsitzenden der CSU, Herrn Dr. Franz Josef Strauß, zu den Gebr. März«.

Nichts geschah. Goldenberg blieb ungeschoren. Und Gut Spöck wurde zum Zentrum eines »Rosenheimer Kreises«, einem politischen Klüngel über den Eisernen Vorhang hinweg: mit Strauß, der CSU, den März-Brüdern, Schalck und – wahrscheinlich – privaten Gästen aus dem BND.

High-Tech-Agenten

Der BND legte später großen Wert auf die Feststellung, es habe zwar »Ende der 70er Jahre Interesse« an einer Befragung Goldenbergs bestanden, nach einem »Schriftwechsel mit dem BfV (Bundesamt für Verfassungsschutz) und dem Bayerischen LfV« (Landesamt für Verfassungsschutz) sei es jedoch nicht zu einem Interview gekommen. Da hielt der bayerische Innenminister bereits seine schützende Hand über Herrn Simon.

Dabei hätten die Experten aus Pullach gern das Insider-Wissen Goldenbergs abgeschöpft, speziell über die Organisationsstruktur zwischen KoKo und MfS bei der Beschaffung von Elektronik und Computertechnik. Goldenberg wie auch sein alter Kumpel aus den fünfziger Jahren Wischniewski alias Libermann hatten nämlich – wie alle Ost-West-Händler in der DDR – die Mielke-Order auszuführen, High-Tech aus dem Westen zu beschaffen, wo immer sich eine Möglichkeit bot.

Seit jeher gab es im Ostblock einen immensen Bedarf an moderner Technologie – in der DDR wie in allen anderen Staaten des Warschauer Paktes. Überall hinkte die volkseigene Elektronik-Industrie dem Westen um mehr als ein Jahrzehnt hinterher. Hauptsächlich wegen der militärischen Bedeutung des Mikrochips hatte die NATO schon 1949 einen Koordinierungsausschuß, ein »Coordination Committee«, für den Ost-West-Handel (COCOM) gegründet, um Exportbeschränkungen und Handelsbarrieren zu erlassen. Die Lieferung sensibler Technologien in den Ostblock wurde verboten, zumindest aber von einer staatlichen Genehmigung abhängig gemacht.

Da das Embargo für die größten Lieferländer bindend war, sah sich die DDR bereits in den sechziger Jahren gezwungen, das Exportverbot zu umgehen – trickreich und beinahe um jeden Preis. Mit Hilfe westlicher Kaufleute, die sich ihr Risiko mit satten Preisaufschlägen bezahlen ließen, bauten Alexander Schalck und seine Mitarbeiter ab 1972 ein internationales Netz

von High-Tech-Agenten auf. Es gab verschiedene »Beschaf-
fungslinien«: Eine wurde direkt von der Hauptverwaltung
Aufklärung (HVA) gesteuert, also Mielkes Spionage-Abteilung und deren »Sektor Wissenschaft und Technik« (SWT);
eine zweite lief über den »Handelsbereich 30« der KoKo-
Hauptabteilung III und eine dritte, unter Aufsicht des MfS,
über das Kombinat Mikroelektronik in Erfurt. Daneben gab es
eine Vielzahl von Gelegenheitsgeschäften.

In den siebziger Jahren diente »Henry (Michael) Wischniewski alias Herschel (Herz) Libermann als bedeutendster
Embargo-Händler von Schalck«. Der Chef »der DDR-Vertre-
terfirma F. C. Gerlach« sei »hiesigen Behörden seit Jahrzehn-
ten bekannt«, hieß es in einem Geheimbericht des Bundesnachrichtendienstes aus dem Dezember 1981.

Als Hauptumschlagsplätze für die von Wischniewski und
anderen illegal beschaffte Elektronik galten die USA und Wien.
Der BND erfuhr laut Dossier Nr. 1117/81 VS-Vertr. von
»einem hohen SED-Funktionär mit guten Einblicksmöglichkeiten«, daß für die High-Tech-Agenten »in Amerika keine Probleme bestehen, auf den wissenschaftlichen Gebieten all das zu
erfahren, was die Europäer noch geheimzuhalten versuchen«.
Überdies führe der VEB Mikroelektronik »ohne Wissen von
Schalck Embargo-Geschäfte durch, um westliches Know-how
insbesondere über Mikroprozessoren zu erlangen«.

Eine zentrale Rolle in dem nach DDR-Verständnis völlig
legalen, wegen der COCOM-Bestimmungen aber konspirativ
organisierten Schmuggel spielten von Anfang an Günther
Forgber und Wolfram Zahn. Forgber war bereits Ende der
fünfziger Jahre inoffizieller Mitarbeiter des MfS und wurde als
solcher zunächst in verschiedenen Außenhandelsbetrieben der
DDR eingesetzt. 1968 gründete er eine der ersten sogenannten
Vertreterfirmen, die westliche Unternehmen (gegen Provision) vertraten, später die dann KoKo unterstellte, aber vom
MfS geführte Firma Exportcontact mit Büros in Wien und

Zürich. Über Exportcontact liefen viele Beschaffungsaktionen für Schalck und Mielke.

Wolfram Zahn war inoffizieller Mitarbeiter des MfS und stellvertretender Generaldirektor des Erfurter Kombinats Mikroelektronik. Als Forgbers Prokurist wurde er in den siebziger Jahren zum wichtigsten Elektronik-Schleuser für die DDR. Günther Forgber, der auch Privatgeschäften nachgehen durfte und ähnliche Privilegien genoß wie Goldenberg und Wischniewski, mußte einen Teil seiner Einnahmen an das MfS abführen, das diese dann gegenüber Erich Mielke als »Eigenleistung« ausweisen konnte; letztendlich landete Forgbers Valuta wiederum als Gutschrift bei KoKo – für die verschleierten High-Tech-Importe durch Schalcks »Handelsbereich 30«, der von Gerhard Ronneberger geleitet wurde.

Ronneberger war für das »Abtarnen« zuständig. Die einzelnen Netzverzweigungen und Filialen der Beschaffungsorganisation im Ausland seien ihm »nicht bekannt« gewesen, behauptete Schalck später, nach seiner Flucht, gegenüber dem Bundesnachrichtendienst: Während der BND davon ausging, »daß die DDR in großem Umfang westliche Technologie insbesondere für die UdSSR beschaffen ließ« und dabei »eine zentrale Steuerung über KGB/MfS erfolgte«, betonte Schalck, »der Egoismus« sei viel zu sehr »ausgeprägt (gewesen), als daß Westdevisen – von kleinen Einzelfällen abgesehen – für den UdSSR-Bedarf bereitgestellt wurden«. Darum freilich ging es ja auch gar nicht. Natürlich dürften KGB und GRU, die beiden sowjetischen Geheimdienste, für die in seinem Auftrag von KoKo beschaffte Hochtechnologie in der einen oder anderen Form bezahlt haben. Belegt sind jedoch konzertierte Aktionen westdeutscher High-Tech-Agenten für die Stasi und deren große Brüder in Moskau – über eingespielte Beschaffungswege im Westen.

In der zweiten Hälfte der sechziger Jahre lag der Bedarf der DDR wie auch der UdSSR vorwiegend auf dem Gebiet ziviler und militärischer Elektronik. Dazu mußten aus westlichen Lieferländern, vor allem den Vereinigten Staaten und Japan, Produktionseinrichtungen für die Halbleiterherstellung bezogen werden. Anfang der siebziger Jahre kam es dann zu einer regelrechten »Computer-Euphorie«. Da der damals von der DDR-Firma Robotron hergestellte Rechner R-300 weder über die erforderliche Leistung verfügte noch in ausreichenden Stückzahlen produziert werden konnte, ließ Schalck auf Umwegen etwa 60 bis 80 Computeranlagen ins Land bringen. Das waren Großaktionen, die beträchtliche Vorbereitungen voraussetzten und sicherlich nicht nur unter Ronnebergers Regie abgelaufen sein dürften.

Mitte der siebziger Jahre war es Ziel der DDR, »Produktionseinrichtungen für die Herstellung von integrierten Schaltungen zu beschaffen«, wie es im Oktober 1983 in einer zusammenfassenden Darstellung des Bundesnachrichtendienstes (Tgb.-Nr. 613/83) hieß. Als die COCOM-Bestimmungen daraufhin verschärft wurden, erhielten jene »DDR-Organisationen, die sich auf . . . Embargowaren spezialisiert haben, wieder größere Bedeutung und auch mehr finanzielle Mittel« (BND). Es war die Zeit vieler High-Tech-Schmuggler, die ihre heiße Ware meist »durch persönlichen Transport«, sogenannte »Aktentaschen- und Kofferraumgeschäfte«, in die DDR verschoben. Größere Anlagen wurden von Deutrans, der staatlichen DDR-Spedition, manchmal auch mit Hilfe der MfS-Firma Intertechna, auf dem Luftweg über die Schweiz, Österreich und Skandinavien nach Ost-Berlin verfrachtet. Dieser Weg war nach damaligen Erkenntnissen des BND »vollkommen problemlos«. Beliebt für Embargogüter war auch die Route von West-Berlin aus, im Pkw. Dabei wurden »die Gegenstände in der Regel falsch deklariert«.

Für Schalcks Auftraggeber war das Beste gerade gut genug. Auf den Wunschlisten, die vom MfS, von der Industrie, von den Hochschulen beim »Handelsbereich 30« eingingen, tauchten immer wieder die großen internationalen Hersteller für Soft- und Hardware auf: Siemens, Philips, IBM, DEC. Aber wußten oder ahnten die Konzerne bei Bestellungen der westlichen Händler-Agenten, wer eigentlich Kunde, wer Endabnehmer war? Sicher ist, daß es gelegentlich Kooperationen zwischen Mitarbeitern solcher High-Tech-Unternehmen und den KoKo-Beauftagten in dem KoKo-Außendienst in der Schweiz gegeben hat.

Andererseits: Ronnebergers »Handelsbereich 30« differenzierte nicht zwischen legalen und illegalen Einkäufen. »Sowohl seitens der DDR als auch der westlichen Händler wurde aus Profitgründen und/oder Unkenntnis der COCOM-Rechtslage keine Unterscheidung vorgenommen«, heißt es in einem anderen Geheimbericht aus Pullach. Die westlichen Händler verschoben also nicht nur sensible Technik in den Ostblock, sondern auch harmlose Ware. Aber immer zu überhöhten Preisen. Pro Jahr gab die DDR zwischen zwei und drei Milliarden D-Mark für High-Tech aus. Den Profit hatten die Techno-Agenten im Westen – und auch einige Beschaffer im Osten: Für Schalcks Vertraute in der Schweiz, darunter Ottokar Hermann in Lugano und Michael Grossauer in Zug, lohnte sich der Schwarzhandel mit Elektronik ebenso wie für seine Ost-Spezis Simon Goldenberg, Michael Wischniewski und Günther Forgber. Alle dürften sich dank des technologischen Rückstands im Ostblock eine goldene Nase verdient haben.

Der Schwede

Die Treffen fanden immer höchst konspirativ statt, in den Ostberliner »Zille-Stuben« oder im Weinlokal »Ganymed«. Wenn man sich zur Übergabe von Unterlagen, Angeboten oder Spezifikationen westlicher High-Tech verabredete, so erinnerte sich noch viele Jahre später der Agent Hans Jochheim, wurde man von den Geschäftspartnern des Ministeriums für Staatssicherheit an Orte mit regem Publikumsverkehr, Restaurants oder Hotels, dirigiert. Dabei ging es nicht so sehr darum, die Identität der Händler zu schützen als vielmehr jene der für das MfS tätigen Außenhandelsmitarbeiter.

Als Jochheim im Frühjahr 1986 wegen geheimdienstlicher Agententätigkeit vor Gericht stand (und zu drei Jahren und vier Monaten Haft verurteilt wurde), erinnerte er sich auch an die Namen seiner MfS-Auftraggeber, die er seit 1969 kennengelernt hatte: Wolfram Zahn, Günther Forgber und (nach 1977) der Physik-Professor Wolfgang Eckhardt, der ihm von seinem in der Schweiz lebenden niederländischen Geschäftsfreund Piet Winnerz (Name geändert) empfohlen worden war. Eckhardt stand mindestens seit 1970 in Diensten des Sektors Wissenschaft und Technik (SWT) im MfS: als »Anbahner« von Handelsbeziehungen.

Erst um die Jahreswende 1979/80 erklärte sich Jochheim, der neben der westdeutschen auch die schwedische Staatsbürgerschaft besaß und den das MfS deshalb als »der Schwede« führte, zu ersten Lieferungen für die Hauptverwaltung Aufklärung (HVA) bereit: eine militärisch nutzbare Kleinstkamera, die auch im Cockpit des Bundeswehrkampfflugzeugs »Tornado« benutzt wurde, und amerikanische Veröffentlichungen zum Verschlüsseln von Funkverkehr (Kryptologie). Es handelte sich offenbar um ein erstes Geheimdienstgeschäft zur Probe.

Da Jochheim zur Zufriedenheit der HVA lieferte, bekam er interessante Anschlußaufträge. Sie betrafen zu einem Großteil Embargowaren aus dem Bereich der Funk- und Nachrichtenelektronik, darüber hinaus aber auch vertrauliche Firmenunterlagen sowie Benutzer-Handbücher. Jochheim passierte die DDR-Grenze bei Marienborn jeweils zu festgelegten Zeiten, wobei die DDR-Posten vom MfS angewiesen worden waren, ihn unbehelligt zu lassen und seine Einreise telefonisch der

Zentrale durchzugeben. Später erhielt der Schwede zur Vereinfachung des Verfahrens Jahres-Visa.

Anfang der achtziger Jahre war Jochheim einer der besten Händler-Agenten Ost-Berlins. Von 1980 bis 1983 traf er sich monatlich zweimal mit Wolfram Zahn, der sowohl Bestellungen der HVA als auch des Schalck-Bereichs KoKo aufgab. »Insgesamt hat der Angeklagte an Zahn alle Teile eines hochmodernen Funkmeß- und Überwachungssystems, wie es vorwiegend zum Einsatz im militärischen Bereich dient, geliefert«, hieß es im Urteil des Oberlandesgerichts Celle gegen Hans Jochheim. Seine Lieferungen seien nicht nur als »hartnäckig wiederholte« Verstöße gegen das COCOM-Embargo zu werten, sondern als Spionage für die DDR: »Die Zuwiderhandlung ist ... geeignet, die staatlich geschützte Wirtschaftsordnung zu beeinträchtigen.«

Im Frühjahr 1984 brachten seine MfS-Verbindungsleute ihn auch mit einem anderen Auftraggeber zusammen, dem Elektronikhändler Richard Müller, der ihn mit der Beschaffung von Zusatzgeräten für DEC-VAX-Rechner beauftragte. Müller, der Moskaus wichtigster High-Tech-Agent war, bevor er sich im Oktober 1982 nach einer internationalen Fahndungsaktion aus Schleswig-Holstein nach Ost-Berlin absetzen mußte und seitdem unter dem persönlichen Schutz von Erich Mielke stand, hatte den Sowjets jahrelang Großcomputer des VAX-Typs geliefert, nicht aber das Spezialzubehör, um das er nun Jochheim bat. Der Schwede konnte Müller Anfang 1984 aber nur partiell aus der Patsche helfen: Er besorgte einen Teil und schaffte ihn nach Ost-Berlin – wie üblich im Kofferraum. Doch im September 1984 flog Jochheim auf. Er wurde verhaftet. Bei einer Durchsuchung seiner Wohnung im niedersächsischen Laatzen fanden die Fahnder in seiner Garage die Reste der von Müller bestellten Geräte. In Moskau mußte man weiter auf die Lieferung warten.

Moneten-Müller

Der Mann auf dem Gabelstapler brüllte laut herum. Normalerweise verließ er die klimatisierten Büros seiner südafrikanischen Elektronikfirma MSI nicht, um sich unter die schwitzenden Arbeiter an der Laderampe zu mischen. Das hatte der deutsche Geschäftsmann Richard Müller nicht nötig, dafür gab es Bedienstete. Doch an diesem Oktobertag des Jahres 1982 legte er selbst Hand an. Die Sondersendung war ihm zu wichtig, es durfte nichts schiefgehen. Verpackt in großen Kisten, standen auf dem MSI-Gelände hochsensible US-Computer der Marke VAX-11/783 im Wert von rund acht Millionen Dollar, zusammengestellt nach den Wünschen aus Moskau. Mit der Gerätschaft hoffte die GRU, der militärische Nachrichtendienst, den Vorsprung der NATO auf dem Gebiet der elektronischen Kriegführung endlich verringern zu können.

Richard Müller, geboren 1942 in Gießhubel, galt viele Jahre als größter »Makler des Gegners« (US-Pentagon). Über zeitweise mehr als 75 Schein- und Tarnfirmen in der Schweiz, in Frankreich, in Schweden und in Südafrika hatte er seit Anfang der siebziger Jahre High-Tech in großem Stil nach Moskau geliefert, darunter komplette Fertigungsstraßen für Mikrochips. Müllers Trick waren weltweite Zickzackkurse, dirigiert von seiner Lübecker Zentrale aus. Irgendwo auf dem Wege nach Moskau verwischten sich die Spuren der illegalen Lieferungen. Nach Recherchen der CIA sollen in zehn Jahren mehr als 300 Millionen D-Mark aus Moskau auf Müllers Konto bei der Nordfinanz-Bank in Zürich eingegangen sein.

Sein märchenhafter Reichtum trug dem Geschäftsmann schon Ende der siebziger Jahre den Namen »Moneten-Müller« ein. Er lebte auf einem riesigen Anwesen in Jesteburg, südlich von Hamburg, nannte mehrere Nobelkarossen, darunter zwei Rolls-Royce, sein eigen, besaß einen eigenen Reitstall mit mehr als drei Dutzend Rennpferden, die zeitweilig sogar das

Interesse des britischen Königshauses erregt haben sollen. Für seine reetgedeckte Villa ließ sich Müller das komplette antike Mobiliar eines englischen Landhauses nach Hamburg verschiffen. In den Restaurants der Nordheide war er wegen seiner üppigen Trinkgelder ein stets gern gesehener Gast.

Gewiß, mit den Jahren war es immer schwieriger geworden, die amerikanische Sonderermittlungsgruppe, die ihm schon seit 1975 das Handwerk legen wollte, hinters Licht zu führen. So gesehen stellte der Coup mit den VAX-Computern über Kapstadt ein Risiko dar. Aber um weitere Millionen zu scheffeln, mußte er solche Risiken eingehen.

Richard Müller prüfte noch mal, ob alle Hinweise auf der Verpackung entfernt worden waren, die einen Rückschluß auf den amerikanischen Hersteller, Digital Electronics Corporation (DEC), erlaubt hätten. Dann prüfte er die gefälschten Frachtlisten und begleitete die wertvolle Ware in den Hafen, wo sie in sieben Hochsee-Containern des schwedischen Frachters »Elgarin« verstaut wurde. Am 20. Oktober stach das Schiff in See, Kurs Hamburg. Von dort sollten die Computer über Helsingborg nach Moskau verschoben werden.

Doch im Hamburger Freihafen flog die Aktion auf. Am 9. November stürmten amerikanische und bundesdeutsche Zollfahnder das am Afrika-Kai liegende schwedische Schiff und beschlagnahmten drei Container. Die restlichen vier, die man übersah, wurden Tage später in Helsingborg konfisziert.

Einige Wochen später präsentierte US-Verteidigungsminister Caspar Weinberger in Washington die Beute. Auf einer Pressekonferenz feierte er den schweren Schlag, den die amerikanischen Behörden Richard Müller und dessen Auftraggebern versetzt hatten: »Wir haben einen großen Spionage-Coup der Sowjetunion in letzter Minute verhindert.«

Zehn Mitarbeiter in Müllers Firmen rund um Lübeck gingen der Staatsanwaltschaft während der Razzia ins Netz, wurden später angeklagt und verurteilt. Doch der Boß konnte sich gerade noch rechtzeitig nach Norden absetzen.«»Meine Familie und ich wünschen uns, Weihnachten hier bei Ihnen feiern zu können«, diktierte Müller einem schwedischen Reporter Anfang Dezember 1982 in den Stenoblock. Doch daraus wurde nichts. Noch vor dem Fest ließ Müller die Familie in Schweden zurück und ging nach Ost-Berlin. Er wußte, daß er mit internationalem Haftbefehl gesucht wurde und die CIA nicht ruhen würde, bis sie ihn hatte.

Alexander Schalck räumte später ein, daß die Übersiedlung Müllers in die DDR, Ende 1982, »mit unserer aktiven Mitwirkung ablief«, obwohl KoKo mit ihm zuvor nichts zu tun gehabt hätte. Doch der Chef des militärischen Nachrichtendienstes der Sowjetunion (GRU) persönlich habe Erich Mielke seinerzeit ersucht, »die Unterbringung von Müller auf dem Territorium der DDR zu sichern. Wir sollten Voraussetzungen schaffen für die Möglichkeiten des Baus von Lagerräumen und Büroräumen« (Schalck). Dabei hatte Mielke, wie Schalck ausführte, »außerordentlich große Bedenken, den Wünschen der sowjetischen Seite zu entsprechen«, habe sich dann aber der Order aus Moskau gebeugt, weil »die Beschaffungslinie Richard Müller« für den GRU offensichtlich einen »hohen Stellenwert hatte«.

Alexander Schalck beauftragte damals seinen Stellvertreter Manfred Seidel mit der delikaten Angelegenheit. Innerhalb kürzester Zeit seien dann »durch den Import einer Fertigteilhalle aus der Schweiz« (Wert ca. 1,5 Millionen Schweizer Franken) für Richard Müller in Berlin-Pankow ein Lager und Bürogebäude errichtet worden.

Die Gambia-Variante

Moneten-Müller war den Sowjets nach seiner Flucht verpflichtet und stand in ihrer Schuld. Er mußte von Ost-Berlin, später auch von Budapest aus, mit seinen Lieferanten im Westen Kontakt aufnehmen und neue Lieferungen für die Rote Armee organisieren.

Schalcks MfS-Leute brachten ihn schließlich auch mit Hans Jochheim zusammen, den er bereits über gemeinsame Geschäftspartner in Schweden kannte. Als Jochheim im September 1984 verhaftet wurde, baute Müller eine neue Beschaffungsorganisation über den Flensburger Elektronikhändler Ferdinand Dahm und dessen Krefelder Partner Dietmar Schlien auf. Davon jedenfalls waren die deutschen Ermittlungsbehörden schon im Herbst 1987 überzeugt. So ging die Düsseldorfer Zollfahndung seinerzeit davon aus, daß die von den »bekannten Embargoschiebern Richard Müller und Hans Jochheim gelieferten Rechneranlagen von Schlien ausgerüstet worden sind«.

Die Zollermittler in Lübeck, die sich jahrelang mit Müllers internationalem Netzwerk herumgeschlagen hatten, waren der Firma Datacom und ihrem Inhaber Ferdinand Dahm schon 1985 auf die Spur gekommen. Datacom hatte nach der Gründung im April 1983, wenige Monate nach Müllers Flucht, »nur illegale Geschäfte abgewickelt« und dabei »Firmen des Richard Müller in Schweden und Südafrika mit Waren versorgt« (Zoll-Vermerk). Dahm und Schlien führten ihre amerikanischen Lieferanten immer wieder mit gefälschten Aufträgen prominenter deutscher Unternehmen, darunter der Lufthansa und des Waschmittelkonzerns Henkel, hinters Licht und verschoben die heiße Ware dann über Budapest in die Sowjetunion.

Im Sommer 1986 dachte sich Dahm eine besonders hinterhältige Methode der Tarnung seiner illegalen Geschäfte aus: Er erschlich sich das Vertrauen eines Frankfurter Industriellen, der auch Generalkonsul des kleinen westafrikanischen Landes Gambia war. »Dahm wollte unbedingt Honorarkonsul werden«, erinnerte sich der Gehörnte später; tatsächlich »ging es ihm nur darum, eine unverdächtige Regierung zu mißbrauchen, um Lieferungen von Hochtechnologie in den Ostblock zu verschleiern«.

Dahms Gambia-Variante ging so: Der High-Tech-Agent bot dem armen und auf ausländische Hilfe angewiesenen Land an, für die dortige Polizei ausgediente Fahrzeuge, gebrauchte Funkgeräte und ausrangierte Sportbekleidung zu beschaffen, kostenlos natürlich. Die amtliche Wunschliste aus Gambia ergänzte er dann um Elektronik im Wert von 20 Millionen D-Mark, erschlich sich dafür von den Behörden eine Ausfuhrgenehmigung und verschob die Embargoware nach Ungarn – statt nach Gambia. Als die Sache aufflog, war ein Großteil der Anlagen bereits bei einer von Müllers Tarnfirmen in Budapest gelandet.

Dahm, Schlien und der dritte Mann der Schiebertruppe, ein Münchner Kaufmann, versorgten aber offensichtlich auch die DDR. Nach Erkenntnissen des Bundesnachrichtendienstes lieferten sie schon 1982 »PDP- und VAX-Rechner« über Bulgarien nach Ost-Berlin: »Dr. G. Forgber, DDR, wurde als Enduser genannt.« Zwischen 1983 und 1985 verschob das Trio »CAD-CAM-Systeme und Funksysteme an einen Abnehmer in der DDR«. Bei dem Münchner Kaufmann wurden später »63 Buchungen an Dr. G. Forgber über Lieferungen von Hochtechnologie im Wert von 2,5 Millionen DM gefunden« (BND-Dossier). Er soll gewissermaßen als Geldbote des High-Tech-Agentenringes regelmäßig Bargeld in Ost-Berlin abgeholt haben. Nach den Recherchen der Zollfahnder flog er allein 1985 mindestens 15mal nach Berlin, nahm dort einen Leihwagen, mit dem er aber jeweils nur wenige Kilometer fuhr, wahrscheinlich in den Osten der Stadt.

Dietmar Schlien machte später mit seiner Krefelder Firma

Datex offenbar auch Embargo-Geschäfte auf eigene Rechnung. Er lieferte, so der Vorwurf der Ermittlungsbehörden, viele Male Elektrotechnik in die DDR und »verlor« die Ware jedesmal auf der Transitstrecke nach Berlin. Aus den Meldungen der damaligen Grenzübergänge Helmstedt und Berlin-Dreilinden ging jedenfalls hervor, daß er für den Hinweg stets wesentlich mehr Zeit benötigte als für den Rückweg ins Bundesgebiet.

Gegen Schlien und seine beiden Helfer ermittelt seit 1988 das Bundeskriminalamt wegen des Verdachts der geheimdienstlichen Agententätigkeit. Nach Schalcks Flucht in die Bundesrepublik begehrte das BKA Auskunft über diesen Beschaffungsring für Günther Forgber und Richard Müller. Vor allem wollte es Informationen über jene Schweizer Konten der Gruppe, »die im Zusammenhang mit dem von den Beschuldigten organisierten illegalen Technologietransfer stehen«. Doch Schalck litt, wie immer, wenn es um seine Verstrickung in kriminelle Machenschaften ging, an partieller Amnesie: Zu dem Ermittlungsverfahren »kann ich keine weiteren sachdienlichen Angaben machen . . . Die Personen Dahm, (der Münchner Kaufmann X. Y.) sowie die Firma Datacom und Datex und das Konto (des) Schweizer Bankverein sind mir nicht bekannt.« Ob er von einem zweiten Konto bei der Züricher Bank für Kredit- und Außenhandel und von Dietmar Schlien wußte, ließ Schalck allerdings offen.

Richard Müller stieg spätestens 1988 endgültig aus. Ob sein GRU-Auftrag beendet war oder seine Auftraggeber kein Interesse mehr an ihm hatten, ist nicht bekannt. Im April 1989 jedenfalls tauchte Müller bei der Staatsanwaltschaft in Lübeck auf – zusammen mit seinem Anwalt, dem damaligen Bundestagsabgeordneten der Grünen, Otto Schily. Trotz eines internationalen Haftbefehls blieb Moneten-Müller gegen Kaution von 1,5 Millionen D-Mark auf freiem Fuß – Fluchtgefahr konnte bei einem, der seine Flucht gerade beendet hatte, kaum geltend gemacht werden.

Die Rücksiedlung war von langer Hand vorbereitet worden. Schon im Herbst 1988 hatte sich Schily durch die Berge von Ermittlungsakten gearbeitet und die Lübecker Anklagebehörde dann auf ein Tatvolumen von 28 Millionen D-Mark »herunter-gehandelt« – das waren, wenn die CIA-Kalkulationen stimm-ten, nicht einmal zehn Prozent von Müllers Umsatz mit den Sowjets. Alle Transitgeschäfte über Drittländer wie Südafrika oder Schweden wurden, dank Schily, ausgeklammert.

Ende März 1989 ging dann bei der Staatsanwaltschaft für diesen Tatumfang ein Geständnis von Müller ein. Etwa zur gleichen Zeit verabredete er mit seinem Finanzamt eine frei-willige Steuernachzahlung von 3,6 Millionen D-Mark. Im Juni wurde Richard Müller innerhalb weniger Stunden verurteilt – zu zwei Jahren Gefängnis mit Bewährung und 1,5 Millionen D-Mark Geldstrafe. Das entsprach der hinterlegten Kaution – gewiß nicht zufällig.

Moneten-Müller sagte während der Verhandlung, er habe in der »Gesamtbilanz seiner Geschäfte einen Verlust erlitten«. Das blieb unwidersprochen. Und als der Richter vorsichtig nach seinen Aktivitäten seit der Flucht Ende 1982 in der DDR fragte, antwortete Otto Schily an seiner Statt: »Wir wollen zu diesem Zeitraum keine Aussagen machen.« Die Fälle Jochheim und Schlien blieben unberücksichtigt.

Bevor Richard Müller den Gerichtssaal als freier Mann ver-lassen durfte, versicherte er noch glaubhaft, nicht wieder in der Elektronikbranche tätig werden zu wollen. »Ich brauch' das nicht mehr«, rutschte es ihm über die Lippen. Wohl wahr. Richard Müller erwarb danach das 700 Hektar große Gut Ma-rutendorf am Westensee bei Kiel, einen idyllischen Landsitz zwischen knorrigen Eichen, und ist seitdem Bio-Bauer. Ge-schätzter Kaufpreis des Anwesens: 19 Millionen D-Mark.

Auch für Otto Schily lohnte sich der Einsatz. Zum einen dürfte bei dem immensen Streitwert sein Honorar erheblich gewesen sein. Zum anderen erhielt der SPD-Unterbezirk

München-Land, in dem Schily 1990, nach dem Wechsel von den Grünen, für den Bundestag kandidierte, 120 000 D-Mark als Spende vom Ehepaar Müller. Schily argumentierte: Die SPD habe schon immer eine Lockerung der COCOM-Bestimmungen verlangt. »Hätten sich diese Forderungen durchgesetzt, dann wäre Richard Müller das Verfahren erspart geblieben.« Im übrigen sei die Behauptung frei erfunden, Müller habe gute Verbindungen zum sowjetischen Geheimdienst unterhalten. Auch der SPD-Unterbezirk hielt Müllers Moneten für »eine saubere Spende aus sauberem Geld«.

Kunde oder Feind?

Anfang Dezember 1988, als es für eine Wende in der DDR noch keinerlei Anzeichen gab, schrieb der damalige bayerische Staatsminister der Finanzen, Gerold Tandler, dem »sehr geehrten Herrn Staatssekretär Dr. Alexander Schalck-Golodkowski« einen freundlichen Brief, bot darin – wenige Wochen nach dem Tod von Franz Josef Strauß – seine »guten Dienste an, damit die Entwicklungen... gedeihlich fortgesetzt und ausgebaut werden können«. Und dann kam Tandler zum eigentlichen Anliegen: Er bat Schalck um Unterstützung bei der geplanten Zusammenarbeit der bayerischen Firma Pilz mit dem VEB Kombinat Robotron. Tandler an Schalck: »Ich wäre Ihnen sehr verbunden, wenn Sie diese Angelegenheit wohlwollend prüfen und auch unterstützen würden.«

Nun war, selbst unter damaligen Verhältnissen, gegen ein Joint-venture zum Bau eines »hochmodernen Compact-Disc-Werkes« (Pilz) mit den ungeheuren »Möglichkeiten dieses Speichermediums in der Computer-Technik« (Tandler) prinzipiell nichts einzuwenden, solange dabei keine COCOM-Bestimmungen verletzt wurden. Der Vorstoß aus Bayern läßt aber ahnen, daß möglicherweise unterschiedliche Meßlatten angelegt wurden, wenn große Unternehmen mit von der Partie waren und politische Rückendeckung genossen.

Da COCOM vornehmlich von den Vereinigten Staaten als ein politisches Instrument gesehen wurde, den Osten technologisch »auszuhungern«, gingen die US-Behörden mit Embargobrechern entsprechend drastisch um: Sie wurden auf »schwarzen Listen« erfaßt, oft über den gesamten Globus gejagt und, falls dingfest gemacht, drakonisch bestraft. Der deutsche High-Tech-Schieber Werner Bruchhausen zum Beispiel, gewiß nicht von Richard Müllers Kaliber, aber einer der wichtigsten Technologie-Lieferanten für die Sowjets in den siebziger Jahren, wurde im Herbst 1986, nachdem ihn die Engländer erwischt und unter fragwürdigen Umständen ausgeliefert hatten, zu zehn Jahren Gefängnis verurteilt. Während der Haftzeit im Staatsgefängnis von Tallahassee/Florida versuchte Bruchhausen im August 1988 erfolglos, mit Hilfe eines im Gefängnishof landenden Hubschraubers zu fliehen. Hinterher stellte sich heraus, daß es eine Falle gewesen war: Den Helikopter hatten amerikanische Zollfahnder geflogen. Für Werner Bruchhausen bedeutete der Fluchtversuch das Ende aller Hoffnungen, vielleicht schon nach der Hälfte der Haftzeit entlassen zu werden.

Auf der anderen Seite gab es immer wieder, trotz COCOM, politisch legalisierte Lieferverträge zwischen West und Ost; und man nahm offensichtlich politische Rücksicht, wenn die Großen der Branche in zumindest fragwürdige Elektronikgeschäfte verwickelt waren. So beschaffte zum Beispiel nach Erkenntnissen des Bundesnachrichtendienstes Erich Mielkes Hauptverwaltung Aufklärung, also die für Spionage zuständige Abteilung der Stasi, »1988 bei IBM/USA eine komplette Festplatten-Fertigung«, wobei »der Technologietransfer über AHB-Elektronik/AHB Robotron eingefädelt wurde«. Unter anderem waren DDR-Staatssekretär Karl Nendel und KoKo-Ronneberger »eingeweiht und tätig« (BND-Dossier).

Das IBM-Werk, so fand der Dienst heraus, wurde zunächst in »Österreich aufgebaut und getestet«. Ende 1989 dann seien »die Anlagen abgebaut und in der DDR, Werk Robotron, Meiningen, aufgebaut« worden, wobei Schalcks Schweizer Statthalter Ottokar Hermann »in die Finanzierung eingebunden« gewesen sein soll. Dies alles ohne Wissen des Computer-Multis IBM? Auch gelang es Schalcks Leuten, einen der modernsten Rechner der Welt vom Typ VAX 11/750 zu organisieren. Ohne Kenntnis des Herstellers DEC?

Die Siemens AG geriet ebenfalls in den Verdacht der Mitwisserschaft, als im Auftrag der Firma F. C. Gerlach des Schalck-Vertrauten Michael Wischniewski über eine französische Tochterfirma Computer in die DDR verschoben worden sein sollen. Siemens dementierte halbherzig, »Verstöße gegen COCOM-Richtlinien in unserem Hause sind nicht bekannt und unwahrscheinlich«.

Auch Schalck brach eine Lanze für Siemens. Er halte krumme Geschäfte für »ausgeschlossen«, sagte er bei seiner Vernehmung durch das BKA. Allein aus der Tatsache, daß EDV-Anlagen des Konzerns »über einen Zeitraum von zwei Jahren durch die zuständigen (COCOM-)Behörden in Paris nicht freigegeben wurden«, sei ersichtlich, wie streng sich der deutsche Elektronik-Multi an die Auflagen gehalten habe. Auch ein vom Ministerium für Staatssicherheit bestellter »Siemens-Rechner mit normaler Konfiguration« (Wert etwa 1,5 Millionen D-Mark) sei »nach den Ordnungsprinzipien der Siemens AG legal geliefert und eingesetzt worden«. Andererseits räumte Schalck ein, KoKo habe nicht zwischen legaler und illegaler Beschaffung differenziert. Insofern war er gewiß nicht der beste Leumund. Ohnehin machte es die Angelegenheit für Siemens kaum weniger delikat, wenn der Computer auf legalem Wege in Mielkes Stasi-Reich gelandet war.

Allein in den letzten Jahren der DDR, zwischen 1986 und 1990, gab KoKo für Hard- und Software der Firmen IBM, DEC und Siemens insgesamt etwa 900 Millionen D-Mark aus. Das Regime in Ost-Berlin war somit ein wichtiger, wenn auch nicht immer bekannter Kunde für die beiden amerikanischen und den deutschen Hersteller – trotz des offiziellen COCOM-Feindbildes.

Jupp und Johnny

Karl-Heinz Nötzel war gelernter Maurer und überzeugter Kommunist, jahrelang Kaderchef der damals illegalen KPD, später Gründungs- und Präsidiumsmitglied der 1968 neukonstituierten und zugelassenen DKP und seit 1976 Geschäftsführer der Firma Intema in Essen; Karl-Heinz Nötzel war aber auch ein unbequemer Diener des Ost-Regimes und kritisierte häufig das »Feudalleben der Parteiapparatschiks im Arbeiter- und Bauernstaat«. Auf Sitzungen der SED griff ihn die Parteispitze deshalb wiederholt als Nestbeschmutzer an.

Im September 1981 wurde Nötzel während der Leipziger Herbstmesse in einer Toilette des Hotels »Stadt Leipzig« tot aufgefunden. Offizielle Todesursache: an Erbrochenem erstickt. Nicht nur seine Angehörigen waren hernach der festen Überzeugung, Nötzel sei von der Stasi liquidiert worden. Auch im Bundesamt für Verfassungsschutz wurde sein Tod als wahrscheinliches MfS-Attentat verbucht.

Intema gehörte zu einem internationalen Konsortium von Schein- und Tarnfirmen der SED in Schalcks dunklem Wirtschaftsimperium, dessen Aufgabe es war, die Arbeit der West-Kommunisten verdeckt zu finanzieren. Die Unternehmen waren Teil der sogenannten »Abteilung Verkehr« der SED und wurden organisatorisch aber von Schalcks langjähriger Mitarbeiterin, Waltraud (Traudchen) Lisowski, betreut.

»Die Abteilung Verkehr war die konspirativste« in der SED, sie »wurde selbst in Parteipublikationen nie mit Namen genannt« (BND-Dossier). Leiter im ZK der SED war seit Anfang der sechziger Jahre Josef (Jupp) Steidl, ein enger Freund eines Schwiegersohns von Erich Honecker. Dieser private Kanal wurde jedoch mit der Umstrukturierung von KoKo, 1972, von Erich Mielke und Wirtschaftsminister Günther Mittag unterbunden, die ökonomische Steuerung der SED-Firmen ging vollständig in Alexander Schalcks Bereich Kommerzielle Koordinierung über. Nach dem Tod von Steidl im September 1986 übernahm dessen langjähriger Stellvertreter, Dr. Julius Cebulla, »der rote Johnny«, die »Abteilung Verkehr«. »Beide waren... vor allen Dingen für die illegale Verbringung von Geldmitteln in die BRD zuständig«, räumte Schalck nach seiner Flucht ein, ihm sei auch bekannt, daß von Steidl und Cebulla »über inoffizielle Kurierverbindungen... Gelder... aus dem Staatshaushalt, jährlich ca. 45 Millionen DM, zur Finanzierung der DKP und ihrer nachgeordneten Firmen und Organisationen« in den Westen geschleust wurden. Dem widersprach der Bundesnachrichtendienst nur insofern, als er von »jährlich etwa 70 Millionen DM« ausging, »mit denen die SED die DKP aushielt«.

Neben der Finanzierung der westdeutschen Kommunisten verfolgten Alexander Schalck und Traudchen Lisowski zudem drei weitere Ziele: die Erwirtschaftung von Devisen, wobei sie »Bestimmungen des innerdeutschen Handels und der dabei geltenden Steuergesetze ausnutzten oder sie umgingen«, die Versorgung »von SED-Funktionären mit westlichen Luxusgütern« sowie, gelegentlich, »die Beschaffung von Embargowaren« (BND-Dossier). Da es DDR-Bürgern nach dem Militär-Regierungs-Gesetz untersagt war, in der Bundesrepublik und in West-Berlin wirtschaftlich tätig zu werden, mußte die Beteiligung am Kapital der Intema und Dutzender anderer Firmen getarnt werden.

Getreu dem Motto Lenins, Vertrauen sei gut, Kontrolle besser, ließen Schalck und Lisowski selbst von langjährig bewährten Kampfgefährten und orthodoxen Kommunisten Treuhandverträge unterzeichnen, nach denen diese sich notariell verpflichteten, »Rechte aus den erworbenen Anteilen« der Westfirmen »nur in Übereinstimmung und entsprechend den Weisungen auszuüben«. Die illegalen SED-Firmen im Bundesgebiet hatten strikte Anweisung, die Herkunft ihres Kapitals zu verschleiern, selbst wenn ihnen dadurch empfindliche Nachteile entstanden: In einem Fall leistete ein kommunistisch gesteuertes Unternehmen sogar eine Steuernachzahlung in Höhe von 1,5 Millionen D-Mark, nur um die Hintermänner nicht preisgeben zu müssen.

Für Alexander Schalck stand, wie immer, die Devisenbeschaffung an oberster Stelle. Während Zahlungen im innerdeutschen Handel grundsätzlich zwischen Bundesbank und DDR-Außenhandelsbank in Form sogenannter Verrechnungseinheiten (VE) abgewickelt wurden, konnten die bei den SED-Firmen anfallenden Gewinne über das Ausland, in der Regel über die Schweiz und Liechtenstein, als harte Valuta in die DDR transferiert werden.

Hinter den Holdings, die treuhänderisch über das Untergrund-Imperium der DDR herrschten, standen von Traudchen Lisowski eingesetzte »Strohmänner«, Berufsverschleierer: in den Steueroasen Vaduz, Zug, Glarus zumeist. Die Schalck-Vertraute nahm gelegentlich sogar an Gesellschafterversammlungen von Westfirmen teil, »obwohl die DDR offiziell am Firmenkapital nicht beteiligt war und ihre Anwesenheit somit nicht gerechtfertigt gewesen wäre«, hieß es in einem Bericht des Bundesnachrichtendienstes. Der BND sammelte über die Aktivitäten der »Abteilung Verkehr« schon seit den siebziger Jahren Informationen.

Darüber hinaus verlangte KoKo bei Handelsgeschäften westdeutscher Konzerne mit der DDR, daß Spediteure und Vermittler aus dem SED-Firmennetz eingeschaltet wurden. Während die Fuhrunternehmen wenigstens eine Leistung für die Zwangszahlung erbrachten, kassierten die Provisionsfirmen zwischen drei und fünf Prozent des Geschäftswertes – ohne erkennbare Tätigkeit. Die solchermaßen abgeschöpften Valuta-Zahlungen wurden von den West-Händlern natürlich auf den in Verrechnungseinheiten zu zahlenden Preis geschlagen, so daß Schalck auf diese Weise lediglich Geld umschichtete – allerdings durch Umwandlung von künstlicher Valuta in harte Devisen. Mit denen konnte er dann die DKP finanzieren oder, in Ost-Berlin, die SED. Dazu schloß die zur Abteilung »Verkehr« gehörende Firma Simpex mit der West-Dependance aus dem KoKo-Reich eine Vereinbarung über Schein-Dienstleistungen wie zum Beispiel die Einholung behördlicher Genehmigungen. Auf diese Weise wurden jährlich 60 Millionen D-Mark »Vermittlungsgebühren« nach Osten verschoben, als eigentlich unbeliebte Verrechnungseinheiten zwar, aber für die SED-gesteuerten Unternehmen im Bundesgebiet gewinnmindernd und steuersparend, weil das die Betriebsausgaben künstlich erhöhte.

Die gesamten Überschüsse der SED-Firmen im Westen lagen in den letzten Jahren der DDR bei jährlich 40 bis 60 Millionen D-Mark. Der Großteil davon wurde dem »disponiblen Fonds der Partei zugeführt« (Schalck), einige Millionen landeten aber auch regelmäßig auf Erich Honeckers Spezialkonto 0628 – Jupp, Johnny und Traudchen sei Dank.

Schaltstelle Tessin

Im dicht bewaldeten Ortsteil Montagnola, oberhalb von Lugano, so schwören die meisten der hier lebenden Zweitwohnsitz-Schweizer, sei das Tessin am schönsten. Das attraktive, sonnendurchflutete Areal hoch über dem Luganer See beeindruckte auch Schalcks Statthalter und rechte Hand für Auslandsbeteiligungen, Ottokar Hermann, als er hier vor vielen

Jahren sein Quartier aufschlug. Hermann, seit 1985 im Besitz eines eidgenössischen Passes, ist ein Mann mit bewegter Vergangenheit: Geboren 1926 in Znaim in der Tschechoslowakei, war er im Krieg Mitglied in der berüchtigten Waffen-SS-Division »Das Reich«, nach amerikanischer Kriegsgefangenschaft dann offenbar Berater der US-Gegenspionage (Counterintelligence Corps der US-Armee in München) gewesen, danach Mitarbeiter bei Krauss-Maffei und BMW, schließlich Geschäftspartner und enger Vertrauter von Alexander Schalck. Obwohl Hermann sich nie zum Kommunismus bekannte, spielte er eine zentrale Rolle sowohl als Treuhänder im westlichen SED-Firmenimperium als auch in der KoKo-Beschaffungsmaschinerie für Devisen und Elektronik. Dabei brachte es Ottokar Hermann im Tessin, einem Dorado für Wirtschaftsgangster und Steuerhinterzieher, zu Ansehen und Wohlstand.

Die Zusammenarbeit Schalcks mit Hermann reichte bis in die Gründerzeit von KoKo zurück. Bereits Mitte der sechziger Jahre gab es in West-Berlin die SED-Firma Chemo-Plast Im- und Export GmbH unter dem Geschäftsführer Ottokar Hermann, die nach 1972 in die Obhut von KoKo überging. Zu jener Zeit siedelte Hermann ins Tessin über, gründete, übernahm oder dominierte danach eine Vielzahl von Tarnfirmen für die »Abteilung Verkehr« des ZK der SED, darunter die Warimex GmbH, die Wachsen GmbH, die Intex GmbH, die Intrag AG (alle in West-Berlin), die Intrac S.A., die Befisa S.A. und die Rexim S.A. (alle in Lugano). Die Hermann-Unternehmen waren wiederum mit etlichen westdeutschen oder anderen Schweizer Firmen verschwistert oder verschwägert.

Ottokar Hermann muß das absolute Vertrauen von Alexander Schalck und Jupp Steidl (später Johnny Cebulla) genossen haben, denn mit seiner Unternehmensgruppe machte er jährlich nach eigener Darstellung einige hundert Millionen Schweizer Franken Umsatz. Neben den Schiebereien mit High-Tech (West nach Ost), Antiquitäten (Ost nach West), neben den

Zwangsprovisionen, die Händler für ihre DDR-Geschäfte zahlen mußten, bestand Hermanns vornehmliche Aufgabe von Anfang an darin, den innerdeutschen Handel über die Schweiz zu lenken, damit Schalck statt (unbeliebter) Verrechnungseinheiten (dringend benötigte) Devisen kassieren konnte.

Ottokar Hermann übte aber gewissermaßen auch eine Überwachungs- und Kontrollfunktion im Auftrag des SED-Staates aus. Schon im April 1976 hatte er zum Beispiel namens der Liechtensteiner Anstalt Unisped, einer von Jupp Steidls Tarn-Holdings, die Hamburger Spedition Richard Ihle GmbH (Inhaber Uwe Harms) übernommen, ein traditionsreiches hanseatisches Unternehmen mit schon zuvor engen vertraglichen Kontakten zur DDR-Spedition Deutrans. In ihren besten Jahren besorgte Ihle zwischen fünf und zehn Prozent des Ladungsaufkommens im Hamburger Hafen. Die Spedition blieb auch in den achtziger Jahren ein Paradepferd im Stall der »Abteilung Verkehr«. Ihle soll Waffen verschoben und das unter UN-Embargo stehende Südafrika mit Waren beliefert haben. Das brachte hohe Gewinne und im Falle der Aufdeckung dem Klassenfeind im Westen die negativen Schlagzeilen, weil es sich ja um ein Hamburger Unternehmen handelte – die SED als Eigentümerin trat nicht in Erscheinung.

Allerdings stand zwischen Ihle-Geschäftsführer Uwe Harms und seinen Ost-Berliner Bossen Alexander Schalck und Traudchen Lisowski durchaus nicht alles zum besten. Der Hamburger galt als »unsicherer Kantonist«, seinen Kollegen der anderen SED-Firmen im Westen war deshalb verboten worden, mit ihm Kontakt aufzunehmen. Im März 1987, nach einer Visite in der DDR, sprach sich Harms, angeblich »entnervt und verängstigt«, bei einem Bekannten aus: Er sei von Schalck gegen seinen ausdrücklichen Willen mit einem Waffentransport beauftragt worden. Die Lisowski habe ihn daraufhin »massiv bedroht«. Uwe Harms befürchtete (nach Bezeugung des Bekannten), »daß die mich umlegen«.

Etwa einen Monat später entdeckte die Hamburger Polizei im Apartment eines bolivianischen Zuhälters im »Sperrbezirk« St. Georg, in einen Plastiksack verschnürt, die Leiche von Uwe Harms.

Lösegelder

Alexander Schalck ließ unter Verwendung seiner Lieblingsformel (»bei aller Sachlichkeit«) keinen Zweifel daran, daß »die Zusammenarbeit . . . über 25 Jahre völlig reibungslos, von beiden Seiten zuverlässig« verlaufen sei. Es gebe auch rückblickend »keine Veranlassung, kritische Bemerkungen« zu machen.

Was der KoKo-Boß nach seiner Flucht gegenüber dem Bundeskriminalamt so uneingeschränkt positiv charakterisierte, war sein enger Kontakt zum Diakonischen Werk der Evangelischen Kirche in Stuttgart. Kein Wunder: Ihm verdankte der Ex-Staatssekretär die hervorragende Betreuung nach seiner Flucht aus Ost-Berlin, im Dezember 1989, und den exzellenten Draht zum damaligen Innenminister Wolfgang Schäuble.

Dabei gründeten seine Beziehungen zur Diakonie durchaus nicht auf einem Akt reiner Nächstenliebe. Es ging um den Freikauf politischer Häftlinge in der DDR und die geräuschlose Abwicklung der dafür von westdeutscher Seite zu zahlenden Kopfgelder. Seit 1962 schacherte die DDR mit dem Leben der meist willkürlich und unrechtmäßig ins Gefängnis gesteckten Menschen und Dissidenten. In den sechziger Jahren überwies die Bundesregierung jährlich zwischen 30 und 40 Millionen D-Mark nach Ost-Berlin – auf dem Verrechnungswege. Mit Gründung des Bereichs Kommerzielle Koordinierung, Ende 1966, ging die »Arbeit mit den Religionsgemeinschaften« in dessen Verantwortung über, darunter die »ökonomische Verbindung zum Diakonischen Werk«. Zuständig war dann unter

Schalck die konspirativ geführte Hauptabteilung I mit ihrem Leiter Manfred Seidel.

Sehr bald nach seinem Dienstantritt als KoKo-Chef verfügte Schalck, daß die Lösegeldzahlungen der Bundesrepublik Deutschland im Rahmen des sogenannten B-Geschäfts zukünftig »abgetarnt« werden müßten. Deshalb wurde dem Diakonischen Werk ein Betrag von der jeweiligen Bundesregierung zur Verfügung gestellt, für den es dann Waren nach einer Wunschliste der DDR einkaufte. »Der Umweg wurde von der DDR deswegen gewählt, weil man die unmittelbare Verbindung zwischen Freilassung von politischen Häftlingen und der Annahme von Geld verschleiern wollte«, hieß es später in einem Bericht des Bundesnachrichtendienstes.

Wenn Gutschriften »der Bundesregierung von x Millionen (D-Mark) erfolgt (und) entsprechend den Wünschen der DDR Warenverträge abgeschlossen waren«, so versuchte sich Schalck später für den widerwärtigen Menschenhandel aus der Verantwortung zu stehlen, seien in der DDR die jeweiligen Häftlinge ausgewählt worden. Er, Schalck, habe »weder Einfluß noch Kenntnis, noch irgendwelche Entscheidungsvollmachten gehabt, wer wann und wo aus Haftanstalten oder in der Familienzusammenführung berücksichtigt wurde«, das müsse er »mit aller Sachlichkeit« feststellen.

Nach Honeckers Machtübernahme im Jahre 1971 kletterten die jährlichen Ablösesummen von unter 50 Millionen D-Mark auf mehr als 100 Millionen D-Mark (ab 1975) und mehr als 300 Millionen D-Mark (ab 1984). Insgesamt zahlte die Bundesrepublik für Häftlingsfreikäufe alles in allem mehrere Milliarden D-Mark an die DDR.

Außerdem gingen über Stuttgart Millionen an die DDR-Kirchen, die evangelische (»A-Geschäft«) wie die katholische (»C-Geschäft«). Auf diese Weise wurden die Religionsgemeinschaften im atheistischen Kommunismus aus dem Westen finanziert. In den fünfziger Jahren waren mehrfach DDR-Geistliche beim illegalen Tausch mit Koffern voller D-Mark erwischt worden; seitdem lief die geschwisterliche Hilfe für die Ost-EKD und (später) die katholische Konkurrenz ebenfalls in Form des »Stuttgarter Tauschhandels« ab, mal mit Rohstoffen wie Kupfer, Mangan, Erdöl oder Kohle, mal mit Bananen, mal mit VW-Bussen. Doch das SED-Regime wollte die Waren gar nicht behalten, sondern erneut versilbern. Für ihren Weiterverkauf schaltete Schalck die Berliner KoKo-Firma Intrac ein (nicht identisch mit der Intrac in Lugano).

Doch nicht nur Löhne und Gehälter der DDR-Pastoren wurden aus dem Westen bezahlt, sondern auch deren Sozialversicherung und Altersversorgung. Schalcks sakraler Geldkanal war jedoch, vor allem in den letzten Jahren der DDR, in erheblichem Maße durch die Tätigkeit oppositioneller Gruppen gefährdet, die den Schutz der Ost-Kirche genossen. So ließ Honecker Anfang 1989, »als sich die Wende ankündigte ... alle Bauleistungen, die vertraglich vereinbart waren, stoppen«, um »politischen Druck ... auszuüben« und »der Kirche ... die Grenzen ihrer Tätigkeit aufzuzeigen« (Schalck). Der KoKo-Chef erweckte in seiner späteren Vernehmung durch das BKA nicht nur den Eindruck, er habe Honeckers Anweisung damals für moralisch verwerflich gehalten, er legte auch Wert auf die Feststellung, »daß kein einziger Pfennig aus Einnahmen in der Tätigkeit mit dem Diakonischen Werk dem Ministerium für Staatssicherheit bzw. dem ZK der SED zur Verfügung gestellt wurde«.

In seinen detaillierten Aufzeichnungen, die er vor seiner Flucht in mehreren Koffern bei seinem Anwalt Wolfgang Vogel deponierte, fand sich auch, sorgsam abgeheftet, eine Stellungnahme der katholischen Kirche zu den »Stuttgarter Transaktionen«. »Zu keinem Zeitpunkt hat die katholische Kirche diesem Staat Legitimität zuerkannt«, auch wenn sie »der Tatsache des Bestehens dieses Staates Rechnung tragen« müsse, hieß es da. »Ob man jemanden durch finanzielle und materielle Mittel aus ungerechter und unmenschlicher Haft herauszubringen versucht, ist letztlich eine Gewissensfrage, die sich unter den gegebenen politischen Machtverhältnissen einer Beurteilung nach rechtsstaatlichen Kriterien entzieht. Wenn dies die einzige Möglichkeit ist, einem Menschen zu Hilfe zu kommen – darf man sie verweigern?«

Die Lösegelder aus dem Häftlingshandel, dem »B-Geschäft«, erzielt durch den Verkauf der vom Diakonischen Werk im Auftrag der DDR erworbenen Waren, wurden für den Notfall, die Zahlungsunfähigkeit des Landes, gebunkert – oder landeten auf dem Spezialkonto 0628, zur persönlichen Verfügung von Generalsekretär Erich Honecker.

DDR-Unterhändler für den Freikauf von inhaftierten DDR-Oppositionellen war Rechtsanwalt Wolfgang Vogel, Honekkers wie Schalcks Vertrauter, der sich gern »Beauftragter für humanitäre Belange« nennen ließ. »Ursprünglich gab es gestaffelte Berechnungen« für den jeweiligen Preis, erinnerte sich Vogel nach der Wende, im April 1990, wobei er versuchte, das unmenschliche Geschäft nachträglich durch moralische Bewertungen zu verklären: »Das war furchtbar, dazusitzen und auszurechnen, wieviel Strafrest noch zu bezahlen war, so kaufmännisch.« Deshalb habe man sich dann »auf eine Pauschalsumme« verständigt.

Vogel bestritt, was längst kein Geheimnis mehr war: Das DDR-Regime hatte politische Gefangene gemacht, mit dem Ziel, schneller zu Devisen zu kommen, wenn es der ostdeutschen Wirtschaft wieder einmal schlechtging. Das Gegenteil sei richtig, behauptete Vogel: »Es gab Mandanten, die es darauf anlegten, ins Gefängnis zu kommen, weil sie hofften, dann schneller in den Westen freigekauft zu werden.«

Gegen Vogel wurden später ein Dutzend Ermittlungsverfahren von der Berliner Staatsanwaltschaft eingeleitet, die immer noch nicht abgeschlossen sind. Verdacht: Der Honecker-Berater habe Ausreisewillige um ihr Hab und Gut gebracht, teilweise sogar erpreßt.

Plünderungen

Es lief immer nach dem gleichen Schema ab: Der Inhaber der Kunst- und Antiquitätensammlung wurde frühmorgens zur Kriminalpolizei bestellt. Unterdessen tauchten zwischen fünf und zehn Mitarbeiter der Schalck-Firma Kunst und Antiquitäten GmbH (KuA), der Steuerfahndung und der Stasi in seiner Wohnung auf, präsentierten einen Hausdurchsuchungsbefehl und begannen mit dem, was sie Inventur nannten: Alle Stücke, auch die Möbel und die Bilder an den Wänden, erhielten laufende Nummern, die in Listen notiert wurden, erinnerte sich später Helmuth Meißner, einer der betroffenen Kunsthändler, an die Aktion, die ihn im März 1982 traf.

Die Bestandsaufnahme diente offiziell dem Ziel, den Zeitwert der Gegenstände zu ermitteln – als Grundlage für eine steuerliche Bewertung. Oftmals schon eine Woche später trafen Nachforderungen des Fiskus ein, durchgängig in Millionenhöhe. Für Helmuth Meißner in Dresden wurde zunächst eine Summe von zwei Millionen D-Mark festgesetzt, diese dann in den darauffolgenden Monaten Stück für Stück auf schließlich mehr als 6,5 Millionen D-Mark heraufgesetzt. Der Betrag war fiktiv und diente nur dem Ziel, statt die Nachzahlung zu kassieren, die Privatsammlung zu konfiszieren und dann im Westen zu verschachern.

In der Mühlenbecker Zentrale der Kunst und Antiquitäten GmbH, 30 Kilometer außerhalb von Ost-Berlin, wurden nach 1982 insgesamt 221 solcher »Steueraktionen« penibel registriert. Hinter den Zahlen verbergen sich unzählige Schicksale von kriminalisierten, durch die »kalte Enteignung« um ihre Existenz gebrachten und teilweise außer Landes getriebenen Kunstliebhaber. Helmuth Meißner, zu jener Zeit 79 Jahre alt, brach körperlich zusammen. Anfang April 1982 brachte man ihn »mit Gewalt und gegen meinen Willen« in eine Nervenheilanstalt, das Bezirkskrankenhaus Arnsdorf bei Dresden. Er blieb ein halbes Jahr dort, wurde von der Steuerfahndung verhört, lehnte aber Auskünfte ab, weil er wußte, daß Kooperation mit den Behörden nichts nutzte. Die KuA-Leute und die Stasi-Spitzel, die für sie tätig waren, sprachen Kunstbesitz gern den Charakter privater Sammlungen ab. Ihrer Meinung nach handelte es sich bei Malereien, Grafiken, Skulpturen, Antiquitäten und Münzen entweder um »Kulturgut«, dann brauchten die Sammlungen »Aufsicht und Pflege« staatlicher Institutionen – oder um »Kunstwerke« minderer Bedeutung, dann wurden sie nach rechtsgültigem Abschluß des Steuerverfahrens offiziell von Schalcks Firma KuA übernommen, um durch den Weiterverkauf in den Westen die (angebliche) Steuerschuld des Sammlers oder Händlers zu begleichen.

Helmuth Meißners Sammlung, darunter wertvolle Porzellanvasen und -krüge aus dem 18. Jahrhundert, erwies sich für die Kunst und Antiquitäten GmbH als einer der dicksten Fische. Der Dresdener Kunstliebhaber war »geschlachtet« worden, wie es im Sprachgebrauch der MfS-Sondergruppe »Spekulanten« hieß. Sie hatte die Aufgabe, Opfer ausfindig zu machen. Meißners Eigentum landete bei Antiquitätenhändlern in Westdeutschland, in Belgien, in der Schweiz oder in den Vereinigten Staaten, verhökert von KuA-Boß Joachim Farken, einem engen Vertrauten Schalcks.

Schalck hatte 1981, mit Farkens Bestallung, bei Günther Mittag, dem Wirtschaftssekretär im ZK der SED, durchgesetzt, daß im Entwurf eines »Kulturschutzgesetzes« jener Passus gestrichen wurde, der den Eigentümern von registriertem Kulturgut die Befreiung der Vermögenssteuer zusichern sollte. Damit war die infame Jagd auf die Kunstsammler im Arbeiter- und Bauernstaat DDR freigegeben worden. 1986 dann wurde die »Verwertung einbezogener Gegenstände« durch die Kunst und Antiquitäten GmbH auch offiziell mit dem DDR-Innenministerium verabredet – »unter Beachtung des Grundsatzes..., den höchsten Gewinn für die Volkswirtschaft der

DDR« zu erzielen, wie es in der von Schalck unterzeichneten Vereinbarung hieß.

Farken war Schalcks Stellvertreter Manfred Seidel unterstellt, nahm ihn aber nicht sonderlich ernst, hielt ihn vielmehr für »gutmütig bis zur Dummheit« und arbeitete deshalb lieber direkt mit dem MfS zusammen. Wie Alexander Schalck später einräumte, sei eine solche Kooperation mit der Stasi-Hauptabteilung IX (Ermittlungen und Untersuchungen) »dringend erforderlich« gewesen, »weil in verschiedensten Vorgängen, zum Beispiel bei Pfändungen und der Zurverfügungstellung von Waren, Probleme entstanden ... und in diesem Zusammenhang eine notwendige sachliche Klarstellung notwendig war«.

Joachim Farken war sicher der richtige Mann für solche »sachlichen Klarstellungen«, also skrupellose Plünderungen privater Kunstsammlungen. Er hatte im Januar 1981 den KuA-Mitbegründer Horst Schuster abgelöst, der im Regime in Ungnade gefallen war und sich dann 1983 in den Westen absetzte.

Ursprünglich war die Kunst und Antiquitäten GmbH im Februar 1973 durch Verfügung des damaligen Ministerratsvorsitzenden Willi Stoph gegründet worden, um Kunst aus dem staatlichen Museumsfonds auszusortieren und zu verkaufen. Im ersten Jahr nahm die DDR auf diese Weise rund 55 Millionen Valuta-Mark ein, investierte davon rund zehn Prozent für den Ankauf neuer Werke auf dem internationalen Markt. Doch davon rückte man schnell wieder ab, weil der Devisenschuh bereits zu sehr drückte.

Gesellschafter des neuen Unternehmens war neben Horst Schuster noch Dieter Uhlig. Beide arbeiteten für die KoKo-Holding Transinter. Sie erhielten von Schalck den Auftrag und vom Außenhandelsministerium im Dezember 1973 das Exklusivrecht, Antiquitäten, bildende und angewandte Kunst, Volkskunst sowie »Gebrauchtwaren mit kulturellem Charakter« zu exportieren. Nachdem die Ausbeutung der Museen infolge heftiger Proteste ihrer Direktoren sehr bald wieder gestoppt wurde, verfielen Schuster und Uhlig auf die Idee, statt dessen die in Privatbesitz befindlichen Kunstwerte zu verstaatlichen. Sie gründeten 1976 den VEB Antikhandel Pirna, der später, unter Joachim Farken, zum wichtigsten Zulieferer für KuA wurde.

Spätestens seit 1977 war auch die Bundesregierung über den Ausverkauf privater Kunstsammlungen im Bilde. Mit Meldung vom 20. Juni 1977 (Tgb. Nr. 488/77 VS-Vertr.) setzte der Bundesnachrichtendienst das Bundeskanzleramt über die ihm vorliegenden Informationen in Kenntnis. Seit 1973 habe die »Handelsfirma Kunst und Antiquitäten GmbH, die... vom Bereich Schalck direkte Ausweisungen erhält, ... wertvolle Kunstgegenstände aus der ›gemeinsamen deutschen Geschichte‹, ... Bestände der Museen Dresden, Berlin (Ost) und Leipzig« auf dem internationalen Markt angeboten. »Als Interessenten traten damals Kunsthändler aus der Schweiz, den USA und dem Vatikan auf.« Aus Kunsthändlerkreisen der DDR habe man jetzt erfahren, daß »Antiquitäten wie Bauernmöbel, Porzellan, Uhren« im Westen abgesetzt werden sollen; »eine größere Anzahl Lastwagen ist in Richtung innerdeutsche Grenze unterwegs. Als Bestimmungsort wird Düsseldorf und Amsterdam vermutet, als Motiv der Transaktion der permanente Devisenmangel der DDR« (BND).

Auch als Joachim Farken in den achtziger Jahren den Vandalismus in Kulturstädten wie Dresden und den Ausverkauf privater Sammlungen immer systematischer und schamloser betrieb, bekam der Dienst in Pullach Wind davon. Doch die Bundesregierung dachte gar nicht daran, etwas gegen das Ost-West-Kartell der Kunsthändler zu unternehmen. Letztendlich befriedigte die DDR, ganz marktwirtschaftlich, eine rapide steigende Nachfrage hierzulande nach allem, was alt war, und verdiente an den Geschäften ebenso gut wie die westlichen Kunden, die sich später auf »Gutgläubigkeit« beriefen. Dabei wußte die Branche spätestens seit einem Beitrag im Kunstmagazin »Art« vom Februar 1984 sehr genau, auf welche Weise die meisten Stücke in Farkens Besitz gekommen waren.

Der Verdacht noch so fragwürdiger Beschaffungsmethoden schreckte kaum einen der Einkäufer in der Mühlenbecker KuA-Zentrale ab. Als Farken seine Tätigkeit Ende 1989, nach der Wende in der DDR, einstellen mußte, waren 81 Verträge mit westlichen Abnehmern zu kündigen. Manche der treuesten Kunden, darunter die Antik-Abteilung des Berliner KaDeWe und das renommierte Bremer Auktionshaus Bolland & Marotz, sollen von dem Exportstopp überrascht worden sein, schrieb der Kunstwissenschaftler Günther Blutke nach akribischen Recherchen in seinem Report »Obskure Geschäfte mit Kunst und Antiquitäten«.

Neben den Handelsverträgen mit ausgesuchten Westfirmen gab es noch andere verschwiegene Wege, auf denen Einzelstücke oder ganze Partien verschoben und auf westlichen Antiquitätenmärkten landeten. Schon seit Anfang der siebziger Jahre organisierte Schalcks Intimus Ottokar Hermann mittels seiner Berliner Firma Antiquitäten O. Hermann KG Transaktionen mit altem Mobiliar aus der DDR. Mit Übernahme des Schweizer DDR-Betriebs Intrac S. A. im Tessin steuerte Hermann den Vertrieb mit Kunst und Antiquitäten dann von seinem Domizil in Lugano aus. Über die Intrac sollen auch wertvolle Stücke aus der Meißner-Sammlung, darunter Gemälde von Wilhelm Busch, Adolf Menzel, Max Liebermann, Ernst Barlach, Otto Dix und Käthe Kollwitz, nach München gelangt und auf einer Auktion versteigert worden sein.

Überdies hatte Ottokar Hermann seine Hände möglicherweise bei einer »dubiosen Gemälde-Transaktion« im Spiel, über die der BND im August 1987 nach Bonn berichtete (Tgb.Nr. 1588/87 VS-Vertr.): Danach beabsichtigte die DDR, eine Bilderkollektion, »die 91 Altmeistergemälde der italienischen, flämischen, niederländischen, deutschen und spanischen Schule des 15. bis 18. Jahrhunderts umfaßte... für einen maximalen Einkaufspreis von 20 Millionen US-Dollar« zu erwerben und dann innerhalb eines Jahres für den doppelten Preis wieder zu verkaufen. Die an dieser Transaktion beteiligten Firmen, so schrieb der Bundesnachrichtendienst, seien bis dahin »bei der Abwicklung von DDR-Liefergeschäften mit Milchpulver, Wodka, Reifen, Sojaöl, Butter und Zement in Erscheinung getreten«.

Es paßte ins Bild der Schalck-Order, *Devisen mit allen Methoden zu beschaffen*: mit alten Meistern ebenso wie mit Klavieren, Orden, Briefmarken und Trödel. Und so gesehen war sein Schweizer Statthalter Ottokar Hermann auch für Waren jedweder Art zuständig. Angeblich verschwanden nach Schalcks Flucht Antiquitäten, die aus den KuA-Beständen stammten, aus seinen Tessiner Lagern. Hermanns Firmenimperium war dabei stets für die Devisenbeschaffung der SED zuständig.

Im Rahmen der von Traudchen Lisowski gesteuerten »Abteilung Verkehr« der DDR-Einheitspartei wurde im Oktober 1985 in West-Berlin die Firma WiCon GmbH des ehemaligen Hermann-Adlatus Wolfram Wiegand gegründet. Deren Aufgabe bestand unter anderem darin, Waren aus Joachim Farkens KuA-Lager in Mühlenbeck auf den Westmarkt zu schleusen. Wiegand spielte wie Hermann bei zahlreichen »abgetarnten« DDR-Firmen im Bundesgebiet eine zentrale Rolle. Die Gewinne der von ihm geleiteten Unternehmen flossen exklusiv in die »Kasse Lisowski«, die Sammelstelle der Gelder aus den parteieigenen West-Unternehmen. Auch die SED verdiente somit am Verschachern von Kunst und Antiquitäten aus der DDR.

Über die Kunsthändler-Connection hatten Farken, Hermann und Wiegand immer auch die Interessen des allmächtigen Ministeriums für Staatssicherheit zu befriedigen. Es gab eine eigene MfS-Arbeitsgruppe, die ausschließlich Informationen verarbeitete, die über die »Antik-Schienen« eingingen. Jeder Kunde im Westen wurde wissentlich oder unwissentlich abgeschöpft, seine Aussagen im MfS säuberlich registriert. In der Regel handelte es sich um völlig belanglose Einschätzungen. Der Hamburger Mode-Designer Wolfgang Joop, der zu den häufigeren Gästen in Farkens Antik-Lager Mühlenbeck gezählt haben soll, geriet deshalb vorübergehend in den Verdacht geheimdienstlicher Agententätigkeit. Der Vorwurf war absurd, ein Ermittlungsverfahren wurde folgerichtig eingestellt. Über die moralische Dimension von Kontakten zu den Antiquitätenjägern des SED- und Stasi-Regimes besagt dies freilich nichts.

Alexander Schalck nahm zu diesen Vorwürfen nach seiner Flucht in den Westen Stellung – und wies alle Beschuldigungen zurück. Er könne »mit Gewissenhaftigkeit« erklären, »daß nach meiner Kenntnis in allen diesen Fällen keine nachrichtendienstliche Tätigkeit... stattgefunden hat und daß diese Kontakte zum MfS ausschließlich der inneren Sicherheit, der Verhinderung von Schmuggel und Spekulationen sowie des Schutzes der in diesem Bereich tätigen eigenen Mitarbeiter notwendig waren«. Der Mann verfügt über ein geradezu phänomenales Verdrängungsvermögen.

Schalck bestritt sogar, daß durch die ihm unterstellte Kunst und Antiquitäten GmbH Hunderte von Kunstsammlern der DDR enteignet und ruiniert wurden: Farken habe, so betonte er, »ausschließlich in Übereinstimmung mit dem Minister für Kultur und entsprechend den... in Kraft gesetzten Ordnungsprinzipien Exportleistungen zeitgenössischer Kunst und Antiquitäten durchgeführt«, zudem sei ein Teil der dadurch erwirtschafteten Devisen auf Wunsch »der Museen für den Neukauf wertvoller Kunstgegenstände eingesetzt worden«. KoKo als Caritas!

Deals mit Delta

Die Gewinne aus den krummen Kunst- und Antiquitätenge-
schäften der DDR waren, gemessen an den gesamten KoKo-
Einnahmen, eher bescheiden: Im Startjahr 1974 hatte Horst
Schuster elf Millionen D-Mark an Schalck abgeführt, für das
letzte Jahr (bis zum Abbruch der Exporte im November 1989)
überwies Joachim Farken 37 Millionen. Der KuA-General-
direktor, der sich angeblich Hoffnungen auf die Schalck-Nach-
folge machte und sich deshalb unter erheblichen Erfolgszwang
setzte, dabei aber von Jahr zu Jahr gegen schwindende Antik-
Vorräte in der DDR zu kämpfen hatte, begann schon im Jahre
1982 damit, neue Devisenquellen zu erschließen. Er wollte
gewissermaßen diversifizieren.

So erfuhr der Bundesnachrichtendienst im Juli 1983 »von
einem leitenden Außenhandelsfunktionär der DDR mit guten
Einblicksmöglichkeiten«, die Kunst und Antiquitäten GmbH
habe einen Außenhandelsbetrieb Delta gegründet. »Die Initiative« sei von Farken ausgegangen, Schalck habe »dem Plan
zugestimmt«. Die Firma werde »vom Ministerium für Staatssicherheit gesteuert«.

Die Gründung der Delta diene »der Erhöhung der Devisen-
einnahmen«, indem der Außenhandelsbetrieb »jene Waren im
Westen absetzt, die nicht in das Lieferprogramm der Kunst und
Antiquitäten GmbH passen« (BND-Dossier). Doch Farkens
Delta beschränkte sich keineswegs auf den Verkauf sogenannter »außerplanmäßiger Exportwarenkontingente«, sie mischte
bei allerlei dubiosen Geschäften zwischen Ost und West mit –
und Schalcks Stellvertreter Manfred Seidel war über jede
krumme Tour stets bestens informiert.

Wegen der hohen Besteuerung im Westen boten alkoholi-
sche Getränke wie Tabak erhebliche Gewinnspannen, wenn
man sie zunächst zoll- und steuerfrei in die DDR einführte und
danach illegal auf den westdeutschen Markt zurückschleuste.

Auf diese Weise konnte man Hochprozentiges unter dem offiziellen Verkaufspreis vermarkten und gleichzeitig Millionen einsacken.

Im Schiebergeschäft mit Korn, Whisky, Wodka, Kognak und Rum spielte Farkens Außenhandelsbetrieb Delta eine maßgebliche Rolle. Allein zwischen Mai und Dezember 1985 gingen 260 000 Flaschen Oldesloer Korn aus der Bundesrepublik auf Umwegen über die Niederlande in das KuA-Lager Mühlenbeck. Farken hatten den Klaren offiziell für die Versorgung von Diplomaten in der DDR geordert.

Auch für die bundesdeutschen Schmuggel-Partner lohnte sich der Deal mit Delta: Oldesloer Korn kostete im bundesdeutschen Großhandel rund sieben, im Export dagegen nur knapp zwei D-Mark. Die Preisdifferenz entstand ausschließlich durch die hohe Branntwein- und Mehrwertsteuer. Sie wurde von den Schnapsschiebern via Ost-Berlin hinterzogen. Denn die Flaschen kamen bei Nacht und Nebel aus Mühlenbeck zurück über den Berliner Grenzübergang Prinzenstraße, unbehelligt vom westdeutschen Zoll, also steuerfrei. Delta kassierte acht Prozent Provision. Der Vorsteher des Berliner Hauptzollamts Süd räumte später ein, daß Alkohollieferungen aus Ost-Berlin »sicher nicht mit der nötigen Aufmerksamkeit behandelt« worden seien. »Oldesloer«, »Gorlowka« oder »Napoleon« tauchten dann als Schwarzware in bundesdeutschen Supermärkten auf, der Aquavit drei D-Mark unter Ladenpreis.

Einer der Schnapsschieber packte schließlich aus. Die Geschäfte seien immer im Palasthotel abgesprochen worden. Die Ostberliner Renommierherberge war damals nach seinen Eindrücken »ein internationaler Treff der westlichen Geschäftswelt«. Kaufen konnte man bei Schalcks Leuten alles: Kosmetika, Spirituosen, Zigaretten, alles Marke West, »alles im großen Stil gegen harte Währung«.

Schalck, Seidel und Farken war nahezu jede Beteiligung am Schwarzhandel recht. Ihre Devisenbeschaffungs-Maschinerie lief nicht einmal besonders geräuschlos. Doch in Ost-Berlin wußte man genau: Jeder Bundesregierung in Bonn, gleich welcher Couleur, waren gute politische Beziehungen zum kommunistischen Regime viel zu wichtig, als daß energische Schritte gegen die dubiosen Beziehungen volkseigener Außenhandelsbetriebe zu westlichen Handelsunternehmen unternommen worden wären. Die KoKo-Machenschaften galten als »Non-Thema«, als politisches Tabu, da mochten die Geheimdienste noch so genau Bescheid wissen – über Schiebereien mit Kunst und Antiquitäten, mit Schnaps und auch mit Gold.

Goldfinger

Schalcks KoKo-Imperium unterlag urkapitalistischer Ausrichtung: Gewinnmaximierung um jeden Preis. Dennoch gab es den Geist der Planwirtschaft auch in der DDR-Untergrundwirtschaft: Auf Jahre hinaus wurden Gewinnsteigerungen vorgegeben, die von den Verantwortlichen der Unternehmensgruppen zu erfüllen waren. Für Farkens Kunst und Antiquitäten GmbH galten sieben bis zehn Prozent Ergebnisverbesserung als Richtschnur. Die Maßgaben ließen sich jedoch auch durch die Nebengeschäfte der KuA-Tochter Delta nicht immer erfüllen. »Auf Weisung von Seidel und später Schalck mußten wir deshalb mit den in der Schweiz erzielten Gewinnen spekulieren«, räumte Joachim Farken nach der Wende ein, »hauptsächlich durch Goldeinkäufe.«

So schrieb Farken im November 1984 unter dem Briefkopf »Delta« eine Hausmitteilung an den »Genossen Seidel«, in der es heißt, wenn »wir mindestens 1 Mio. DM deponieren«, sei der Schweizer Bankverein (SBV) in Zürich »bereit, uns die gleiche Summe nochmals zu kreditieren«. Mit den zwei Millionen könne man dann in Gold spekulieren; der SBV-Prokurist habe betont, »daß sich durch günstigen An- und Verkauf eine

96

Jahresrendite von mindestens zehn bis zwölf Prozent netto erzielen lassen würde, also fünf bis sieben Prozent über dem derzeitigen Zinssatz von DM«.

Das Edelmetall genoß hohes Ansehen bei Alexander Schalck. Zeitweilig waren die KoKo-Verantwortlichen geradezu von einem Goldrausch erfaßt. Später, als die DDR-Wirtschaft fast tagtäglich vor dem Offenbarungseid stand, ließ Schalck im Keller der KoKo-Zentrale Gold horten, als »eiserne« Reserve. Knapp 20 Tonnen kaufte er im Herbst 1988 und im Februar 1989 für fast eine halbe Milliarde D-Mark zusammen. Als der Goldschatz nach seiner Flucht Anfang Dezember 1989 entdeckt wurde, waren es insgesamt 21,6 Tonnen. Eingefädelt hatte den Deal die Liechtensteiner Firma Elmsoka, auf die der Schalck-Vertraute Ottokar Hermann Einfluß hatte.

Doch »Goldfinger« Schalck ließ nicht nur mit dem Edelmetall in der Schweiz spekulieren, seit mindestens 1982 organisierte Joachim Farken auch einen internationalen Goldschmuggel: Er beabsichtigte damals sogar, »große Teile des bundesrepublikanischen bzw. Westberliner Edelmetallmarktes ... in die Hand zu bekommen«.

Dazu kaufte Farken, natürlich auf Pump, Barren und Münzen in der Schweiz (»damit entfällt die Mehrwertsteuer«) und ließ sie von Zürich über Wien nach Ost-Berlin transportieren, zum Teil von angeblichen Republikflüchtlingen. Die Goldkuriere »reisen mit dem Flugzeug in Berlin-Schönefeld ein, nehmen die Warenübergabe an uns vor und reisen über Friedrichstraße wieder aus«.

Der Verkauf des Edelmetalls wurde zunächst über das Stadtbüro der Kunst und Antiquitäten GmbH (KuA) abgewickelt, später über die »Filialen der Staatsbank im Bahnhof Friedrichstraße und auf dem Flughafen Schönefeld« (Farken). Touristen und organisierte »Rucksackhändler« schmuggelten die Münzen und Barren dann durch den »Eisernen Vorhang« in den Westen zurück.

»Zur Verbringung des bei uns angekauften Goldes nach West-Berlin bzw. in die BRD«, schrieb Joachim Farken im Januar 1983 an Manfred Seidel, »haben wir einen Beleg entworfen, der lediglich bei der Zollkontrolle der DDR nachweisen soll, wie viele Stücke mit welchem Gewicht insgesamt und zu welchem Preis gekauft wurden. Im Interesse des Schutzes der Namen und KuA und Delta würden wir diese Belege mit ›Globus Berlin‹ abstempeln.«

Der konspirativ organisierte Goldschmuggel zu Lasten des bundesdeutschen Fiskus war für KoKo durchaus lukrativ: KoKo setzte 1,25 Millionen D-Mark ein, Farkens Partner, der später wegen Goldschmuggels, Steuerhinterziehung und Urkundenfälschung in West-Berlin per Haftbefehl gesuchte Erwin Bindrig (Name geändert), den gleichen Betrag. »Durch den ständigen Einkauf und Verkauf von Gold«, so hatte Farken seinem Chef Seidel die organisierte Schieberei schmackhaft gemacht, »kann bei mindestens 22- bis 25maligem Einsatz der Kontensumme der Gewinn in einem Jahr circa 100 Prozent betragen.« Das waren, selbst wenn die aufwendige Aktion jährlich nur 2,5 Millionen Valuta-Mark brachte, attraktive Perspektiven für die leeren Kassen der DDR.

Farken und Bindrig sollen auch in Geschäfte mit Schmuck- und Bruchgold verwickelt gewesen sein. Dabei wurde offenbar, ähnlich wie bei Antiquitäten, Beute aus gezielten »Steueraktionen« – Ringe, Armreifen, Broschen – per Aktentasche zu Scheideanstalten in Pforzheim oder Zürich geschafft, zu Feingold verarbeitet und dann in den Schmuggelkreislauf eingeführt. Glaubt man einem ehemaligen Mitarbeiter der KoKo-Firma Delta, dann war unter den Lieferungen nach Pforzheim und Zürich gelegentlich auch Zahngold vertreten, Herkunft unbekannt. Da werden schlimmste Erinnerungen wach.

Depot Wallstraße

Am 3. Dezember 1989, am Tag nach Schalcks Republikflucht, »besetzten« DDR-Staatsanwälte seine Einsatzzentrale, das Bürohochhaus des Bereichs Kommerzielle Koordinierung in der Wallstraße, unweit vom Märkischen Ufer. In Schalcks Büro stießen sie auf biederes Ambiente: Schreibtisch, Marke Möbelkombinat, im Seitenfach eine japanische Stereoanlage, Besprechungstisch, grüne Sitzgarnitur, ein Gemälde des proletarisch-revolutionären Malers Otto Nagel und, auf dem Sideboard, unter Glas, ein Modell des Kreuzfahrtschiffes »Kap Arkona«, das Stasi-OibE Schalck (in Südafrika) für den Freien Deutschen Gewerkschaftsbund (FDGB) erstanden hatte. Im Erdgeschoß fanden die Büro-Besetzer ein Besucherzimmer mit künstlichem Kamin, Kunstledersitzecke und Tüllgardinen. Die anderen Räume dünsteten den gleichen Mief aus wie alle Arbeitszimmer in der DDR-Bürokratie.

Was die Ermittlungsbeamten dann jedoch in den ungesicherten Kellerräumen und Abstellkammern sahen, verschlug ihnen die Sprache: Goldbarren im Gesamtgewicht von rund 21,6 Tonnen; Edelsteine, Schmuck, Gemälde und andere Kunstwerke in einer Menge, die später die Westberliner Kriminalpolizei dazu zwang, die Inventarliste zu binden, weil sie »den Umfang eines Buches« hatte; in einem Hinterzimmer hingen Pelzmäntel en gros, standen Waffen, Porzellanservice, unzählige Fernseher und Videorecorder, daneben Kartons mit Hunderten von VHS-Kassetten; die Garagen im Innenhof der KoKo-Zentrale waren vollgestopft mit Zigaretten, Schnaps, Süßwaren, Delikatessen.

So wie die Staatsanwälte beim Anblick des »Füllhorns« in der KoKo-Zentrale ihrer Empörung Luft gemacht haben sollen, reagierte auch die DDR-Bevölkerung, als die Sache ruchbar wurde: voller Zorn und Bitterkeit. Die Wallstraße war ganz offensichtlich Depot für die Versorgung der SED-Nomenklatura. Wer Westautos, Westzigaretten oder Westpornos wollte, mußte sich an Schalck wenden. Er war der Gunstverteiler in der DDR: der Mann für die Privilegien, mit dem sich alle gut stellen mußten. Mit der Organisation dieser Tätigkeit hatte Schalck seine Frau Sigrid beauftragt, Stasi-Offizier im besonderen Einsatz wie er selbst, und das war sicher kein Zufall: Durch die Versorgung der Politiker, Bonzen und Funktionäre mit allem, was Politikern, Bonzen und Funktionären lieb und teuer war, hatten sich die Schalcks in der DDR unverzichtbar gemacht, unverzichtbarer noch als durch die Devisen- und Informationsbeschaffung für Mittag und Mielke. Keine Frage: Das heimliche Machtzentrum der DDR lag in der Wallstraße.

Wenn verdiente Parteikader etwas brauchten, das es in den DDR-Läden aus VEB-Produktionen nicht oder nur in unzumutbarer Qualität gab, konnte Schalck helfen: für den Ostberliner Oberbürgermeister Erhard Krack ein Infrarotstrahler, für Peter Ehling ein Farbfernseher, für Heinz Klopfer ein VHS-Recorder, für Detlef Croy »diverse Waren für Badbedarf«, für Klaus-Dieter Neubert ein neuer Anzug, fünf Bilderrahmen und »Juwelen-Liebesvögel«; und last but not least für Schalck-Sohn Thomas ein neuer Rasenmäher nebst Ersatzklingen, Zweitaktöl und Zündkerzen.

Freilich, auch KoKo-Mitarbeiter und deren Angehörige profitierten je nach Wohlgefallen ihres Chefs: durch einen Kredit, ein Wochenendhaus im Grünen (u. a. für Thomas Schalck) oder ein neues Eigenheim (u. a. für Sigrid Schalcks Vater). Die Schalcks selbst wohnten in ihrem noblen Haus in der Manetstraße, das der Firma gehörte, mietfrei, umgeben von feinstem Mobiliar und »einer privaten Kunstsammlung ... mit mehr als 300 Werken«, die später beschlagnahmt wurde, weil der Verdacht bestand, der DDR-Staatssekretär habe sie sich aus veruntreuten KoKo-Geldern zusammengekauft.

Das Hauptaugenmerk der Staatsanwälte beim Kammergericht in Berlin, von denen die Ermittlungsverfahren nach der

Wiedervereinigung übernommen worden waren, richtete sich allerdings auf den ungeklärten Verbleib des KoKo-Vermögens. Mit Stichtag 3. Dezember 1989 verfügte Schalcks Schattenimperium über rund 8,6 Milliarden D-Mark Devisen, davon waren mehr als zwei Milliarden im Ausland angelegt; daneben bestanden Forderungen aus Krediten in Höhe von 3,5 Milliarden D-Mark. In Ost-Mark verfügte KoKo über ein Guthaben von 37,6 Milliarden. Von diesen Geldbeständen, also ohne das Anlagevermögen (Immobilien, Firmenbeteiligungen, Goldvorräte, Wertpapiere, Waren), wanderten im ersten Halbjahr 1990 unter der Regierung Modrow etwa 50 Milliarden Ost-Mark in den DDR-Haushalt zurück. Es blieb ein rechnerisches Guthaben von knapp zehn Milliarden D-Mark – eine ausreichend große Summe für allerlei Versuchungen.

So berichtete der Bundesnachrichtendienst am 18. Dezember 1989, zwei Wochen nach der Flucht Schalcks, von einem dubiosen Finanzmanöver in Liechtenstein (Tgb.Nr. 34D-2087/ 89 VS-Vertr.). Die zur Gruppe der SED-Parteifirmen gehörende Firma Elmsoka, »nach hiesigen Erkenntnissen eine Briefkastenfirma, (die) sich u. a. auch mit dem Handel von Edelmetallen« beschäftigt, habe ihre Bank angewiesen, »die nach Auflösung eines Depots freigewordene Summe von zweimal jeweils zehn Mio. US-Dollar an eine Bank in Grand Cayman (Karibik) zu überweisen«, heißt es in dem BND-Vermerk. Und: »Die Transaktion scheint geeignet«, den Betrag von 20 Millionen Dollar, also rund 30 Millionen D-Mark, dem »Guthaben der DDR zu entziehen.«

Solche Beispiele gab es in Hülle und Fülle. Ehemalige SED-Leute gründeten mit ehemaligen Stasi-Offizieren und ehemaligen KoKo-Mitarbeitern kurzfristig Firmen und benutzten ihr Wissen über die versteckten Reserven des Schalck-Imperiums für offensichtlich kriminelle Transaktionen. »Ausweislich bisheriger Ermittlungen ist der Verbleib von mehreren hundert Millionen DM unklar, bzw. sie sind nicht mehr auffindbar«, hieß es in einem Bericht der Ermittlungsgruppe »Organisierte Wirtschaftskriminalität DDR« bei der Berliner Kripo vom März 1991. Es gebe auch Anhaltspunkte dafür, »daß jetzt unter Lenkung von Schalck, ggf. auch nur von seinen ehemaligen leitenden Mitarbeitern versucht wird, ursprünglich veruntreute Geldmittel für den Wiedereinstieg in das Wirtschaftsleben in der Bundesrepublik zu verwenden«.

Schalck dementierte solche Vorwürfe gegen seine Person immer wieder – vor den Ermittlungsbehörden, gegenüber dem Bonner Untersuchungsausschuß und in diversen öffentlichen Auftritten. Aber er bestritt auch, was längst nicht mehr zu bestreiten war, seine jahrzehntelange Anbindung an den Stasi-Apparat, seine Kundschaftertätigkeit für dessen Chef Erich Mielke, seine Machenschaften und seine Verstrickung in organisierte Wirtschaftskriminalität. Er versuchte stets aufs neue, seine Schuld zu leugnen, mit dem Argument, er sei zu unbedeutend gewesen, um politische Verantwortung zu tragen, und zu wichtig, um die Details der Abwicklung fragwürdiger Geschäfte zu kennen. Doch Mielkes Spitzel und Mittags Ausputzer wußte sehr genau, was unter seiner Regie drei Jahrzehnte lang gelaufen war: daß KoKo Antiquitäten und Strafgefangene verhökert, Giftmüll und Waffen verschoben, Alkohol und Zigaretten geschmuggelt und daß seine Firma den innerdeutschen Handel in umfassendem Maße genutzt hatte, um Waren aus Nicht-EG-Ländern zu neutralisieren und gegen Zollbestimmungen und internationale Vereinbarungen in die Europäische Gemeinschaft zu schleusen, und zwar so unterschiedliche Waren wie Textilien, Getreide, Butter, Fleisch und Stahl.

Die Schiebereien von 30 Jahren Untergrundwirtschaft der DDR füllen nach Angaben der Berliner Staatsanwaltschaft »mehr als 1500 Leitzordner«. Ein weiteres Anwachsen der Aktenberge sei »gewiß«. Dabei hatte die Stasi in den ersten Tagen nach Schalcks Flucht, dank einer Anordnung der Regierung Modrow, jede Möglichkeit, Unterlagen zu beseitigen;

Hans Modrow hatte die konspirativ geführte Hauptabteilung I der Kommerziellen Koordinierung zum Bereich nationaler Sicherheit erklärt und damit Ermittlungen der DDR-Staatsanwaltschaft »behindert« (Kripo Berlin). Schätzungsweise eine Tonne an Dokumenten soll sich seinerzeit in Luft oder Rauch aufgelöst haben.

Doch auch so dürfte das Material an der historischen Rolle Schalcks keinen Zweifel lassen – wenn die wenigen Staatsanwälte und Kripobeamten nicht vor Abschluß der Ermittlungstätigkeit resignieren. Sie sollen mit dünner Personaldecke die »dicken Fische« aus Schalcks Schattenreich zur Strecke bringen, ohne eine für den Westen anstößige Vergangenheit zutage zu fördern, damit auf die bundesdeutschen Politiker (jeder Couleur), die mit Schalck kungelten, keine Schatten fallen. Ihr bisheriges Fazit klingt angesichts der »Sachzwänge« nicht gerade zuversichtlich: »Wegen des Auslandsbezuges, der Existenz von mehr als 1000 Konten und bisher in anderen Ermittlungsverfahren ungekannten Mengen von Beweismitteln . . . ist von einer bis zu fünfjährigen Bearbeitungsdauer auszugehen.« Wer würde dann noch von Alexander Schalck reden?

Schlachter-Connection

Kampfauftrag

Oktober 1982. In der Devisenkasse der DDR herrschte Ebbe, internationale Kredite waren nicht in Sicht. Noch wenige Wochen zuvor war erwogen worden, gemeinsam mit der Bundesrepublik eine Finanzierungsgesellschaft in der Schweiz ins Leben zu rufen. Er gehe davon aus, daß damit »vier Milliarden frei verfügbare Finanzkredite mit einer Laufzeit von fünf Jahren« zur Verfügung stünden, hatte Alexander Schalck im September 1982 an Günther Mittag geschrieben. Damit wäre die DDR fürs erste aus dem Schneider gewesen. Doch dann war der Regierungswechsel in Bonn dazwischengekommen, aus den hochfliegenden Plänen nichts geworden.

Für Schalck rückte der Offenbarungseid der DDR wieder näher. In einem Vermerk für Mittag vom 12. November 1982 ließ er daran keinen Zweifel: »Ich erhielt den Kampfauftrag, die Zahlungsfähigkeit ... in konvertierbaren Devisen vorerst *besonders* im ersten Quartal 1983 durch Einsatz aller Kräfte und Mittel zu sichern.« Doch es fehle an allen Ecken und Enden. Insgesamt sei ein Betrag von 429 Millionen Valuta-Mark »zur Zahlung fälliger Verbindlichkeiten nicht verfügbar«. Deshalb müsse, so Schalck, »unter Einsatz aller Kräfte ein Finanzkredit oder analoge Kreditschöpfungen durch Warenoperationen« sichergestellt werden. Nur: Woher nehmen und nicht stehlen? Der KoKo-Chef hatte noch einen Trumpf im

Ärmel: seine Beziehung zu Josef März, dem Intimus von Franz Josef Strauß und Chef der Gebrüder März KG, eines bayerischen Fleisch-Imperiums.

März und Schalck waren sich 1975 auf der Leipziger Messe zum ersten Mal begegnet. Das Treffen hatte seinerzeit Simon Goldenberg vermittelt, der nicht nur Schalcks Lehrmeister war, sondern auch die Interessen des März-Imperiums in der DDR vertrat. Ende der siebziger Jahre dann – Goldenberg war zwischenzeitlich aus der DDR nach Rosenheim übergesiedelt – hatte Josef März über die KoKo-Firma Camet, die aus Goldenbergs Unternehmen G. Simon Industrievertretungen hervorgegangen war, beste Geschäfte mit der DDR gemacht: mit Schlachtvieh und Frischfleisch.

Die Abhängigkeit des Großschlachters März vom SED-Regime wurde im Herbst 1982, nachdem die CDU/CSU in Bonn das Regiment übernommen hatte, zu Schalcks Rettungsanker. Gleich nach dem Machtwechsel, Anfang Oktober 1982, wandte sich der KoKo-Chef deshalb mit der Frage an März, ob er nicht bei Strauß die Möglichkeit eines größeren Kredits der Bundesrepublik in Höhe von 300 bis 500 Millionen D-Mark ausloten könne. Schon wenige Wochen später signalisierte der Fleischbaron seinem Geschäftspartner in Ost-Berlin, er habe bereits mit Strauß und auch »auf Bankenebene . . . über Möglichkeiten der technischen Abwicklung und der Geldbereitstellung« Gespräche geführt. Josef März hatte sich zunächst an seine Hausbanken gewandt, die Bayerische Hypothekenbank und die Berliner Bank, und von dort eine »positive Einschätzung« erhalten, unter der Voraussetzung, daß es die notwendigen Sicherheiten gebe.

Strauß gehe davon aus, so März zu Schalck, »daß bei der Durchführung einer solchen Transaktion, die als Zeichen des guten Willens der neuen Regierung . . . gesehen werden sollte, natürlich von seiten der DDR zu gegebener Zeit auf anderen Gebieten gleiche Signale erwartet« würden. Ein Junktim je-

doch lehnte Schalck entschieden ab. Er habe »März unmißverständlich gesagt«, hielt er für Erich Mielke, den Stasi-Boß, in
einem Vermerk fest, eine solche Verknüpfung habe »keine
realistischen Perspektiven«.

Doch das Interesse des bayerischen Viehmagnaten an einer
noch engeren Zusammenarbeit mit Schalck und den billigst-
produzierenden Fleischkombinaten der DDR, seine Euphorie,
nach dem Regierungswechsel in einem politisch-wirtschaft-
lichem Beziehungsgeflecht womöglich an einer Schaltstelle zu
sitzen, wog für Josef März schwer genug, Schalcks Geldnot zu
seiner eigenen Sache zu machen. Ende November 1982 »über-
mittelte März unbekannterweise beste Grüße von Strauß«, bot
»einen speziellen Kanal« zwischen Strauß und dem Staatsratsvorsitzenden und Generalsekretär des ZK der SED, Erich Honecker, an und stellte eine »wohlwollende Prüfung« des Kre-
ditwunsches durch Strauß in Aussicht (Schalck).

Am Tag vor Weihnachten meldete sich Josef März noch
einmal telefonisch bei Schalck: Inzwischen sei auch Bundeskanzler Helmut Kohl informiert worden, er stehe »dem Projekt
positiv gegenüber«, so daß die Sache wahrscheinlich Mitte
Januar 1983 »über die Bühne geht«. Postwendend setzte MfS-
Offizier Schalck Erich Mielke in Kenntnis und ersuchte ihn,
nunmehr auch Genossen Dr. Mittag informieren zu dürfen.
Am Heiligabend des Jahres 1982 konnte Alexander Schalck, als
Teil seines »Kampfauftrages«, Mittag und Honecker die frohe
Botschaft verkünden, ein Bankenkonsortium unter Führung
der Berliner Bank werde der DDR im Januar einen 500-Millio-
nen-Kredit offerieren. Dabei sei die neue Bundesregierung
willens, für die nötigen Sicherheiten zu sorgen.

Doch die Sache kam zunächst anders. DDR-Unterhändler
Schalck war immer noch nicht bereit, mit der Kreditvergabe
irgendeine politische Gegenleistung zu verbinden. Ende Januar
1983 teilte er dem Bankenkonsortium mit, nur wenn die bundesdeutsche Seite zur ursprünglichen Geschäftsgrundlage zu-

rückkehre, also nicht auf einem Junktim beharre, könnten »die begonnenen Gespräche fortgesetzt« werden. Plötzlich sah Josef März seine Felle davonschwimmen, denn er hatte ein persönliches Interesse, daß seiner Mission Erfolg beschieden war. Der Großschlachter versuchte deshalb, Schalck umzustimmen, und verbreitete Zuversicht. Strauß werde sich am 31. Januar noch einmal mit allen Beteiligten zusammensetzen. Am Tag danach werde er, März, dann nach Ost-Berlin kommen und den DDR-Staatssekretär persönlich unterrichten.

Tatsächlich reiste der bayerische Unternehmer am 1. Februar aus Rosenheim an und berichtete Schalck sehr offenherzig über sein nächtliches Gespräch mit Strauß. In seinem üblichen Vermerk für Erich Mielke notierte der MfS-Offizier noch am selben Tag, Strauß und März hätten in jener Nacht »reichlich Alkohol getrunken« und deshalb »in leidenschaftlicher Art« über ihre »Beziehungen zur DDR« diskutiert. Dabei habe der CSU-Vorsitzende in Sachen Kreditwunsch für eine »kleine Denkpause« plädiert, damit der bevorstehende Wahlkampf – inzwischen hatte die Regierung Kohl Neuwahlen beschlossen – nicht »mit politischen Fragen und Emotionen belastet wird«. Strauß fürchtete offenbar, er werde seine Unterstützung für das SED-Regime, also einen Kurswechsel der CSU-Politik um 180 Grad, seinem Wahlvolk kaum erklären können.

Und dann kam Josef März zu einem Punkt, der ihm ganz besonders am Herzen zu liegen schien. Während des nächtlichen Gelages habe Strauß ihm, März, »Vorwürfe gemacht, daß es ihm nicht gelingt, in intensivere Geschäftsbeziehungen mit der DDR zu treten, und Konkurrenzfirmen wie Moksel der Vorzug gegeben wird. März bemerkte dazu, und das muß nach den Fakten, die er vorgetragen hat, stimmen, daß im Auftrage von Strauß dieser Geschäftsvorgang der Lieferung von Fleisch gegen Kredit mit einem Wertvolumen von 200 Millionen genau aufgearbeitet wurde« (Schalck).

Tatsächlich wurde der SPD-nahe bayerische Fleischfabrikant

und März-Konkurrent Alexander Moksel seinerzeit bei DDR-Exporten »bevorzugt«, wie Schalck schrieb. Moksel war seit Jahren stark im Osthandel engagiert und hatte kurz zuvor, im November 1982, Anteile des Westberliner Schlachtbetriebs Krumke übernommen. Von »Schweinekönig« Horst Krumke waren Alexander Schalck in den sechziger Jahren Türen zur Berliner und Bonner SPD geöffnet worden (»Kanal Kaiser«). Nach Krumkes Tod hatte seine Witwe zwei Drittel der Firma an das Unternehmen Alexander Moksel Import-Export GmbH in Buchloe (Allgäu) abgetreten – laut Vertrag »unentgeltlich«. Die gewachsenen Beziehungen zu Schalck und KoKo waren von Moksel offenbar zu dem gigantischen 200-Millionen-Geschäft genutzt worden: Kredit gegen Fleisch – die DDR mußte nehmen, was sie kriegen konnte.

Aber was veranlaßte den Ministerpräsidenten des Freistaates Bayern, diesen Deal »aufarbeiten« zu lassen? Warum machte er (laut Schalck) seinem Freund März Vorwürfe über die unbefriedigenden »Geschäftsbeziehungen zur DDR«? Waren dabei womöglich private oder Partei-Interessen im Spiel? Wollten März und Strauß ihre Zusage, der DDR aus ihrer Devisen-Misere zu helfen, mit klaren wirtschaftlichen Vorteilen verknüpfen?

Es war, Anfang 1983, der Beginn einer undurchsichtigen Verflechtung privater und staatlicher Interessen, einer Connection bayerischer CSU-Prominenz zur Untergrundwirtschaft des Alexander Schalck. Und hüben wie drüben waren die Nachrichtendienste mit im Spiel: in der DDR, weil Schalck nicht nur, gemäß seinem »Kampfauftrag«, Devisen und Kredite beschaffen mußte, sondern auch jede noch so unwichtige Information umgehend (und meist exklusiv) an Mielke weitergab; in der Bundesrepublik, weil sich der bayerische Verfassungsschutz und der in Bayern beheimatete Bundesnachrichtendienst (BND) offensichtlich in das merkwürdige Beziehungsgeflecht zwischen Ost und West einbinden ließen.

Der »Rosenheimer Kreis«

Die Angelegenheit war schon fast ein Jahr alt, und gleichwohl brachte sie den bayerischen Ministerpräsidenten an jenem 31. Januar 1983 erheblich in Harnisch: Im Frühjahr 1982 hatte die Zeitschrift »Konkret« im Zusammenhang mit der Affäre um den ehemaligen bayerischen Staatsschützer Dr. Hans Langemann mehrere Artikel über den DDR-Übersiedler Simon Goldenberg und dessen Verstrickung in kriminelle Machenschaften veröffentlicht, in dem Zusammenhang auch auf seine exzellenten Kontakte zur CSU hingewiesen. Die Beziehung zwischen »Herrn Simon«, wie er in der DDR geheißen hatte, und März-Freund Franz Josef Strauß, so war damals gemutmaßt worden, sei über ein paar Zufallsbegegnungen weit hinausgegangen, womöglich habe der CSU-Ministerpräsident auf seinen Reisen nach Paris sogar in einem dortigen Appartement des Goldenberg-Bruders Josef genächtigt.

Während der durchzechten Nacht nun, so konnte Schalck aus erster Hand an Stasi-General Mielke berichten, habe Strauß seinem Duzfreund März »Vorwürfe gemacht, daß erneut Presseveröffentlichungen – ausgehend von dem Namen Simon Goldenberg und der Verdächtigung, daß dieser Mann mit Heroin, Zigaretten und anderen Dingen umfangreiche Schmuggelgeschäfte durchgeführt (hat) – erschienen sind, in denen die Namen Strauß und März genannt werden«. Der Verdacht des CSU-Vorsitzenden: Die DDR selbst könnte hinter der Schmutzkampagne stecken, Strauß habe deshalb »seine Dienste beauftragt, die Quellen... festzustellen« – »seine Dienste«, wohlgemerkt.

Natürlich wies Schalck die Vermutung zurück. Das sei nicht »unser Arbeitsstil«, überdies seien ihm »die aufgenommenen, informellen Kontakte« viel zu bedeutend, als sie durch solche Aktionen zu gefährden. Deshalb auch rief er noch am selben Tag aus Ost-Berlin seinen alten Kumpel Simon in Rosenheim an. Goldenberg konnte sich aber »nur vorstellen, daß eventuell Wischniewski« hinter der Kampagne stehe. Doch Strauß habe danach eingewandt, »daß er diese Person vergessen kann, weil sie in dieser Frage keine Rolle spiele« (so Schalck an Mielke). Offenbar kannte der bayerische Ministerpräsident nicht nur Goldenberg, sondern auch Michael Wischniewski (alias Herschel Libermann), jene beiden MfS-gesteuerten Kaufleute also, die Alexander Schalck in den sechziger Jahren das Schiebergeschäft gelehrt hatten.

Seit jener Zeit tauchten in Bayern immer wieder Gerüchte auf, es gebe so etwas wie einen geheimen Ost-West-Zirkel, den »Rosenheimer Kreis«, in dem neben März und Strauß auch andere wichtige CSU-Vertreter, Leute aus dem BND womöglich, und, von der anderen Seite, die MfS-Mitarbeiter Goldenberg und Schalck große Politik und große Geschäfte miteinander in Einklang brächten. Strauß, die CSU und die Familie März wiesen dies jedesmal als Verleumdung zurück. Doch das Gerücht hielt sich hartnäckig. Viele Jahre später, nach der Flucht Schalcks, seiner Quartiersuche in Bayern, seiner Unterstützung durch den Strauß-Sohn Max und den März-Clan, zeigten sich in den geheimen Unterlagen der ost- und westdeutschen Nachrichtendienste (darunter Schalcks Protokollen an Erich Mielke) zumindest erhebliche Anhaltspunkte für eine Art »Bermuda-Dreieck« zwischen Ost-Berlin, Rosenheim und München.

Die intensiven Beziehungen begannen im Frühjahr 1976 mit der Übersiedlung Simon Goldenbergs nach Oberbayern. Er hatte zuvor seine Ost-Berliner Firma G. Simon Industrievertretungen, die zum Schalck-Imperium gehörte, aber vom MfS direkt gesteuert wurde, an KoKo abgetreten; das Unternehmen war dann wenig später in Camet umgetauft, der Schalck-Mitarbeiter Werner Weber zum neuen Geschäftsführer ernannt worden. Über Camet und Weber, die auch weiterhin unter dem Einfluß Mielkes standen, sollte die Rosenheimer Fleischdynastie März engste wirtschaftliche Kontakte zum »Bereich Schalck« entwickeln.

Am 1. Mai 1976 kam Goldenberg mit seiner Frau und seinen zwei Kindern auf Gut Spöck an, dem Landsitz der Familie März am oberbayerischen Rimssee, in der Gemeinde Söchtenau. Eine Woche später beantragte die ganze Familie bei der Gemeindeverwaltung Reisepässe, die sie bereits einige Tage später ausgehändigt bekam – ohne jeden Nachweis der deutschen Staatsbürgerschaft. Während sich Simon Goldenberg später damit brüstete, wie schnell und problemlos die Einbürgerung dank seiner Beziehungen verlaufen sei, bekam das BKA Zweifel, ob dabei alles rechtmäßig zugegangen sei.

Im Rahmen einer Hausdurchsuchung bei einem ehemaligen Kumpel Goldenbergs, Karl Dannemann (Name geändert), stieß die Kripo Jahre danach auf persönliche Aufzeichnungen Dannemanns. Dort hieß es, Goldenberg sei bei seiner Ankunft in Rosenheim »staatenlos« gewesen und habe sich seinen Paß »gegen Zahlung von einer Million DM« gewissermaßen kaufen müssen. Dannemann, der nach Aussagen Goldenbergs mit ihm wegen eines Privatkredits über Kreuz lag, bestätigte dem BKA später noch einmal, Goldenberg habe »seinen deutschen Paß... eigenen Angaben zufolge gegen Zahlung von 1 000 000 DM und durch Vermittlung der Herren März und Neubauer erhalten«. Für diese Behauptung gab es keine anderen Beweise. Und Dannemann galt nicht gerade als gut beleumundet. Andererseits: Warum sollte er etwas Falsches in seinem Notizbuch vermerken? Er konnte ja nicht ahnen, daß es einmal der Polizei in die Hände fallen würde.

Unbestreitbar gab es seinerzeit ein sehr enges Verhältnis von Josef März zu dem Ministerialrat a. D. und Steuerberater Franz Neubauer, dem späteren Staatssekretär und Staatsminister in der Bayerischen Landesregierung: März ernannte Neubauer im selben Jahr 1976 sogar zu seinem »Testamentsvollstrecker«.

Neubauer räumte später ein, Goldenberg »1976 kennengelernt« zu haben. Er sei »damals in die Steuerkanzlei mit seinen
Dingen gekommen«. Dabei hätten »sich natürlich nähere Kontakte ergeben«. Neubauers mögliche Rolle im »Rosenheimer
Kreis« wurde 1982 durch den Parlamentarischen Untersuchungsausschuß in der Affäre um den bayerischen Staatsschützer Langemann hinterfragt. Hintergrund: Der CSU-Politiker war seit 1978 als Staatssekretär im Staatsministerium des
Innern für den Verfassungsschutz des Freistaates verantwortlich, und der hatte offensichtlich einen großen Bogen um Simon Goldenberg, den Ostberliner mit der bewegten Vergangenheit, gemacht.

Während andere DDR-Übersiedler in Aufnahmelagern registriert und von Verfassungsschutz und Spionageabwehr umfassend befragt und durchleuchtet wurden, schon um die Gefahr einzuschränken, daß sich auf diese Weise Agenten gleich
mit offiziellen Westpapieren ausstatten konnten, ließ man den
Ost-Kaufmann von Mielkes Gnaden unbehelligt. Es gelang
Goldenberg nach eigener Darstellung »schnell, neue Freunde
in Rosenheim zu finden«. Er knüpfte sehr bald »Kontakte zu
mehreren Soldaten der Bundeswehr, die ihn wiederum mit
Angehörigen der amerikanischen Streitkräfte in Bad Aibling«
(bei Rosenheim) zusammenbrachten (BKA). Die Verbindungen seien »rein privater Natur gewesen« (Goldenberg).

Bei jeder ernsthaften Spionageabwehr hätten spätestens
jetzt sämtliche Alarmsignale anspringen müssen, denn die US-
Army in Bad Aibling arbeitete mit ihren riesigen Antennen für
die National Security Agency (NSA), den geheimsten der amerikanischen Geheimdienste. Dessen Hauptaufgabe: die elektronische Aufklärung des Fernmelde- und Funkverkehrs im
gesamten Ostblock. War Simon Goldenberg also weiterhin als
Kundschafter für seinen früheren Chef im Ministerium für
Staatssicherheit, Erich Mielke, tätig?

In den Aufzeichnungen seines Ex-Kumpels Dannemann

stieß das BKA später auf den Satz: »Erklärung von Frau Goldenberg, daß man sie aus der DDR herausgelassen hat und gesamtes bewegliches Gut nachgeschickt hat, nachdem sie unterschrieben habe, weiter für Staatssicherheitsdienst tätig zu sein.« Kontakte Goldenbergs zu Schalck und über Schalck zu Mielke, über den »Kurier« Josef März, sind verbürgt. Tatsächlich machte »Herr Simon« auch keinen Hehl aus seinen exzellenten Verbindungen zur Stasi-Troika Mielke, Schalck und Spionagechef Markus Wolf. Gleichwohl stellte der Generalbundesanwalt 1984 ein Verfahren wegen Spionageverdachts gegen Goldenberg ein, weil weder die Aussage Dannemanns noch die Beziehungen zu Bundeswehr- und US-Streitkräften einen nachrichtendienstlichen Hintergrund ergeben hätten.

Wenn Goldenberg dennoch ein Stasi-Informant war, ging er mit unvergleichlicher Chuzpe vor – und mit Duldung der bayerischen Staatsregierung. »Bestellen Sie Ihren Abwehrleuten, sie haben ihr Gehalt nicht verdient«, höhnte er Jahre später in einem Interview des »Spiegel« von seinem Domizil bei Nizza aus. Der bayerische Verfassungsschutz hatte ihn beizeiten in die Mangel nehmen wollen, durfte aber nicht, der BND dagegen durfte, wollte aber nicht, und das Kölner Bundesamt für Verfassungsschutz (BfV) wollte, konnte aber nicht. »Mit dem werden wir nicht fertig«, so gestand der damalige BfV-Präsident Richard Meier hinter vorgehaltener Hand. Lag das an der Inkompetenz seiner Leute oder an der politischen Einflußnahme durch den »Rosenheimer Kreis«?

Klärung erforderlich

Im Juli 1977 – Goldenberg hatte zwischenzeitlich ein altes, umgebautes Kloster im Rosenheimer Vorort Pang erworben, hielt sich auf dem Grundstück »mehrere Tiere, darunter zwei Löwen« (BfV-Dossier) – wandte sich der Präsident des Bayerischen Landesamtes für Verfassungsschutz Dr. Hans Ziegler in einem höchst vertraulichen Schreiben (»persönlich«) an den Staatsminister des Innern, Dr. Alfred Seidl, Betreff: Goldenberg, Simon. Der Brief listete alle wesentlichen Informationen über den DDR-Aussiedler auf, durchleuchtete seine Vergangenheit, die Strafverfahren in Frankreich (Hehlerei, Scheckbetrug, Falschgeldschiebereien), den Schwarzhandel (mit Herschel Libermann), den Verdacht des Rauschgiftschmuggels (über einen Ring des ehemaligen Polizeichefs von Mexiko, Domingues Manuel Suarez, der sich später das Leben nahm), die Kontakte zu östlichen Nachrichtendiensten, zu MfS und KGB. Seine Kenntnisse über die DDR-Nomenklatura und den Ostberliner Stasi-Apparat, so das Fazit des Ziegler-Schreibens, machten für den Verfassungsschutz »eine Klärung erforderlich«. Auch das BfV und der BND seien überdies »an einer Befragung Goldenbergs interessiert«.

Ziegler kannte freilich auch das politische Umfeld: Goldenbergs enge Beziehungen zu den Gebrüdern März, »mit denen er seit über zehn Jahren befreundet sein soll... Im Hinblick auf die Beziehungen des Vorsitzenden der CSU, Herrn Dr. Franz Josef Strauß, zu den Gebr. März«, so endete der Brief des Verfassungsschutzpräsidenten, »darf ich Sie, sehr verehrter Herr Staatsminister, um Entscheidung bitten, ob und gegebenenfalls welche weiteren Klärungsmaßnahmen durchgeführt werden können.«

Als wochenlang keine Antwort kam, hakte Hans Ziegler nochmals nach. An den Rand des Erinnerungsschreibens notierte ein Mitarbeiter des Bayerischen Innenministeriums: »Es gehört sich nicht.« Damit war die Sache tot. Schon die erste Anfrage des Verfassungsschutzpräsidenten war an das CSU-Hauptquartier weitergeleitet worden. Auch von dort kam daraufhin die Order: Laßt Goldenberg in Ruhe!

Franz Josef Strauß konnte sich später an die völlig »unsinnige Anfrage... nicht erinnern«, denn: »Was geht denn mich der Herr Goldenberg an?« Er kenne den Mann nur »vom Hörensagen«. Er sei ihm bei »einer Firmenfeier« der Familie März vorgestellt worden und ihm dann wohl auch im Wahlkampf 1976 an »einigen Versammlungen von mir in Rosenheim« begegnet. Dennoch wollte er auf eine Frage seines (inzwischen ernannten) Innenministers Gerold Tandler den unmißverständlichen Rat gegeben haben: »Wenn der Herr Goldenberg irgendwie interessant ist, dann redet halt mit ihm. Und wenn er irgendwie Dreck am Stecken hat, dann muß ein Ermittlungsverfahren geführt werden.«

Selbst wenn die Anweisung nicht von ganz oben gekommen, sondern von Strauß-Mitarbeitern in einer Art vorauseilenden Gehorsams gegeben worden war: Simon Goldenberg genoß in Bayern so etwas wie Immunität. Der Verfassungsschutz war der CSU-Spitze stets zu Diensten. Auch der seit 1978 zuständige Innen-Staatssekretär und gute Goldenberg-Bekannte Franz Neubauer hielt es später für »einen unüblichen Vorgang..., daß er nicht befragt worden ist... es gab auch keine Debatte, warum und weshalb«. Seine Beziehungen zur Familie März und Goldenberg, so versicherte der CSU-Politiker, hätten dabei jedenfalls keine Rolle gespielt.

Entgegen späteren Beteuerungen zeigte auch der Bundesnachrichtendienst im bayerischen Pullach kein Interesse an Simon Goldenberg. Dessen damaliger Präsident Klaus Kinkel, heute Bundesminister der Justiz, beschwerte sich vor dem Langemann-Untersuchungsausschuß, der BND sei in dieser Sache »geleimt worden«.

In jenen Jahren gab es einen regen Schriftwechsel zwischen dem BND und dem Kölner Bundesamt für Verfassungsschutz (BfV). Es ging um die Frage, ob beide Bundesgeheimdienste gemeinsam eine Befragung des prominenten DDR-Übersiedlers vornehmen sollten. Doch in Pullach spielte man auf Zeit: »Dem BND sind seit langem die Gründe für die zögerliche Behandlung des Falles Goldenberg bekannt (erst eigene operative Interessen, dann . . . Schwierigkeiten im Bereich Bay StM des Innern)«, hielt der zuständige Verfassungsschützer Dörrenberg Anfang 1982 in einem Vermerk fest. Inzwischen, so hieß es dort weiter, habe jedoch »der neue Bayerische Innenminister schriftlich grünes Licht für eine Befragung« gegeben, und der BND sei darüber »entsprechend unterrichtet« worden. Man sei sich einig gewesen, alsbald einen Termin für »eine gemeinsame Abschöpfung (unter BfV-Flagge)« zu verabreden. Dabei sollte »Goldenberg klargemacht werden, daß wir ihn nunmehr nicht so schnell in Ruhe lassen«. Wenn der BND jetzt einen »neuerlichen Terminaufschub« wünsche, beschwerte sich Dörrenberg, dann werfe dies »ein bezeichnendes Licht« auf die Kollegen in Pullach und deren hinterhältige Taktik. Im April 1982 hielt ein BfV-Mann in einer handschriftlichen Notiz fest: »BND lehnt jegliche Beteiligung am Fall Goldenberg ab, bitte entsprechend in der Akte vermerken.«

An diesem Geheimdossier des Bundesamtes für Verfassungsschutz ist mehreres bemerkenswert: Was für ein »operatives Interesse« gab es in der Sache Goldenberg? Warum mußte die Bayerische Staatsregierung, die doch laut ihres Ministerpräsidenten Franz Josef Strauß keinerlei Veranlassung hatte, eine Vernehmung Goldenbergs zu verhindern, dem BfV grünes Licht geben? Welche Gründe trieben den Bundesnachrichtendienst dazu, mit dem BfV so offensichtlich Katz und Maus zu spielen?

Eine Antwort auf diese Fragen liegt nahe: Der »Rosenheimer Kreis«, dieser ökonomisch-politische Komplex mit seinem Zentrum Gut Spöck, dem Landsitz der Schlachterfamilie März, verfügte offensichtlich über einen guten Draht zum BND. Ganz sicher gab es offizielle Verbindungen zwischen der bayerischen Staatsregierung und dem Geheimdienst, daneben wohl auch eine CSU-Seilschaft in Pullach. Verbindungsmann zwischen BND und Staatskanzlei war seinerzeit Oberst Joachim Philipp, der ursprünglich vom Militärischen Abschirmdienst kam und das uneingeschränkte Vertrauen von Franz Josef Strauß genossen haben soll. Gegen den Widerstand aus Bonn setzte die Landesregierung durch, daß der Oberst in kürzester Zeit von der für BND-Verbindungsleute üblichen Besoldungsstufe A 15 auf B 3 heraufgestuft wurde.

Philipp war ein Mann für besondere Fälle: Er verstaute schon mal ausfuhrgenehmigungspflichtige Waffen am Zoll vorbei im Privatjet eines irakischen Innenministers, führte nach eigenem Bekunden den leitenden KoKo-Direktor Günter Asbeck als BND-Agenten und betreute – zwischenzeitlich offiziell außer BND-Diensten – den Neu-Bayern Alexander Schalck nach dessen Republikflucht 1990.

War also Joachim Philipp der abgetarnte Vertreter des Bundesnachrichtendienstes im »Rosenheimer Kreis«? Interessant ist in dem Zusammenhang eine Stellungnahme des BND, es hätten keine »informellen Kontakte über den Rosenheimer Kreis« zum MfS in Ost-Berlin bestanden, noch interessanter, was er im Rahmen seines Dementis offenließ (und damit fast schon bestätigte): »Ob BND-Angehörige, die Kontakte zur CSU unterhalten, aus privaten Gründen an derartigen Zusammenkünften (des ›Rosenheimer Kreises‹) teilgenommen haben, ist nicht bekannt; ein dienstlicher Auftrag bestand jedenfalls nicht.« Das verstand sich wohl von selbst.

Im übrigen bestätigte der Pullacher Geheimdienst noch einmal, sich offenbar bis zuletzt standhaft einer Befragung widersetzt und »zur Person Simon Goldenberg... zu keiner Zeit Kontakt« gehabt zu haben. Der Kölner Verfassungsschutz lag also mit seinem Verdacht richtig, vom BND sei seinerzeit versucht worden, die Abschöpfung des Mielke- und Schalck-Vertrauten zu verhindern oder wenigstens zu verzögern.

Die Mitarbeiter des BfV befragten Simon Goldenberg dann im Februar und Juni 1982 – ohne Mithilfe des BND. Goldenberg bestritt dabei, »jemals Verbindungen zu östlichen Nachrichtendiensten unterhalten zu haben«. Beim zweiten Treffen lehnte er indes jedes weitere Gespräch ab, »angeblich auf Anraten seiner Anwälte«. Begründung: »Man habe ihn in der Presse beschuldigt, ein auf den Bayerischen Ministerpräsidenten Strauß angesetzter Ostspion zu sein« (BfV-Dossier). Damit waren jene Artikel vornehmlich in »Konkret« und »Spiegel« gemeint, die Franz Josef Strauß einige Monate später zu der Vermutung veranlaßten, »daß Kräfte, die er zur Zeit nicht kennt – immer wieder ausgehend von Simon Goldenberg – seinen Namen und den von März diskriminieren wollen«, er habe deshalb »seine Dienste« mit der Abklärung beauftragt (so Alexander Schalck nach einem Gespräch mit März).

Anwaltlich vertreten und beraten wurde Simon Goldenberg übrigens zu jener Zeit von einer Münchner Kanzlei, die auch den stellvertretenden CSU-Vorsitzenden Dr. Friedrich Zimmermann im Panier führte.

Der getreue Weber

Am 24. Mai 1982, also in jener Zeit, in der Simon Goldenberg zu der Überzeugung gelangt sein muß, »nicht mehr mit dem Verfassungsschutz zusammenarbeiten zu wollen« (BfV-Vermerk), fand im Feinschmeckerlokal »Nußdorfer Hof« auf Einladung von Josef März und im Auftrag von Bundesminister Josef Ertl ein Empfang für dessen Kollegen aus der Europäischen Gemeinschaft statt. Auch der zuständige DDR-Minister Heinz Kuhrig war zugegen.

Der »Nußdorfer Hof« gehört Josef März, dort feierte er gewöhnlich mit seinen Freunden, dort traf sich auch regelmäßig der sogenannte »Franzens-Club«, eine Männerrunde rechter Gesinnung, benannt nach dem jüngsten Strauß-Sohn. Der »Franzens-Club« war 1973 in einer Bierlaune auf der »Wiesn« gegründet worden, beim Hendl-Brater Friedrich Jahn. Zu den Strauß-Spezis gehörten neben Jahn und März die »Franzen«

Schönhuber, Neubauer, Rechtsanwalt Dannecker, als Gäste nahmen auch schon mal Max Streibl und Lothar Müller teil.

Nicht gekommen, obwohl eingeladen, war an jenem Maiabend der wichtigste Geschäftspartner des März-Clans in der DDR, Werner Weber, Geschäftsführer der KoKo-Firma Camet und in dieser Funktion gewissermaßen Nachfolger Simon Goldenbergs. Weber wollte vermeiden, so ließ er nach seiner Rückkehr in Ost-Berlin den »Staatssekretär Genossen Dr. A. Schalck« wissen, »als indirekter Gast« aufzutreten, um nach den Geschichten über Goldenberg, im Falle von Pressekontakten, nicht als »ein neuer Ostspion ... mit Initiative von März im Kreise der EG-Minister« für Schlagzeilen zu sorgen.

Genau diese Funktion des Nachrichtenbeschaffers erfüllte der Schalck-hörige und absolut linientreue DDR-Mann (»der getreue Weber«) indes. Sein Credo – er nannte es »Zielstellung« – faßte er aus Anlaß des Berichts über das EG-Treffen in Rosenheim noch einmal unmißverständlich für Schalck zusammen: ökonomisch die »Erwirtschaftung zusätzlicher freier Devisen«, politisch die »Abschöpfung von Informationen über politische und handelspolitische Aktivitäten des Klassengegners«. Gewinnmaximierung und Spionage als Methode des Klassenkampfes.

Werner Weber beherrschte seine Aufgabe (besser als die deutsche Sprache). Er war von Schalck mit einer klaren Vorgabe zu Josef März geschickt worden, um ihm klarzumachen, daß seine wirtschaftlichen Interessen künftighin mit dem Genossen Manfred Wolf, Generaldirektor des Außenhandelsbetriebs (AHB) Nahrung abgestimmt werden müßten und »in persönlichen Gesprächen« mit Schalck nur noch »politische und handelspolitische« Fragen zu erörtern seien. Der DDR-Staatssekretär glaubte offenbar, sich die nötige Portion Überheblichkeit im Umgang mit Josef März inzwischen leisten zu können. Gedeih und Verderb des Rosenheimer Unternehmens war vom Goodwill der DDR in erheblichem Maße abhängig.

Josef März hatte sich längst auf einen Pakt mit dem SED-Regime eingelassen.

Zwischen der Camet und der Gebr. März KG war im September 1977 ein sogenannter »Vertretervertrag« geschlossen worden, in dem sich das oberbayerische Unternehmen verpflichtete, »nur über die Firma Camet Gespräche mit dem AHB Nahrung zu führen, Preise zu vereinbaren und Verträge abzuschließen«. Wenige Monate später ließ die Gebr. März KG ein Zimmer »in meiner Firma . . . als Verhandlungs- und Ausstellungsraum . . . durch einen österreichischen Architekten gestalten« (Weber).

Wiederum einige Monate später, im April 1978, reisten März und Weber gemeinsam nach Madrid, um dort die Camet S. A. zu gründen, deren Aktien von der März-Gruppe und ihren »Beauftragten in Spanien« gehalten wurden; dabei sei die KoKo-Firma Camet in Ost-Berlin »in die Camet Madrid integriert« worden (so Weber in einem Vermerk für Schalck). Ziel dieser Operation sei gewesen, »daß die Provisionszahlungen in freien Devisen abgewickelt« werden können.

Die Gebr. März KG finanzierte also das Auslandsnetz des KoKo-Imperiums. Dabei waren Auslandsprovisionen für Geschäfte des innerdeutschen Handels verboten. Zur Zeit der Weber-Visite in Rosenheim, im Mai 1982, hatte Josef März gerade die Steuerfahndung im Hause, die »zur Provisionszahlung Untersuchungen anstellt, die evtl. mit Verschleierungen im Zusammenhang stehen könnten« (so Weber an Schalck). Der Fleischmagnat März plädierte deshalb für ein Manöver mit den spanischen Camet-Aktien, um den Prüfern in Zukunft die Arbeit zu erschweren.

Laut amtlichem Ermittlungsbericht der Münchner Oberfinanzdirektion vom August 1982 überwies die Gebr. März KG 1981 und 1982 rund 5,3 Millionen D-Mark unzulässige Sonderzahlungen an die Camet in Madrid, gewissermaßen »Schmiergelder« für die Billiglieferungen von Fleisch und Schlachtvieh.

Zwar blieben diese illegalen Leistungen ohne rechtliche Folgen – weil sie zwischenzeitlich verjährt waren –, doch die Untersuchung zwang Josef März später, Ende 1983, dazu, die dunklen Geldkanäle neu zu ordnen.

Der Rosenheimer Fleischbaron bot Alexander Schalcks getreuem Weber bei dem Treffen im Mai 1982 sogar an, eine Camet-International zu gründen – aus steuerlichen Erwägungen »auf den Bahamas«. Die Karibik-Firma könnte, laut Josef März, »meinen internationalen kommerziellen Koordinierungsbereich und den des Dr. Schalck umfassen«. Auf diese Weise ließen sich in beiderseitigem Interesse »neue Einnahmequellen schaffen«.

Umsatz, Einnahmen, Gewinne – da trafen sich die Ostberliner Kommunisten und die oberbayerischen Kapitalisten immer auf einer Linie. Dabei ließ sich aus den Weber-Protokollen allerdings nicht herauslesen, ob Josef März von den Waffengeschäften der Firma Camet wußte, obwohl er über die spanische Muttergesellschaft ja Miteigentümer des DDR-Unternehmens war.

März interessierte sich wohl mehr für landwirtschaftliche Produkte. Als »der getreue Weber« kurz vor dem Besuch des DDR-Agrarministers Heinz Kuhrig auf Gut Spöck die Nachricht Schalcks übermitteln konnte, er habe zwischenzeitlich für zwölf Millionen D-Mark (in Verrechnungseinheiten) Käse ordern lassen, zeigte Josef März »eine erlösende Reaktion, wie aus seinen Worten zu erkennen war« (Weber). Käse sollte auch ein Jahr später für seine Firma zu einem wichtigen Thema werden, als es März und Strauß darum ging, dem maroden SED-Regime mit einem Milliardenkredit unter die Arme zu greifen.

Einfädelung

Die zweimotorige Piper (Kennzeichen: D-ILOR) landete pünktlich um neun Uhr auf dem Flughafen Leipzig-Schkeuditz. An Bord der Privatmaschine aus München: Josef März. Es war der 10. März 1983, vier Tage nach der Neuwahl des Bundestages, die der konservativ-liberalen Koalition eine klare Mehrheit gebracht hatte. Der Rosenheimer Unterhändler war vom CSU-Vorsitzenden Franz Josef Strauß zu Alexander Schalck auf die Leipziger Frühjahrsmesse geschickt worden, um »damit zum Ausdruck (zu) bringen, daß der aufgenommene Kontakt nach der gewonnenen Wahl in der bisher praktizierten, sehr sachlichen Art weitergeführt werden sollte« – so Schalck später in seiner obligatorischen »Information« an Erich Mielke. Dessen MfS hatte übrigens – Vertrauen hin oder her – einen Spitzel auf den März-Piloten angesetzt, um ihn während des fünfstündigen Aufenthalts in Leipzig unauffällig über seinen Chef auszuhorchen (»pünktliche und korrekte Arbeit sind gefragt«).

Schalck war natürlich vor allem an dem Kredit durch das deutsche Bankenkonsortium interessiert, denn die ohnehin prekäre Devisenlage seines Landes hatte sich seit Jahresende 1982 weiter zugespitzt. Er vernahm deshalb mit großer Beruhigung aus dem Munde von März, Strauß nehme zu diesem Thema »nach wie vor eine positive Haltung ein«, verbinde damit auch kein Junktim, im Gegensatz zu Bundeskanzler Helmut Kohl, den man »offensichtlich durch unkompetente, in der Sache nicht informierte Leute falsch beraten« habe (Schalck).

Zum Schluß des Gesprächs äußerte der Abgesandte aus Oberbayern die Bitte, in der Kreditfrage »keine anderen Kanäle zu benutzen«. Möglicherweise werde sich eine Kontaktperson »im Auftrag von Jenninger«, dem damaligen Staatsminister im Bundeskanzleramt, mit »völlig unrealistischen« Vorschlägen an Schalck wenden. März trat beruhigt den Rückweg an, als ihm der DDR-Staatssekretär versicherte, »von unserer Seite wird das strikt abgelehnt«.

Der avisierte Kontaktmann Holger Bahl, Direktor der Züricher Bank für Kredit und Außenhandel, meldete sich noch am selben Tag bei Schalck. Nach langen Vorreden, bei denen er mit »besten Beziehungen zur Landesbank Rheinland-Pfalz« prahlte und darauf verwies, »daß sowohl Herr Kohl als auch Herr Jenninger und die ganze Mannschaft aus Mainz kämen und mit der Bank Beziehungen hätten«, offenbarte er den Kern seines Anliegens: Ob Schalck noch für die laufende Messe ein Treffen zwischen Jenninger und einem hochrangigen Vertreter der Ostberliner Regierung arrangieren könne, um über ein »Züricher Modell« der Finanzhilfe für die DDR zu sprechen. Doch der DDR-Staatssekretär ließ Bahl abblitzen – er setzte in Sachen Kredit voll auf die Karte von März und Strauß.

In der Woche nach der Leipziger Messe meldete sich März noch einmal handschriftlich bei Schalck; zudem gab er Werner Weber, der häufig zwischen Ost-Berlin und Rosenheim pendelte, »noch eine mündliche Information« mit auf den Heimweg. Fazit: Bis Ende März finde die Regierungsbildung statt. Franz Josef Strauß, der dem »Bundeskabinett mit Sicherheit als Vizekanzler« angehören werde, habe bis dahin »absolute Funkstille zu unserem speziellen Thema« verlangt. Er sei jedoch sehr an einem Besuch bei Erich Honecker interessiert, Schalck möge sich bitte »in dieser Angelegenheit ernsthafte Gedanken machen«.

Bei den Koalitionsverhandlungen in Bonn spielte das Verhalten der künftigen Bundesregierung gegenüber der DDR eine zentrale Rolle. »Während einer nächtlichen Sitzung«, so erinnerte sich Strauß hinterher, »gab es schwerste Auseinandersetzungen über die Frage, ob man . . . eine weiche oder eine harte Linie einschlagen solle«. Kohl argumentierte, für eine harte Politik fände man keine Bundesgenossen. Zu einem »wütenden Streit« (Strauß) kam es, als der Bundeskanzler der Runde eröffnete, er habe zwischenzeitlich die schon von seinem Vorgänger Helmut Schmidt ausgesprochene Einladung an Erich Honecker erneuert. Der CSU-Vorsitzende war in hohem Maße über die Naivität »verärgert«, denn es war die Zeit des NATO-Doppelbeschlusses, der Nachrüstung mit Pershing-2-Mittelstreckenraketen, da würde der DDR-Staatsratsvorsitzende nie und nimmer die Bundesrepublik besuchen.

Diese Bonner Nacht nannte Strauß später in seinen »Erinnerungen« »die geistige Geburtsstunde des Milliardenkredits«. Das war eine Verdrehung der Tatsachen, wenn man bedenkt, daß die Idee von Schalck geboren wurde, ein halbes Jahr zuvor und aus höchster Not.

Daß Strauß, entgegen seiner festen Absicht, nicht Genscher-Nachfolger und neuer Außenminister (damit auch nicht Vizekanzler) wurde, spielte für seine weiteren Kontakte zu Schalck wahrscheinlich eine erhebliche Rolle. Denn nunmehr bot die Einfädelung des Milliardenkredits dem bayerischen Machtpolitiker die Chance, eine eigenständige DDR-Politik zu demonstrieren und mit einem Besuch bei Honecker Helmut Kohl und dessen Regierung auf spektakuläre Weise die Schau zu stehlen.

Doch am 10. April 1983 schien ein »scheußlicher und bedrückender Vorfall am Grenzübergang Drewitz« alle informellen Kontakte mit Schalck vorübergehend in Frage zu stellen: Der Fernfahrer Rudolf Burkert war nach einem Verhör durch DDR-Grenzsoldaten ums Leben gekommen – an Herzversagen, wie das SED-Regime behauptete. Doch die Obduktion wies auf Gewaltanwendung hin, und Franz Josef Strauß sprach öffentlich sogar von »Mord«.

Knapp zwei Wochen später fand »auf Wunsch von März« ein erneutes Treffen statt. Schalck war äußerst verstimmt, machte Josef März »sehr nachdrücklich darauf aufmerksam«, daß es eine erhebliche Diskrepanz zwischen den internen und öffentlichen Äußerungen des CSU-Vorsitzenden gebe, zum Beispiel »die von ihm ausgesprochenen unwahren Verleumdungen der DDR zur Person Burkert«.

März wies dies zurück, versuchte gleichzeitig zu schlichten, Strauß gehe es »gar nicht so sehr um die DDR«, sagte er, »als vielmehr um Genscher und andere«, man dürfe den von ihm verursachten Theaterdonner nicht überbewerten. Vielmehr sei ihm aufgetragen worden, Schalck mitzuteilen, »daß sich die Ausgangslage für die beabsichtigten Kreditoperationen nicht verändert« habe und Strauß nunmehr »die Zeit für herangereift« halte, einen persönlichen Kontakt in der Angelegenheit aufzunehmen. Der Rosenheimer Unterhändler versprach, sich ein paar Tage später telefonisch zu melden, mit einer offiziellen »Einladung zu einem inoffiziellen Treffen mit Strauß«. Das Gespräch solle auf seinem Landsitz, Gut Spöck, stattfinden. Dort sei eine »strenge Geheimhaltung gewährleistet«.

Franz Josef Strauß schönte später die Vorgeschichte des »Milliardenkredits« auch in diesem Punkt: Ende April 1983 »kam mein Freund Josef März auf mich zu – ein Mittelsmann Erich Honeckers wolle mich sprechen. Er zweifle allerdings, ob ich ihn überhaupt empfangen wolle und ob die Begegnung nicht mit einem Hinauswurf enden würde«. Der CSU-Vorsitzende hatte sich übrigens schon Mitte der siebziger Jahre zweimal mit dem damaligen Ständigen Vertreter der DDR in Bonn, Michael Kohl, zu einem vertraulichen Plausch zusammengesetzt: ebenfalls auf Gut Spöck.

Drei Begegnungen

Am 5. Mai 1983 trafen Franz Josef Strauß und Alexander Schalck zum ersten Mal auf dem weitläufigen Landsitz des März-Clans am Rimssee zusammen. Der Ministerpräsident hatte den DDR-Staatssekretär mit seinem Dienstwagen von einem Parkplatz an der Transitstrecke abholen lassen. Schalck fuhr noch in der Nacht zurück, »um gleich am anderen Morgen in Ost-Berlin Bericht zu erstatten« (Strauß) – bei Erich Honekker und bei Erich Mielke, was Strauß wohl nicht definitiv wußte, aber aufgrund seiner Kontakte zu den »Diensten« und nach den Erfahrungen mit Simon Goldenberg ahnen mußte.

Der MfS-OibE Alexander Schalck lieferte jedenfalls, wie es seine Pflicht war, ausführliche und detaillierte Berichte ab, mitunter in zwei Versionen: eine für Mittag und Honecker, eine andere für Mielke, über seinen Führungsoffizier Volpert. Seine Ausführungen wichen dabei erheblich von den späteren »Erinnerungen« des CSU-Vorsitzenden ab. Jeder der beiden Gesprächsteilnehmer – sie trafen sich im Mai und Juni 1983 insgesamt dreimal auf Gut Spöck – strich die jeweils subjektiv für bedeutsam gehaltenen Aspekte heraus. Hinzu kam: Strauß versuchte sich als jemand darzustellen, der dem Unrechtsregime »drüben« kompromißlos die Leviten las. Aber auch Schalck versuchte natürlich, seinen Chefs zu gefallen, seine Rolle als Devisen- und Informationsbeschaffer für den Arbeiter- und Bauernstaat in ein günstiges Licht zu rücken.

Bei der ersten Begegnung ging es (laut Strauß) zunächst noch einmal um den tödlichen Zwischenfall am Grenzübergang Drewitz, dann im wesentlichen um die unmenschliche und »brutale Praxis der Grenzabfertigung, das Gebrüll und Geschrei, die Schikanen« – wie in einem »Zuchthausstaat«. Geradezu unterwürfig stellte Schalck (in der Strauß-Version) nach diesem Monolog die Frage: »Wenn wir das ändern, wären Sie dann bereit, das Gespräch fortzusetzen?« Und der CSU-Vorsitzende entgegnete (nach eigener Darstellung): »Wenn wir merken, daß sich in den nächsten Wochen etwas ändert, dann führen wir ein zweites Gespräch, sonst vergessen wir es.« Und natürlich setzte sich Franz Josef Strauß durch: »Es dauerte vierzehn Tage. Dann kamen die ersten Meldungen vom Bundesgrenzschutz und von der Bayerischen Grenzpolizei, daß in der Behandlung der Reisenden eine Veränderung zu konstatieren sei.«

Schalck erwähnte das Thema in seinem 19seitigen Protokoll dagegen nur am Rande: Strauß »halte es für das Ansehen der DDR und ihrer Parteiführung und für das Wohl der Menschen in beiden deutschen Staaten für eine großartige Geste, wenn durch entsprechende Weisungen... freundlichere... Grenzkontrollen stattfinden würden«.

Laut Schalck unternahm Strauß dann einen Exkurs in militärpolitische Gefilde, breitete dabei Interna aus über die Stationierung der Mittelstreckenraketen Pershing 2 (in der Bundesrepublik), der Cruise-Missiles (auf Sizilien) und amerikanischer F-11-Jagdbomber (im Taunus), gab sich als »Realist und Pragmatiker«, indem er (im Originalton Schalck) »nicht die Forderung erhob, den Schießbefehl jetzt aufzuheben«; doch versicherte er, an ihm komme »man in Bonn nicht vorbei« (»Meine Minister müssen jeden Monat zur Berichterstattung und erhalten ihre Direktive«). Schließlich plauderte Strauß aus dem Bonner »Nähkästchen« und wollte den Gast aus Ost-Berlin offenbar durch vertrauliche Geschwätzigkeit beeindrucken. In seinen »Erinnerungen« machte Strauß allerdings keinerlei Angaben über diese Besprechungsthemen.

»Am Ende des Gespräches«, so schrieb Schalck in seinem Bericht, »kam Strauß zum eigentlichen Ausgangspunkt zurück – der Ausreichung eines Finanzkredites an die DDR in Höhe von einer Milliarde DM, mit der Sicherheit, daß bei Zahlungsunfähigkeit die Raten der Transitpauschale 1987/1988 als Sicherheit verwendet werden können«. Der CSU-Chef sagte (laut Schalck) wörtlich: »Herr Schalck, nachdem ich Sie persönlich kennengelernt habe und den Eindruck habe, daß man Ihnen trauen kann, möchte ich mich dafür engagieren in einem Gespräch am 19. Mai mit Kohl, daß die BRD-Seite den ersten Schritt geht ohne Herstellung eines Junktims, und den Finanzkredit... durch ein Bankenkonsortium an die Außenhandelsbank der DDR ausreicht.« Er gehe davon aus, daß der Generalsekretär und Staatsratsvorsitzende »zu einem Zeitpunkt, den er für angemessen hält, sich dazu entschließt, den Mindestumtausch für Jugendliche und Rentner auf das vor Einführung der neuen Regelung festgelegte Maß zurückzuführen, ohne daß es dazu irgendwelche schriftliche Vereinbarungen gibt«.

Das war Strauß, der meisterliche Taktierer. Er erwartete eine Gegenleistung, aber – anders als Kohl – ohne ein formales Junktim, weil das für Erich Honecker »unannehmbar« gewesen wäre. In diesem Punkt übrigens waren die Erinnerungen der beiden Gesprächspartner tatsächlich deckungsgleich.

Drei Wochen nach ihrem ersten Tête-à-tête trafen sich Strauß und Schalck erneut auf Gut Spöck. Der DDR-Staatssekretär hatte einen elfseitigen Brief und die von Strauß gewünschte Einladung Erich Honeckers im Gepäck. Er las dem CSU-Vorsitzenden das Schreiben vor, in dem es unter anderem, kaum verklausuliert, um die miserable wirtschaftliche Situation in der DDR ging. Der SED-Staat suchte um verstärkte Hilfe in der Bundesrepublik nach, obwohl man sich natürlich auch – so Honecker – an die sozialistischen Bruderländer wenden könne. Fazit der Botschaft (laut Strauß): »Wenn ich ihm helfen würde, in Bonn die Barriere zu durchbrechen, die solchen Wünschen bisher entgegengestanden habe, dann wäre ihm (Honecker) der Weg nach Westen lieber.«

Strauß erinnerte sich später, das Ostberliner Non-paper habe auch eine »Liste der Gegenleistungen« enthalten, darunter die Beseitigung der Selbstschußanlagen an der Grenze, wesentlich erleichterte Familienzusammenführungen und Verbesserungen im Reiseverkehr.

Ob Gegenleistungen von der DDR tatsächlich benannt wurden, muß bezweifelt werden, selbst wenn Strauß davon ausgehen konnte, die DDR werde sich erkenntlich zeigen. In Schalcks Protokollen ist allerdings immer nur von einer bedingungslosen Unterstützung die Rede. So kam Strauß, der die

Ausführungen des Staatsratsvorsitzenden »mit großer Konzentration zur Kenntnis« nahm, (laut Schalck) umgehend auf den Punkt, der Honecker und seinem Devisenbeschaffer vornehmlich am Herzen lag: »Ich glaube an die Redlichkeit und ehrlichen Absichten des Herrn Generalsekretärs und habe mich deshalb entschlossen, was in meinen Kräften steht, zu tun, damit... der Kreditvertrag zwischen den zuständigen Banken der DDR und der BRD ohne jegliches Junktim zustande kommt.«

Man sprach dann noch einmal über das »immer wieder auftauchende Züricher Modell« und in dem Zusammenhang über die Rolle des Staatsministers im Bundeskanzleramt, Philipp Jenninger. Der Direktor der Bank für Kredit und Außenhandel in Zürich, Holger Bahl, versuchte offenbar noch immer, mit der DDR ins Geschäft zu kommen, und berief sich dabei auf höchste Protektion aus Bonn. »Aufgrund dieser, aus der Sicht von Strauß hochstaplerischen Aktivitäten, hat er von Jenninger verlangt, daß dieser Mann bearbeitet wird, wer hinter diesen Dingen wirklich steht«, so Schalck in seinem Protokoll an Erich Mielke. Strauß habe ihm angedeutet, »es wäre ja auch denkbar, daß die ›Dienste‹ ihre Finger im Spiel hätten«.

Als Beweis dafür, »daß er auch ohne Mitglied der Bundesregierung (zu sein) über die notwendige Autorität verfügt, die Politik dieser Regierung zu beeinflussen« (Schalck), bot Strauß an, Jenninger, der seit seiner Zeit als Finanzminister sein treuer Vasall sei, zum nächsten Treffen mit Schalck zu bitten. Dies könne auch Schalcks Befürchtung vorbeugen, Bonn werde die Vereinbarung doch noch »durch Aufsatteln oder neue Forderungen« gefährden. Strauß lachte und stellte (laut Schalck) fest, »das ist jetzt das Kuriosum, er kämpfe für die DDR im Bundeskanzleramt« und fühle sich bestärkt durch die Tatsache, daß der SED-Generalsekretär »schon nach einer kurzen Zeit« bei der Verbesserung der Grenzkontrollen über »eine sehr wichtige atmosphärische Frage entschieden hat«. Zum Abschluß bat Franz Josef Strauß seinen Ostberliner Gast noch, Erich Honecker mitzuteilen, »daß er jetzt gerne seiner Aufforderung Folge leisten würde, die DDR zu besuchen«.

Auf dem dritten Treffen, knapp 14 Tage später, zu dem »Strauß und Jenninger allein ohne jede Begleitung von München« anreisten, was demonstrierte, daß er (Strauß) »nach wie vor größten Wert auf strenge Vertraulichkeit über die Gespräche und den Ort der Zusammenkünfte legt« (Schalck), ging es im wesentlichen um den geplanten Besuch des bayerischen Ministerpräsidenten in der DDR. »Es war zu spüren«, hielt der Staatssekretär hinterher fest, »daß er ein Treffen mit dem Generalsekretär . . . im Rahmen des privaten Besuchs an jedem Ort der DDR gerne wahrnehmen würde.« Franz Josef Strauß sollte seine Belohnung erhalten, und auch sein Freund und Unterhändler Josef März würde nicht leer ausgehen. Doch vorher mußte noch der Milliardenkredit endgültig unter Dach und Fach gebracht werden.

Der Kredit

Dr. Ludwig Huber war nicht nur ein CSU-Parteifreund, sondern einer der Spezis von Franz Josef Strauß und Josef März. Und er war Präsident der Bayerischen Landesbank, die zur Hälfte dem Freistaat Bayern gehört, somit der Aufsichtspflicht der Staatsregierung untersteht. Nachdem, wie sich Strauß später erinnerte, Helmut Kohl »den Vorschlag gemacht (hatte), eine bayerische Bank solle die Konsortialführung übernehmen«, habe er Huber angesprochen »und ihn gefragt, ob er diesem Wunsch des Bundeskanzlers entsprechen wolle. Die Antwort war positiv.« Von Philipp Jenninger sei dem Bankenchef dann am Tag darauf der »Auftrag erteilt« worden.

Diese Interpretation – seine Vermittlung, Auftrag durch den Bundeskanzler – war ein untauglicher Versuch, seine Rolle bei der Einfädelung des Milliardenkredits aus optischen Gründen neu zu definieren. Die beiden CSU-Politiker Edmund Stoiber und Gerold Tandler beharrten später darauf, Strauß habe »in dieser Sache nur als ›Privatmann‹ gehandelt«, nicht als Parteichef. Den beiden war offenbar klar, daß es wahrscheinlich Diskussionen über die Vermittlungstätigkeit und deren mögliche Honorierung geben würde.

Strauß wußte, daß es ein »Eiertanz« war: Einerseits gab es (allein über die Schiene seines Freundes März) eindeutig private Interessen, daß der Kredit zustande kam; es roch also nach Vetternwirtschaft und Begünstigung. Andererseits konnte er jetzt nicht mehr zurück, wollte auch politischen Profit daraus ziehen, durfte seine Rolle, wie er später einräumte, »weder großspurig herauskehren noch abstreiten«. Dieser Spagat sollte dem bayerischen Ministerpräsidenten dann erhebliche Probleme bereiten. Letztendlich retteten nur die »sumpfartigen Bodenverhältnisse« im CSU-Staat sein politisches Überleben – selbst wenn er dem DDR-Regime auf Gut Spöck de facto Zugeständnisse abgerungen hatte.

Zum Bankenkonsortium gehörte auch die Berliner Bank, über die Josef März seine meisten Geschäfte abwickelte, die auch immer wieder Kredite für seine Fleisch- und Schlachtvieheinkäufe in der DDR zur Verfügung stellte und die schon seit Herbst 1982 in die Verhandlungen mit Schalck eingeschaltet war. Der Vorstandssprecher Wolfgang Steinriede wurde später sogar stellvertretender Aufsichtsratsvorsitzender des in eine Aktiengesellschaft umgewandelten März-Konzerns.

Da die Bundesregierung die Garantie übernommen hatte, bei Zahlungsunfähigkeit der DDR den Kredit aus der Transitpauschale abzudecken (was keine Bürgschaft war, also den Steuerzahler nicht belastet hätte), gingen die formalen Vorbereitungen im Juni 1983 zügig über die Bühne. Der DDR lag bis zuletzt daran, strengste Geheimhaltung zu wahren und die Bekanntgabe der Kreditvereinbarung mit jener über das inzwischen für Ende Juli terminierte Treffen von Strauß und Honekker zu verknüpfen.

Doch der Fahrplan geriet durcheinander, als am 30. Juni Presseberichte über eine mögliche Begegnung zwischen den Vorsitzenden der CSU und der SED erschienen. In der bayerischen Staatskanzlei liefen die Telefone heiß. »Indiskredition bezüglich Reise scheint durch Unachtsamkeit des dritten Teilnehmers in Spöck«, also Josef März, zu kommen, versuchte Strauß seinen Gesprächspartner Schalck telefonisch zu beruhigen, »denn in seiner Gegenwart hat zweiter Mann (Besucher aus dem Norden)«, demnach Philipp Jenninger, »von einem möglichen Treffen gesprochen«. Strauß versprach, die Einladung weiterhin zu dementieren und sich »nochmals schnell darum (zu) bemühen, daß Ablauf wie erbeten und von mir betrieben schnellstens erfolgt«.

Ludwig Huber wurde von Strauß zur Eile getrieben, ließ noch am selben Tag die fertige Urkunde mit einer gecharterten Maschine aus Bonn abholen. Doch die Direktoren der anderen Banken hatten sich bereits auf eine Unterzeichnung am 1. Juli eingestellt. »Dr. Huber versucht jetzt fieberhaft«, so Strauß an Schalck in Ost-Berlin (»Durchsage des Bekannten«), »den feierlichen Akt... 12 bis 14 Stunden vorzuverlegen und das heute noch hinzubringen. Es wurde alles aufgeboten.«

Das klappte dann doch nicht mehr. Am 1. Juli 1983, elf Uhr morgens, unterschrieben der Vertreter der DDR-Außenhandelsbank und die Verantwortlichen des Konsortiums in München den Vertrag über den Milliardenkredit und stießen im Blitzlichtgewitter der Fotografen mit Sekt auf die Vereinbarung an. Kurze Zeit später ließ die Staatskanzlei verlauten, der bayerische Ministerpräsident werde am 24. Juli 1983, nach Ablauf einer privaten Autoreise durch die ČSSR und Polen im Gästehaus der Regierung am Werbellinsee mit dem Vorsitzenden des Staatsrats der DDR, Erich Honecker, zu einem persönlichen Meinungsaustausch zusammentreffen.

In der CSU brach, kaum daß die Mithilfe ihres Vorsitzenden bei der Gewährung einer Finanzspritze für die ostdeutschen Kommunisten bekannt geworden war, ein Sturm der Entrüstung los, dessen Stärke auch Franz Josef Strauß überraschte. Er gab später zu, die »Schwerfälligkeit« der CSU und die »festen Vorstellungen . . . unserer Mitglieder und Abgeordneten«, die eine »ungewöhnliche Handlungsweise . . . nicht immer gleich« verstünden, »nicht richtig eingeschätzt« zu haben. Sein ehemaliger Weggefährte in der CSU, Hermann Höcherl, drückte es drastischer aus: »Ihm ist der Instinkt abhanden gekommen. Das ist schlimm, wenn einem das im Alter passiert.«

Strauß hatte nur seine engste Umgebung über die Kontakte zu Schalck und den Kreditwunsch der DDR informiert: Gerold Tandler, Theo Waigel und »selbstverständlich Edmund Stoiber, der bei mir in der Staatskanzlei war«. Den drei Strauß-Vertrauten fiel nunmehr die undankbare Aufgabe zu, den Schaden innerhalb der Partei zu begrenzen. Wie sollte man den Mitgliedern erklären, daß die CSU noch im Landtagswahlkampf des Herbstes 1982 jeden Ostkredit scharf verurteilt hatte. Es gab zahllose Parteiaustritte, in der Landtagsfraktion und im Vorstand der Partei wurde heftige Kritik laut, doch keiner wagte sich zu weit vor; keiner wollte am Ende als »Königsmörder« dastehen. Wer sich dennoch der Parteiräson widersetzte, wurde niedergemacht: »Du Lump, Du verlogener, Du Sauhund«, habe ihn der damalige Generalsekretär Otto Wiesheu vor Zeugen beschimpft, beschwerte sich der CSU-Bundestagsabgeordnete Ekkehard Voigt Wochen später bei Strauß – und trat aus der CSU aus.

Auf dem CSU-Parteitag, Mitte Juli, wurde Strauß, der sonst Wahlergebnisse wie in der DDR, mit weit über 90 Prozent Ja-Stimmen, gewohnt war, von nur 77 Prozent der Delegierten in seinem Amt bestätigt. Er habe »Prügel bezogen«, schrieb Strauß später, weil er »politische Strategien« entwickeln wollte, »ohne vorher darüber auf dem offenen Markt Palaver abzuhalten«. So gesehen seien »die Vorgänge um den Milliardenkredit auch ein Symptom für eine starke Einschränkung der politischen Gestaltungsmöglichkeit«.

Am 24. Juli 1983 trafen sich Erich Honecker und Franz Josef Strauß zu ihrer ersten Begegnung in der DDR. Mit von der Partie waren auch Ehefrau Marianne und Sohn Max, der sich Jahre später für den DDR-Staatssekretär Alexander Schalck stark machte, als dieser der DDR den Rücken gekehrt hatte. Nach der Begrüßung, »den üblichen Höflichkeitsfloskeln« und dem Händeschütteln für die Fotografen, »die in halber Regimentsstärke aus dem Westen angereist waren« (Strauß), begann Erich Honecker eine vorbereitete Erklärung über den Standpunkt der DDR zu den Fragen der Nachrüstung und des NATO-Doppelbeschlusses zu verlesen, brach dann aber ab, um im direkten Gespräch seinen Standpunkt darzulegen. Strauß erwiderte, wenn die sowjetischen Mittelstreckenraketen SS 20 nicht aus der DDR abgezogen würden, sei eine Nachrüstung mit amerikanischen Pershing 2 nicht zu vermeiden.

Doch es ging beiden Seiten gar nicht so sehr um den Austausch ohnehin bekannter Positionen, es ging um eine Show für die Medien. »Unser Treffen war . . . eine Sensation, die Freund und Feind bewegte«, so Strauß später in seinen »Erinnerungen«. Denn was hatte Erich Honecker eigentlich »ausgerechnet . . . mit (seinem) härtesten Kritiker zu schaffen«? Und was veranlaßte andererseits Franz Josef Strauß, von seinem politischen Glaubensbekenntnis abzulassen? Ihm kann kaum daran gelegen haben, daß »das Strauß-Bild nicht mehr in die linke Schublade paßte«.

Es gebe manche, so sagte Honecker (laut Strauß) am Werbellinsee, »die weder den Milliardenkredit noch unser Gespräch gern sehen«, weil sie die Motive nicht durchschauten. Das traf den Nagel auf den Kopf. Was waren die Beweggründe? Während der DDR-Staatsratsvorsitzende wohl in erster Linie dem

»Retter« der Staatsfinanzen seinen Dank abstatten wollte –
immerhin hatte Strauß der DDR-Devisenkasse wenigstens
vorübergehend Luft verschafft –, gab es für den bayerischen
Ministerpräsidenten eine Gemengelage von verschiedensten
Interessen: Der von Kohl und Genscher verhinderte Außenminister konnte sich international profilieren, schaffte es, daß
»Sonnenschein auf mich fiel« (Strauß). Er verfolgte gewiß
beharrlich und aus Überzeugung das Ziel, menschliche Erleichterungen gegenüber dem SED-Regime durchzusetzen; ihn
trieben aber darüber hinaus womöglich auch eher unpolitische
Überlegungen, private oder Partei-Interessen.

Gab es »Provisionen« für den »Privatmann Strauß« als Kre-
ditvermittler? Profitierte sein Freund Josef März von dem
Milliardenkredit – und über ihn die CSU-Parteikasse? Oder er
selbst? Franz Josef Strauß wies solche Beschuldigungen in
seinen »Erinnerungen« mit der ihm manchmal eigenen Un-
schärfe zurück: Das seien »dumme und böse Gerüchte«. Das
mag ja sein. Nur, manchmal könnte an dummen und bösen
Gerüchten ja auch was dran sein.

Alles Käse?

Beim Bundesamt für Verfassungsschutz legte im Dezember
1990, nach der Wiedervereinigung, ein ehemals hochrangiger
Stasi-Oberstleutnant der Abteilung II/2 (Spionageabwehr)
seine Finger in eine offene Wunde: Franz Josef Strauß und die
CSU seien für die Vermittlung des Milliardenkredits von Alexander Schalck »bestochen« worden. Dem Kölner Dienst, der
seiner Quelle »hohe Zuverlässigkeit« attestierte, weil sich deren Informationen in anderen Fällen immer als richtig erwie-
sen hätten, erschien der Hinweis ausreichend, darüber einen
Geheimvermerk anzufertigen. Allerdings war der heiße Tip
aus zweiter Hand: Der MfS-Offizier behauptete, über die

Schmiergelder an Strauß schon »damals, als der Milliarden-kredit verhandelt wurde«, von einem verläßlichen Kollegen erfahren zu haben.

Der Vorwurf ist so alt wie der Kredit selbst. Einmal sollten Franz Josef Strauß und Josef März für die Vermittlung der Devisenspritze Provisionen in Millionenhöhe eingesackt, ein anderes Mal von Schalck in der Schweiz Koffer mit Bargeld erhalten haben. Solche Gerüchte wurden mitunter von Insidern genährt, die es eigentlich wissen mußten. So ließ der später bei Strauß in Ungnade gefallene Präsident der Bayerischen Landesbank, Ludwig Huber, einmal die Bemerkung fallen, *er* habe ja im Gegensatz zu anderen nicht an dem Milliardenkredit verdient. Hinterher wollte er das allerdings ganz anders gemeint (gesagt?) haben.

Die Bundesregierung bestätigte schon im August 1983, daß im Kreditvertrag mit der DDR-Außenhandelsbank »die übliche Bankenprovision verabredet« wurde. »Von einer Vermittlungsprovision oder einer ähnlichen Nebenvergütung« dagegen sei der Bundesregierung »nichts bekannt«.

Als Provision für die Bayerische Landesbank wurde eine Summe von 1,88 Millionen D-Mark genannt. Sicherlich hätte Hubers Institut Strauß, der ja nach Beteuerungen seiner Mitstreiter Stoiber und Tandler »als Privatmann« für die DDR tätig geworden war, und natürlich auch Spezi März nach eigenem Gutdünken einen Betrag zahlen können. Aber das ist ebenso eine Spekulation wie die »Luxemburg-Variante«.

Deren Hintergrund: Die DDR-Außenhandelsbank habe die Milliarde vornehmlich dazu genutzt, ihre internationale Devisen-Reputation unter Beweis zu stellen. Ein erheblicher Teilbetrag sei bei einer Luxemburger Bank angelegt worden – zu einem höheren Zinssatz, als die DDR dem westdeutschen Bankenkonsortium zahlte. Aus dem Zinsgewinn seien dann Bestechungsgelder abgezweigt worden – an wen auch immer.

Daß der Milliardenkredit Josef März nicht zum Schaden

gereichte, dürfte feststehen. Seine wirtschaftlich ohnehin schon engen Beziehungen zu Schalcks Spezialisten im Außenhandelsbereich Nahrung festigten sich Ende 1983 offenbar erheblich. In Schalcks »Informationen« für seinen MfS-Boß Erich Mielke gibt es zudem viele Formulierungen, die den Eindruck erwecken, nicht nur März habe eine Verbindung, eine Art Junktim, zwischen dem Milliardenkredit und den wirtschaftlichen Beziehungen des Rosenheimer Unternehmens hergestellt, sondern auch Strauß.

»März erklärte, daß das Interesse auch von ihm und Strauß darin besteht, daß die bisherigen Käselieferungen, die vorwiegend aus Bayern stammen und einen großen politischen Stellenwert haben gegenüber den Bauern, in der gleichen Höhe aufrechterhalten werden wie 1982 (circa 25 Millionen) und daß seine Stellung als einer der Haupthandelspartner für Fleisch und Fleischwaren und lebende Tiere auch weiterhin unangetastet bleibt.«

1980 schon hatte die zuständige DDR-Importfirma offenbar die förmliche Weisung erhalten, Käse aus der Bundesrepublik nur noch über die Westberliner Firma Primovo GmbH zu beziehen, einer hundertprozentigen Tochter des März-Konzerns. Nach 1983 ging der Schnittkäse-Export in die DDR laut Bundesstatistik von 1340 Tonnen auf 2170 Tonnen (1985) in die Höhe und danach wieder langsam auf 1630 Tonnen (1989) zurück. Die März-Gruppe behauptete demgegenüber, daß die Käseausfuhren »nach dem Milliardenkredit nicht zugenommen« hätten.

Auch durfte der Rosenheimer Fleischfabrikant weiterhin in erheblichem Maße von den volkseigenen Mastbetrieben der DDR profitieren. Mit dem bayerischen Konkurrenten Moksel in Buchloe teilte man sich gewissermaßen den DDR-Markt auf. Doch der Bedarf des Fleischkonzerns beschränkte sich nicht auf westdeutsche Abnehmer. März handelte auch für andere europäische Länder mit DDR-Vieh – die Billigstpreise aus den Kombinaten waren zu attraktiv, um sich diese Zusatzgeschäfte durch die Lappen gehen zu lassen. Zwar wurde jedes Bullen- und Schweinekontingent von der Bundesregierung offiziell im Rahmen des innerdeutschen Handels ausgeschrieben, den Zuschlag bekam aber nur, wer von Schalcks Außenhandelsbetrieb (AHB) Nahrung eine Genehmigung vorweisen konnte. Und das waren nur März und Moksel.

Wegen der guten Umsätze und der noch besseren politischen Kontakte zum Hause März schleuste der AHB Nahrung offenbar auch Fleisch und Vieh aus anderen Ostblockstaaten durch die DDR und lieferte es dann im innerdeutschen Handel nach Rosenheim. Das war zwar verboten, denn auf diese Weise wurden Abschöpfungen der EG hinterzogen, das machte die Sache aber andererseits äußerst lukrativ.

Ende November 1983, fünf Monate nach der Vereinbarung des Milliardenkredits, schickte Peter Krause vom AHB Nahrung dem »sehr geehrten Herrn März« ein Telex (»Genossen Weber bitte zur Kenntnis«) und bot »Fleischimporte erstes Quartal 1984« an, darunter 5000 Tonnen Schweinehälften, 500 Tonnen Roastbeef und 2000 bis 3000 lebende Schlachtbullen, »Ursprung ČSSR«. Gesamtwert: rund 15 Millionen D-Mark. »Voraussetzung für die Durchführung des Geschäftes«, schrieb Krause, »ist die Gewährung eines kommerziellen Kredits mit einer Laufzeit von 18 Monaten.«

Wäre die Ware vom tschechischen Lieferanten, meist die Firma Bohemia Fleisch in Prag, direkt nach Rosenheim ausgeführt worden, hätten an der Grenze hohe Beträge entrichtet werden müssen, mit denen die Europäische Gemeinschaft das EG-Preisniveau nach außen abschottete. Für den Umweg über die DDR und den innerdeutschen Handel galt das nicht. Die Firma März übrigens, die Peter Krause nach der Wende in der DDR und der Auflösung des AHB Nahrung übernahm, behauptete später, solche krummen Wege seien »nirgends belegt«. Da kannte man offenbar die eigenen Unterlagen nicht.

Doch welches Interesse konnte der bayerische Ministerpräsident an den intensiven Geschäftsbeziehungen seines Intimus
März zu Schalck haben, an Käselieferungen nach Ost-Berlin
und Fleisch- und Schlachtviehimporten aus der DDR? Mit der
Protektion der Bullenimporte aus der DDR provozierte er einen Bauernaufstand. Eine der wichtigsten Wählergruppen der
CSU ging später tatsächlich auf die Barrikaden, weil die Billig-
einfuhren den heimischen Markt kaputtmachten.

Wohlverhalten in den Geschäftsbeziehungen »würde völlig
ausreichen, um seine und die Interessen seiner Freunde politisch zu befriedigen«, hielt Schalck nach einem Gespräch mit
März fest, kurz bevor die Verhandlungen über den Milliardenkredit in die heiße Phase gingen. Und später einmal notierte
Schalck für den »Genossen Minister Mielke«, das »Unternehmen März« sei eine »gedeckte Finanzquelle der CSU«. Wurde
die Strauß-Partei von März finanziert? Die CSU weist diesen
Verdacht energisch zurück. Andererseits: Warum sollte
Strauß-Fan Schalck etwas zu Papier gebracht haben, was nicht
seinen Erkenntnissen aus erster Hand entsprach?

Noch ein anderes Ereignis ließ höchsten CSU-Beistand für
die dubiosen Transaktionen der Rosenheimer Fleischdynastie
erkennen: Im September 1983 änderten März und Schalcks
Mitarbeiter Werner Weber die Konstruktion des »Auffangbek-
kens« für Provisionen in Madrid. Bis dahin waren diese
»Schmiergelder« für Fleischgeschäfte illegalerweise auf ein
Konto der spanischen Camet S.A. geflossen. Sie gehörte zur
Ostberliner Camet aus Schalcks KoKo-Imperium, wurde aber
vom MfS kontrolliert. »Die Interessen von Josef März...
unter anderem in Spanien... wurden von Strauß abgedeckt
und dienten nicht nur staatlichen Interessen«, notierte Schalck
Jahre später nach einer Begegnung mit den Strauß-Nachfol-
gern Theo Waigel und Max Streibl in München.

Nach der Camet S.A. trat ersatzweise die Intermar S.A.,
ebenfalls in Madrid ansässig, auf den Plan. Sie schloß im

Dezember 1983 einen Vertrag über die »Alleinvertretung« der Gebr. März KG bei Handelsgeschäften mit der DDR ab. Doch auch die Umbenennung änderte nichts an der Tatsache, daß es verboten war, für Geschäfte des innerdeutschen Handels Provisionen ins Ausland zu zahlen.

Der Präsident der Bayerischen Landeszentralbank Lothar Müller, einst oberster Steuerfahnder im Bayerischen Finanzministerium, wie Josef März CSU-Mitglied, enger Strauß-Freund und gern gesehener Gast im »Franzens-Club«, galt lange Zeit als schillernde Figur in der Grauzone zwischen Politik, Verwaltung und Wirtschaft in Bayern. Müller warnte seinen Spezi aus Rosenheim Anfang 1984 »vorsorglich«, daß »Provisionszahlungen an die Firma Intermar, Madrid, in freier Währung... nicht genehmigungsfähig« seien. Doch wenige Wochen später wußte Müller Rat, wie man die »Schwarze Kasse« doch noch mit Millionen auffüllen konnte. Dazu müßte die Intermar Madrid »eine rechtlich selbständige Tochter... in der Bundesrepublik« gründen, »die Liefergeschäfte des innerdeutschen Handels eigenständig und eigenverantwortlich vermitteln sowie die Provisionszahlungen entgegennehmen würde«. Genauso wurde vom Hause März dann auch verfahren. Josefs Bruder Willi, im Konzern für die Finanzen zuständig, hielt in einer Aktennotiz fest, die Beträge würden künftig monatlich »auf das Konto der (in München registrierten) Firma Intermar GmbH überwiesen«.

Allerdings rief Schalck von den Intermar-Millionen offenbar nie etwas ab. Ein Teil sei »als Festgeld angelegt«, ein anderer Teil »zurückgebucht« worden, ließ die Firma März nach der Flucht Schalcks verlauten. Zum eigentlichen Zweck der Provisionen sagte sie nichts. War Intermar womöglich gar keine »Schwarze Kasse« für den Genossen Schalck, sondern ein verschwiegener Geldparkplatz für andere Beteiligte der bayerischen Schlachter-Connection? Oder für die CSU?

Relaisstation

Das Telefonat ließ den CSU-Vorsitzenden von »Durchbruch« und »Erfolg« schwärmen: Ende September 1983, wenige Monate nach der Verabredung des Milliardenkredits, erhielt Franz Josef Strauß nach eigener Erinnerung »einen Anruf auf meiner privaten Relaisstation, also außerhalb der Staatskanzlei«. Der Mann am anderen Ende der Leitung machte deutlich, »daß jetzt die versprochenen Gegenleistungen der DDR kämen – der Abbau der Selbstschußanlagen an der Demarkationslinie beginne in wenigen Tagen«.

Die Nachricht stammte von Alexander Schalck aus Ost-Berlin, und die so bezeichnete »Relaisstation« war das Vorzimmer seines Freundes Josef März in Rosenheim. Ganz ohne Zweifel konnte der bayerische Ministerpräsident, der die Neuigkeit sogleich stolz nach Bonn weitermeldete, diese Zusage als Ergebnis seiner geschickten Verhandlungsführung verbuchen. Doch danach endeten in seinen »Erinnerungen« die Kontakte mit Alexander Schalck. Dabei kam der DDR-Staatssekretär noch im selben Monat leibhaftig nach München und traf sich mit dem CSU-Chef in dessen Privatwohnung. Und fünf Wochen später, Anfang November, reiste Schalck erneut zu seinem bayerischen Männerfreund.

Die vertraulichen Begegnungen nahmen sehr bald den Charakter von Geheimdiplomatie an. Es ging vornehmlich um den geräuschlosen Austausch von Strafgefangenen, darunter verurteilten Agenten beider Seiten. Schalck hatte diesbezüglich bereits eine Reihe von Vorleistungen erbracht und fand daher, »es wäre jetzt an der Zeit«, daß der bayerische Ministerpräsident die »Initiative ergreift, um die genannten (acht) Personen aus der Haft vorfristig zu entlassen«.

Das klappte jedoch nicht immer. So bemühte sich Mielkes Unterhändler im Auftrag des KGB lange um die Freilassung des Top-Agenten Guennadi Batachew. Der hatte als Mitarbeiter der sowjetischen Handelsmission in Köln jahrelang für die KGB-Abteilung »Direktorat T« spioniert, war dann aufgeflogen und im Juli 1983 in Düsseldorf verurteilt worden. Strauß machte sich für Schalck und Batachew stark, biß aber in Bonn auf Granit – seine Absicht, den sowjetischen Spion gegen eine in der DDR inhaftierte BND-Agentin zu tauschen, scheiterte »am erbitterten Widerstand (der) mittleren und unteren Ebenen im Bundesnachrichtendienst«. Helmut Kohl lehnte Ende Oktober 1983 die Freilassung Batachews endgültig ab: »Sage Herrn Schalck, daß das jetzt seinen normalen Weg geht und daß zu dieser Sache viel Gerede in Pullach entstanden ist«, sei Kohls Reaktion gewesen, über die März Schalck berichtete.

Im Bundeskanzleramt in Bonn versuchte man damals, die Häftlingsfreikäufe aus der DDR nicht mehr länger über den Ost-Berliner Rechtsanwalt Wolfgang Vogel und das Diakonische Werk in Stuttgart abzuwickeln, sondern in direkten Gesprächen mit der Ständigen Vertretung der DDR in Bonn. Der Vorstoß, den Strauß seinem Gast Schalck im November 1983 erläuterte, hing mit der Tatsache zusammen, »daß vom Diakonischen Werk eingeschaltete Firmen bei den Warentransaktionen mit der DDR zusätzliche Gewinne realisiert haben« (Schalck).

Doch der Staatssekretär sah zu einer Veränderung keine Veranlassung. Einerseits habe sich die Zusammenarbeit mit der Diakonie »über Jahrzehnte bewährt«, andererseits sei Erich Honecker »sicherlich nicht bereit, den erfolgreich als Regierungsbeauftragten für humanitäre Fragen tätigen Rechtsanwalt Vogel auszuschalten«. Damit war das Thema vom Tisch.

Zum wiederholten Male ging es auch um Geld, um neue Kredite – und um den Versuch des Schweizer Bankiers Bahl, sein »Züricher Modell« erneut ins Spiel zu bringen. Schalck stellte »mit Befremden« fest, daß offenbar auch durch Staatsminister Philipp Jenninger die Bemühungen des CSU-Vorsitzenden torpediert und »damit Ihre Stellung und Ihre Vollmachten beeinträchtigt (würden), was zu gewissen Zweifeln auf unserer Seite führte« (so Schalck zu Strauß).

Der Zweifel an seinen Kompetenzen traf den bayerischen Ministerpräsidenten bis ins Mark. Er war (laut Schalck) »sehr erregt«, stürzte zum Telefon, wählte die Nummer von Philipp Jenninger und bat Schalck, das Gespräch mitzuhören. Der Staatsminister im Bundeskanzleramt dementierte (laut Schalck), »daß Bahl ein Mandat« habe, der Schweizer Bankdirektor sei lediglich »benutzt« worden, um sein »Wissen über die Zustände in der DDR abzuschöpfen«. »Strauß brach in schallendes Gelächter aus und kommentierte, daß es ja ein Armutszeugnis für das Bundeskanzleramt ist, über solche Leute wie Bahl die Stimmung in der DDR einschätzen zu lassen«, so Schalck in seinem Vermerk über die Begegnung. Damit war auch dieses Thema endgültig erledigt.

Schon im Januar 1984 hatte der DDR-Staatssekretär den bayerischen Ministerpräsidenten über dessen »Relaisstation« Josef März wissen lassen, daß es neuen Geldbedarf gebe. Seine »Nummer eins«, also Erich Honecker, sei »einverstanden, daß ... die Außenhandelsbank der DDR ... einen weiteren Kredit in der bekannten Höhe angeboten bekommt« und daß die Zusage insgesamt »bis zur Höhe von drei (Milliarden) erfolgt«. Mit den Gegenleistungen tat sich das SED-Regime diesmal viel leichter: Es sicherte (»ohne Herstellung eines Junktims«) zu, daß der Raketenbestand vom Typ »SM 70 1984 restlos beseitigt« und überdies »der Mindestumtausch für Rentner auf 15 DM gesenkt« werde. Auch ein neuerliches Treffen mit Erich Honecker auf der bevorstehenden Leipziger Frühjahrsmesse sei kein Problem, ließ Schalck seinen »Gesprächspartner« wissen, bat um »Ihre Wünsche – wer Sie begleitet, was Sie gerne sehen möchten, wie lange Sie bleiben – auf unserem vertraulichen Weg«, via Sekretariat von Josef März. Strauß hatte einen besonderen Wunsch: Er wollte am Steuerknüppel des eigenen Jets in Leipzig einschweben.

Strauß traf Honecker, Schalck traf Strauß, März traf Schalck. Das Beziehungsgeflecht zwischen Ost-Berlin, Rosenheim und München gedieh prächtig. Der Ton wurde, so läßt sich aus den Schalck-Vermerken herauslesen, immer freundschaftlicher, verbindlicher, vertraulicher. Was Franz Josef Strauß nicht sah oder sehen wollte: Alexander Schalck hatte eine Mission zu erfüllen, als Kundschafter seines Vorgesetzten im MfS, Erich Mielke. Während sich der CSU-Vorsitzende von den Erfolgen im humanitären Bereich, dem fast schon kumpelhaften Verhältnis und womöglich auch den geschäftlichen Erfolgen seines Spezis März blenden ließ, berichtete der Stasi-Offizier in besonderem Einsatz alles, was er erfuhr, penibel, umfassend und oft exklusiv an Mielke. Glaubt man Alexander Schalck, dann breiteten Strauß und seine »Relaisstation« März, vor allem wenn beide in Bierlaune waren, Bonner Interna genüßlich aus, sagten unverblümt, was man von Politikern der Regierungskoalition zu halten habe, plauderten, wie es ihrem Naturell entsprach, offenherzig über geheime CIA- und BND-Analysen, als sei Schalck Mitglied des »Franzens-Club« oder doch wenigstens der bayerischen Staatskanzlei.

Typisch war zum Beispiel Schalcks Protokollnotiz vom 10. Februar 1984, nach einem Gespräch mit März in Ost-Berlin. »Aus prinzipiellen Gründen«, so hieß es in dem Vermerk für Erich Mielke, würde er »nicht empfehlen«, die Informationen »über Genossen Mittag dem Generalsekretär« zuzuleiten, »weil sonst die Frage nach der Kurierverbindung gestellt wird«. Erich Honecker war also offensichtlich nicht bekannt, in welchem Ausmaß Strauß vom MfS abgeschöpft und daß Josef März dabei als »Kurier« benutzt wurde. Schalck berichtete Mielke, »daß wir in den nächsten Tagen ... verwertbare Nachrichten erhalten«, zumal gesichert sei, »daß auch während meiner Abwesenheit jederzeit eine direkte Verbindung zu Strauß sichergestellt ist und ich sofort über Nachrichten informiert werde«.

Und Strauß setzte sich längst nicht mehr nur für humanitäre

Belange ein, obwohl sie zweifellos dominierten. Er machte sich für Industrie und Handel stark, für die Deutsche Getreide-Handelsgesellschaft mbH & Co in München, der ein »ausländischer Mitbewerber« einen DDR-Auftrag über 400 000 Tonnen weggeschnappt hatte, für die Badische Maschinenfabrik Durlach GmbH, die im Rennen um eine Stahlgießerei in der DDR zunächst teurer war als die Konkurrenz, und für den Lkw-Produzenten MAN in München, dessen Spezialfahrzeuge sich für den Einsatz im Kohlebergbau bei Cottbus geradezu aufdrängten.

Höchste politische Protektion für Unternehmen galt als durchaus nicht anrüchig. Wenn sie sich allerdings in einem so undurchsichtigen Umfeld abspielte, wenn wirtschaftliche Vorteile durch politische Gegenleistungen erkauft wurden, wenn private und staatliche Interessen ineinanderflossen, dann mußte politische Protektion Verdacht erregen. Das betraf natürlich vor allem die Rosenheimer Gebr. März KG – die nicht zuletzt dank der Beziehungen zu Schalck und der »Kurierdienste« ihres Firmenchefs zu einem rasant expandierenden Nahrungsmittelkonzern geworden war. Allerdings auf Kosten der heimischen Landwirte und Viehzüchter. Die Proteste gegen die Viehschwemme aus dem kommunistischen Osten nahmen deshalb Mitte der achtziger Jahre an Heftigkeit zu – innerhalb und außerhalb der CSU. Und gelegentlich gab es auch dezente Hinweise auf einen Geschäftsmann in Rosenheim, der sich freilich inzwischen von seinem Freund März wirtschaftlich abgenabelt hatte: Simon Goldenberg.

Mit dem März, Josef, sei er »verkracht«, der könne ihm »gestohlen bleiben«, hatte Goldenberg schon im Dezember 1983 geäußert. So ernst war es wohl nicht, doch im Herbst 1984 brach »Herr Simon«, der ohnehin überwiegend in der Nähe von Nizza lebte, seine Zelte in Rosenheim ab, verkaufte dem März-Clan seine Villa und erwarb in München-Schwabing ein Apartment. Doch damit war für Goldenberg ein neues Problem verknüpft, »da kein Nachweis über seine Staatsbürgerschaft erbracht werden« konnte (Schalck). Während er 1976, offenbar dank erheblicher Mauschelei, angeblich sogar mittels einer Million D-Mark, einen bundesdeutschen Reisepaß erhalten hatte, ergaben sich durch den Umzug »Komplikationen bei der Ausfertigung notwendiger Personaldokumente«, schrieb Schalck am 12. Oktober 1984 über seinen Führungsoffizier im MfS, Heinz Volpert, an Erich Mielke. »Um Recherchen durch Münchner Behörden zu vermeiden, empfiehlt März, Möglichkeiten zu finden, Goldenberg ein entsprechendes Dokument zuzuspielen, aus dem seine Einbürgerung als Bürger der DDR 1959 ersichtlich ist.« Es lag in der Natur der Sache, daß es sich dabei nur um ein falsches Dokument aus der Spezialwerkstatt des Ministeriums handeln konnte.

Der Vermerk wurde abgehakt – so, als ob dem Wunsch von März umgehend Rechnung getragen worden sei.

Neue Konstellationen

In einer verträumten oberbayerischen Kleinstadt, wenige Kilometer von Rosenheim entfernt, besuchte Josef März – sonst gab er sich als liebender Ehemann und Familienvater gern streng katholisch – immer wieder eine niedergelassene Ärztin, die sich auf Chiropraktik verstand. Das Verhältnis war im Ort häufiges Stammtischgespräch, nicht zuletzt deshalb, weil »der März« manchmal seine Männerfreunde zu der Medizinerin schleppte. Nach ihren alljährlichen Wanderungen durch das Tegernseetal sollen auch schon mal Franz Josef Strauß und Helmut Kohl dort vorbeigeschaut haben. Die Ärztin löste nach dem Tod von Josef März, im April 1988, einen heftigen Familienzwist aus, angeblich, weil ihr der Firmenchef trotz finanzieller Anspannung für die Fleischdynastie eine Reihe von Wert- und Kunstgegenständen vererbt hatte.

Der Ehemann einer Sprechstundenhilfe aus der Praxis der Ärztin, ein 54jähriger gebürtiger Pole, wurde am 20. Februar 1986 am österreichisch-tschechischen Grenzübergang »Dolni Dvoriste« verhaftet – wegen Devisenschmuggels. Im Ort hieß es hinterher, er sei im Auftrag unterwegs gewesen: mit Bestechungsgeldern für hilfreiche Genossen. Jedenfalls wurde Alexander Schalck etwa drei Wochen später in der Angelegenheit aktiv, schickte seinem neuen MfS-Führungsoffizier und Mielke-Adlatus, Hans Carlsohn, einen Vermerk, »Strauß und März bitten um Unterstützung« in der Sache, »eine kurze Verurteilung und anschließende Freilassung« des Polen sei deshalb angemessen. Der Arm des MfS reichte offenbar weit.

Als der bayerische Ministerpräsident im Juli 1985 in die Vereinigten Staaten flog, um dort auch mit US-Präsident Ronald Reagan zusammenzutreffen, meldete Schalck »Interesse (an), daß uns wichtige Fragen ... in geeigneter Weise durch F. J. Strauß übermittelt werden«. März offerierte sogleich, der DDR-Staatssekretär könne den CSU-Chef in Nizza treffen, er werde »sicherstellen, daß ab München die Privatmaschine von Strauß mich in circa einer Stunde an den Bestimmungsort bringen könnte, ... (um) ausführlich über aktuelle Fragen zu sprechen«. So eng waren die Beziehungen mittlerweile.

Ein geradezu herzliches Verhältnis entwickelten März und Strauß in jener Zeit, glaubt man den Aufzeichnungen Schalcks, zum neuen FDP-Vorsitzenden Martin Bangemann. Er werde »fest zum ›Lager‹ von Strauß gerechnet«. Daraus könnten sich »für die Zukunft völlig neue Konstellationen ergeben«, schrieb Schalck an Mielke. Überdies teilte er ihm seinen Eindruck mit, »daß Bangemann auch unter Einbeziehung finanzieller Abhängigkeiten in diese ›freundschaftliche‹ Beziehung aufgenommen wurde«, wobei naturgemäß »März eine wichtige Rolle« spiele. Gut möglich, daß sich der Oberkundschafter da täuschte. Seine Formulierung beweist aber zumindest: »Finanzielle Abhängigkeiten« waren ihm im Zusammenhang mit westdeutschen Unternehmen und Politikern offenbar nicht fremd.

Weit weniger innig hatte sich zwischenzeitlich die Beziehung zu Staatsminister Philipp Jenninger entwickelt, der wegen neuer Kreditzusagen an die DDR noch immer »ein undurchsichtiges Spiel trieb« und nach Meinung von Strauß »in dieser Frage nicht ehrlich« sei (Schalck). Tatsächlich hatte sich Jenninger nach der ersten Begegnung mit Schalck auf Gut Spöck im Juni 1983, offenbar im Auftrag von Helmut Kohl, häufiger mit dem DDR-Staatssekretär in Ost-Berlin getroffen. Mit von der Partie war dabei auch der persönliche Referent Jenningers, Thomas Gundelach, der sich über die Rolle ihres Gesprächspartners im Stasi-Apparat keinen Illusionen hingab: »Herrn Jenninger und mir war klar, daß Herr Schalck-Golodkowski nicht nur der Devisenbeschaffer für die DDR war, sondern gleichzeitig die Interessen der Staatssicherheit mit abdeckte.« Das hätten damals »Erkenntnisse vom BND aus Pullach«, über die man »selbstverständlich« verfügt habe, eindeutig bestätigt. »Bei den Kontakten« sei deshalb auch klargewesen, »daß die Besprechungsergebnisse inhaltlich in das Ministerium für Staatssicherheit abflossen«.

Wenn Jenninger und Gundelach informiert waren, dann mußten auch Strauß und März ein sehr genaues Bild haben, zumal es ja einen direkten Draht von der Staatskanzlei zum BND gab und der CSU-Vorsitzende seine persönlichen Kontakte zu den Diensten vermutlich immer zu nutzen wußte, wenn es der politischen Zielsetzung diente. Mit der Besetzung des Bundesamtes für Verfassungsschutz durch seinen ehemaligen Büroleiter, Dr. Ludwig-Holger Pfahls, so erfuhr MfS-OibE Schalck (über März) von Strauß, werde »manches auch auf diesem Gebiet für ihn leichter«. Seine persönlichen Beziehungen zu Pfahls seien »so ausgeprägt, daß er Möglichkeiten sieht, rechtzeitig auch über diesen Weg bestimmte Fragen zu beeinflussen« (Schalck).

Objektiv betrachtet teilte der Ministerpräsident des Freistaats Bayern Strauß dem Spionagechef der DDR über dessen Top-Agenten Schalck da mit, er habe den Chef der Spionageabwehr in der Bundesrepublik gewissermaßen unter Kontrolle. Es konnte ja nicht schaden, wenn Erich Mielke das wußte.

Katerstimmung

Es war der Abend nach einem Wahlsieg, der 15. Januar 1987, als der CSU-Vorsitzende vor den Kameras des Bayerischen Fernsehens und dem Mikrofon seines Chefredakteurs, offensichtlich alkoholisiert, einen unpäßlichen Eindruck hinterließ. Strauß sei in jener Nacht in einem »desolaten Zustand« gewesen, steckte März danach seinem Gesprächspartner in Ost-Berlin. Denn trotz des Wahlsieges habe er wegen des guten Abschneidens der FDP seinen »größten Wunsch und Traum begraben« müssen, »als Vizekanzler und Außenminister nach Bonn zu gehen«. März zu Schalck: »Diese Niederlage ... hat er nur schwer verkraftet«, auch wenn er selbst »letztendlich die Verantwortung« dafür trage.

Aus dem berufenen Munde von März erfuhr Schalck, wie er später zu Protokoll gab, zum wiederholten Male von einem »zeitweilig überhöhten Alkoholgenuß« des bayerischen Ministerpräsidenten. Möglicherweise war dies auch, neben der Tatsache, »daß Stoiber und Tandler schlechte Berater sind«, ausschlaggebend für »schwerwiegende wahltaktische Fehler von Strauß«, kritisierte sein Rosenheimer Spezi. Tatsächlich hatte sich der CSU-Chef trotz der freundschaftlichen Beziehung zum FDP-Vorsitzenden Bangemann nicht davon abbringen lassen, Außenminister Hans-Dietrich Genscher öffentlich massiv unter Beschuß zu nehmen – und dadurch letztendlich das Gegenteil bewirkt: einen Stimmenzuwachs bei den Freidemokraten. Das entsprach seinem monomanen Verständnis, nur er verfüge über genügend politischen Instinkt (und humanistische Weisheit), die Richtung vorzugeben. Diese Haltung hatte auch schon in Ost-Berlin zu erheblichen Irritationen geführt, wenn Strauß zum Beispiel meinte, »die besonders aufmerksame Behandlung« von Willy Brandt oder dem bayerischen Oppositionsführer Karl-Heinz Hiersemann durch die DDR-Führung kritisieren und darüber sein »Befremden« oder gar seine »Verärgerung« ausdrücken zu müssen. Womöglich wurde das Selbstbewußtsein des bayerischen Ministerpräsidenten erheblich überschätzt.

Auch Josef März fühlte sich Anfang 1987 nicht gerade in bester Stimmung: Die Geschäfte mit dem AHB Nahrung und dessen Direktor Manfred Wolf hatten sich im Jahr zuvor nicht wie erhofft entwickelt. Der Großschlachter sah sich deshalb offenbar veranlaßt, sehr massiv bei Schalck vorstellig zu werden und ohne Hemmungen und Skrupel seinen Freund, den Ministerpräsidenten, für sich einzuspannen: »Erstmalig hat sich Strauß selbst mit der Bitte an mich gewandt, daß die eingetretene Verschlechterung zwischen den Geschäftsbeziehungen der Firma März und dem AHB Nahrung . . . auf Dauer zum Positiven verändert« werden müsse, notierte Schalck. Dies kam einer Warnung von höchster Stelle gleich: »Es ist uns bekannt«, hielt er in dem Vermerk fest, »daß im Interesse der Erhaltung der politischen Verbindung atmosphärisch keine Belastungen aus den Geschäftsbeziehungen zwischen März und dem AHB Nahrung entstehen dürfen.«

Hintergrund der Beschwerde, die illustriert, wie sehr sich CSU-Chef Strauß für seinen Intimus März und dessen ökonomische Interessen einsetzte: Generaldirektor Manfred Wolf hatte für den 15. Januar seinen Besuch in Rosenheim angekündigt; März hatte daraufhin einen Privatjet vom Typ »Falcon 50« gechartert, der ihn rechtzeitig von einer Reise aus dem afrikanischen Togo zurückbrachte, doch Wolf kam nicht, obwohl er in München gesehen wurde. Vermutlich argwöhnte

März zu Recht, Wolf, dem der Ruf vorauseilte, für Geschenke sehr empfänglich zu sein, sei statt dessen bei der Konkurrenz in Buchloe, bei der Firma Moksel, gewesen. Die 93 890 D-Mark für den Flug München–Lomé–München übernahm übrigens, schuldbewußt, Alexander Schalck.

Zum obligatorischen Treffen mit Erich Honecker während der Leipziger Frühjahrsmesse brachte Strauß seine beiden Kronprinzen Theo Waigel und Gerold Tandler mit sowie den absolut linientreuen CSU-Chronisten Wilfried Scharnagl, Chefredakteur des Parteiorgans »Bayernkurier«. Schalck hatte seinem Generalsekretär schon vorher signalisiert, daß sich der CSU-Chef in einer Phase von Resignation befände. Er habe das von März erfahren. Zwar wirke »eine neue Lebensgefährtin« stabilisierend, nach seinem Verzicht, Helmut Kohls neuer Bundesregierung anzugehören, beginne er offenbar damit, sein Haus zu bestellen. »Spätestens zu den neuen Landtagswahlen«, so sei ihm von März bedeutet worden, könne sich »ein Generationswechsel anbahnen«. Die Teilnahme von Tandler und Waigel müsse daher auch als eine Runde im internen Kandidatenrennen gewertet werden.

Nach dem Treffen mit Honecker schrieb Schalck über die möglichen Thronfolger: »Waigel ist eindeutig der politisch führende Kopf, während Tandler der Organisator ist.«

Am 5. Mai 1987 reiste Schalck wieder einmal nach Bayern, traf sich mit Josef März, der freilich schon am Vormittag »unter Alkoholeinfluß stand«. Der Fleischbaron hatte am Vorabend, im Auftrag des Ministerpräsidenten, einen Umtrunk für eine ägyptische Regierungsdelegation organisiert, der in einem Besäufnis geendet hatte: »Diese Zusammenkunft verlief über mehrere Stunden bis in die späte Nacht, es wurde viel Alkohol getrunken«, informierte Schalck unverzüglich nach seiner Rückkehr Erich Mielke.

Was der Rosenheimer Großschlachter sonst unter dem zungenlösenden Einfluß des Restalkohols offenbart hatte, ließ den

Stasi-Chef aufhorchen: Am 1. Mai habe »ein geheimes Treffen zwischen Strauß, Kohl und ihm in Spöck stattgefunden«. Dabei hätten die beiden März »interne Berichte der CIA... zur Kenntnis gegeben«, in denen die Situation in der Sowjetunion analysiert werde. In dem Zusammenhang sei dann auch über den informellen Kanal zwischen Strauß, März und Schalck gesprochen worden. Das habe den Bundeskanzler (laut März) zu der Feststellung veranlaßt, »daß es doch für alle Beteiligten leichter wäre, wenn die Verbindung Strauß zu uns auch ihn einbezieht und März als Verbindungsmann fungiert«.

Helmut Kohl dementierte später eine solche Bitte. Er habe März nicht besonders gut gekannt, er sei ihm lediglich einige Male nach Wanderungen mit Franz Josef Strauß begegnet; März dagegen stellte die Beziehung zu Helmut Kohl als »eng, persönlich, freundschaftlich« dar. Die Kontakte dürften aber nicht bekannt werden und müßten daher »sehr vertraulich« behandelt werden.

Aus welchen Gründen auch immer: Das Klima zwischen dem DDR-Staatssekretär und Mielke-Kundschafter sowie Franz Josef Strauß verschlechterte sich im Frühjahr 1987 spürbar. Möglicherweise hatte auch das MfS darauf gesetzt, der bayerische Ministerpräsident werde ins Auswärtige Amt einziehen und damit noch wertvollere Nachrichten liefern können. Zwar ließ Alexander Schalck bei seinem nächsten Zusammentreffen mit Strauß, Mitte Mai 1987, keinen Zweifel daran, »die bewährte Praxis der informellen Kontakte« fortsetzen zu wollen, der CSU-Chef plauderte auch wieder offen über Abrüstungsfragen, doch tatsächlich setzte die DDR-Seite schon auf eine andere Karte: Wolfgang Schäuble, den Chef im Bundeskanzleramt. Eine Woche nach dem vorerst letzten Zusammentreffen mit Franz Josef Strauß begann am 19. Mai 1987 eine neue Ära politischer Geheimkontakte: »Schäuble begrüßte die durch... Erich Honecker geschaffene Möglichkeit, auf diesem informellen Wege aktuelle beiderseits interessierende Fragen zu erörtern«, teilte Schalck tags darauf seinem MfS-Vorgesetzten Mielke mit.

Schalcks Protokolle über die unzähligen Begegnungen mit Schäuble lassen einen ganz anderen Umgangsstil der beiden Politiker miteinander erkennen: sachlich und nüchtern. Es waren reine Arbeitsgespräche. Und dennoch entstand, wie aus den zahllosen Vermerken Schalcks abzulesen ist, eine gewisse Vertraulichkeit. Deshalb auch blieb die Rolle Schäubles bei der Flucht Schalcks undurchsichtig und widersprüchlich. Es war kaum glaubhaft, daß Schalck von seinem wichtigsten Gesprächspartner (vor allem nach dem Tod von Strauß und März) nicht, wie er später behauptete, irgendwelche Zusagen erhalten hatte, bevor er sich absetzte.

Bei den ersten Begegnungen zwischen Schalck und Schäuble im Sommer 1987 ging es vornehmlich um die Organisation des bevorstehenden, nach fünf Jahren endlich verabredeten Besuchs von Erich Honecker in der Bundesrepublik und die dabei zu unterzeichnenden Vereinbarungen. Der DDR-Staatsratsvorsitzende kam Anfang September und reiste zum Abschluß seiner Visite, am 11. September 1987, auch nach München. Als ihm beim Defilee Josef März vorgestellt wurde, meinte er, »den kenne ich schon«, zog ihn zu sich heran und schüttelte ihm besonders herzlich die Hand.

Wechsel und Ende

Am 4. Februar 1988 fand das letzte Gespräch zwischen Alexander Schalck und seinem »Kurier« Josef März statt. Der Fleischmagnat gab vor (wie im Mai auf Gut Spöck verabredet), auch im Namen von Helmut Kohl zu sprechen, überbrachte in dessen »persönlichem Auftrag« (Schalck: »handgeschriebenen Brief von Helmut Kohl an März konnte ich einsehen«) eine Liste ausreisewilliger DDR-Bürger, die den Bundeskanzler während seines Besuches in der ČSSR vor laufenden Fernsehkameras um Hilfe gebeten hatten.

März schlüpfte noch einmal in die Rolle des weltgewandten Wirtschaftsführers, der mit Kohl und Strauß »in ruhiger Stunde ausführlich... zu den anstehenden aktuellen Fragen« sprechen wolle; einige Aspekte im Verhältnis der beiden deutschen Staaten (Transitpauschale, Reiseverkehr, Autobahnausbau, Elbgrenze) habe er »bereits während des Hinfluges nach Südafrika mit Strauß diskutiert« und wolle sie nunmehr »mit Kohl – entweder gemeinsam mit Strauß oder allein« erörtern (Schalck). Er sei sehr damit einverstanden, lobte der Unterhändler aus Rosenheim dann seinen Gesprächspartner Schalck, den er nun seit fast 13 Jahren kannte, daß die DDR »Grünen und anderen Politikern der linken Szene« die Einreise verweigert habe, weil sie sich mit oppositionellen Gruppen treffen wollten. »Von den Bahros, den Biermanns, den Krawczyks und Kliers haben wir in der BRD schon genug«, fand März.

Wegen der vom Bundeskanzler gewünschten Ausreise einiger DDR-Bürger ging bereits am nächsten Tag im Vorzimmer von Josef März der erwartete Anruf aus Ost-Berlin ein: »Bernd und Katrin März 1988, Dieter, Marion, Jens, Claudia bis Mitte 1988«, hieß es da mit »besten Grüßen«. Es war einer der letzten Kontakte zwischen Alexander Schalck und Josef März.

März war sehr krank – und er wußte es. Schon die Reise mit Strauß nach Südafrika hatte er abbrechen müssen. Am 12. April 1988 starb er, im Hause seiner Freundin, der Ärztin, an einem Krebsleiden. Einer der letzten Besucher am Sterbebett soll der Chef der Berliner Bank, Wolfgang Steinriede, gewesen sein. Denn die Gebr. März AG, die er in den letzten Jahren zu einem Nahrungsmittel-Multi geformt hatte, mit einer der größten Brauereigruppen hierzulande und einem Gesamtumsatz zwischen 1,5 und zwei Milliarden D-Mark pro Jahr, stand offenbar seit dem Börsencrash im Oktober 1987 auf sehr wackeligen Füßen.

Während Steinriede nach dem Tod von Josef März davon sprach, man stelle »Überlegungen an, die bisherige Struktur zu verändern«, räumte Bruder Willi März, der das Regiment übernahm, später ehrlich ein, der Konzern sei Anfang 1988 in einer »äußerst schwierigen Situation« gewesen, habe gar »am Rande des Abgrunds« gestanden.

Das Handelsgeschäft mit Fleisch und Schlachtvieh war in erheblichem Maße von den Beziehungen zur DDR und vom Verhältnis zwischen Josef März und Alexander Schalck abhängig. Bereits 14 Tage nach dem Tod machten sich daher die Witwe Liesl März und ihr Schwager Willi auf den Weg nach Ost-Berlin, um Schalck dringend zu ersuchen, die Lieferverträge einzuhalten. Im Gepäck hatten sie ein Empfehlungsschreiben des bayerischen Ministerpräsidenten, in dem er seinem jahrelangen »lieben Gesprächspartner« für die »freundliche und großmütige Haltung und Zusage« dankte, »daß die Verbindungen mit der Familie und dem Unternehmen März auch in Zukunft so weiter bleiben sollen wie bisher«. Im übrigen hoffe er, schrieb Strauß, »daß wir uns bald wiedersehen, ohne daß ich besondere Probleme im Sinne habe«.

Zu der Begegnung kam es dann, ausweislich der Protokolle Schalcks, nicht mehr. Den ganzen Sommer über traf sich der DDR-Staatssekretär immer wieder mit seinem neuen Gesprächspartner in Bonn, Wolfgang Schäuble. Am 3. Oktober 1988 starb Franz Josef Strauß.

Anfang Dezember 1988 wandte sich Willi März, der von Schalck die Zusage hatte, daß der Außenhandelsbetrieb Nahrung an den Fleisch- und Viehlieferungen aus DDR-Kombinaten festhalten wolle, noch einmal mit einem überschwenglichen, wenn auch holprigen Dankesschreiben an den Staatssekretär. Schalck habe »ohne Wenn und Aber . . . in den schwersten Stunden Hoffnung und Rückhalt gegeben. Die vielseitigen offenen und verdeckten Attacken nach dem Tode von Josef waren oft so brutal angelegt, daß man ohne treue

Freunde hätte verzweifeln können. Ihnen, sehr geehrter Herr Dr. Schalck, möchten wir dafür in Anerkennung der Verdienste meines Bruders ein so hohes Maß an Dankbarkeit aussprechen, das wir in Worte nicht kleiden können.«

Willi März, der neue Chef der Fleischdynastie, offerierte der DDR auch gleich eine Fortsetzung der bewährten informellen Kontakte zu den neuen Spitzenleuten der CSU. Gerold Tandler (Willi März: »die Schlüsselfigur«) bot seine »guten Dienste« als erster an, »damit die Entwicklungen, die unter Franz Josef Strauß begonnen haben, gedeihlich fortgesetzt und ausgebaut werden können«. Theo Waigel werde möglicherweise »ein Ministeramt in der Bundesregierung« übernehmen, dann könnte Gerold Tandler »als Vorsitzender der Christlich Sozialen Union... zur Diskussion stehen«, meinte März zu Schalck. Es sei damit zu rechnen, »daß in der zweiten Hälfte Januar eine Einladung für mich zu einem Treffen mit Waigel, Tandler und Streibl übermittelt wird«.

Doch die Herren hatten es eiliger. Noch vor Weihnachten wurde dem DDR-Staatssekretär ein Schreiben des neuen CSU-Chefs Theo Waigel mit einer Botschaft an Erich Honecker übermittelt. Er würde sich freuen, schrieb Waigel auch im Namen des bayerischen Ministerpräsidenten Max Streibl, »wenn ein Zusammentreffen mit Ihnen im I. Quartal des neuen Jahres in München möglich wäre«. Honecker erteilte Schalck dazu die Vollmacht.

Am 13. Februar 1989 trafen sich die drei Politiker im Münchner Prominentenlokal »Bogenhauser Hof«, unterhielten sich ausführlich und detailliert über eine weitere Normalisierung der Beziehungen zwischen der DDR einerseits, der Bundesrepublik und dem Freistaat Bayern andererseits. Den beiden politischen Strauß-Erben lag (laut Schalck) sehr daran, die bisherigen Kontakte »in freimütiger, vertrauensvoller Atmosphäre und bei Wahrung strengster Vertraulichkeit« fortzuführen. Allerdings wollte Theo Waigel (laut Schalck) zunächst einmal etwas Grundsätzliches loswerden: Es sei »unbestreitbar, daß Strauß eine überragende Persönlichkeit war... und sich große Verdienste erworben hat«. Gleichwohl hätten sowohl er selbst, Waigel, »als auch der bayerische Ministerpräsident besonders in den letzten Jahren in einer Reihe von wichtigen Fragen ein differenziertes Verhältnis zu F. J. Strauß« gehabt. »Seine Spontaneität und auch die Verknüpfung politischer Interessen der Partei mit ökonomischen Vorhaben einzelner Gruppen und Firmen fanden in vielen Fällen nicht ihre Billigung.«

In einem zweiten Vermerk über dieselbe Begegnung, »nur persönlich« für den »Genossen Minister«, Stasi-Chef Erich Mielke, ging Schalck näher auf die Verknüpfung politischer und ökonomischer Interessen durch das Rosenheimer Fleischimperium ein: »Die bisher aufrechterhaltene Verbindung über März wird von beiden Politikern nicht mehr gewünscht.« Auf die Frage, ob sich denn die Verbindung nicht bewährt habe, erklärten Waigel und Streibl (laut Schalck), »daß die Verknüpfung der Freundschaft Strauß und Josef März nicht immer glücklich war und die CSU aufgrund auch finanzieller Verknüpfungen oft in eine schwierige Situation brachte. Die Interessen von Josef März... wurden von Strauß abgedeckt«, und es seien beileibe nicht nur »staatliche Interessen« gewesen.

Theo Waigel und Max Streibl bestritten später, solche oder ähnliche Bemerkungen gemacht zu haben. Nur: Warum sollte sich Alexander Schalck das ausgedacht haben?

Zwei Tage nach dem Gedankenaustausch in München meldete sich der Ständige Vertreter der DDR in Bonn, Horst Neubauer, bei Schalck. Er habe erfahren, daß »Waigel Wert darauf lege, mit Dir persönlich unter vier Augen zu sprechen..., in Bonn. Er würde sich, was den Termin angeht, nach Deinen Vorstellungen richten,... würde es begrüßen, wenn die DDR bei ihren Kontakten davon ausginge, daß die Kompetenzen für die ›Außen- und Deutschlandpolitik‹ der CSU bei ihm liegen.« Der neue CSU-Chef drängte sich gleichsam in die alte Strauß-Connection zu Schalck und versuchte, den neuen bayerischen Ministerpräsidenten auszubooten.

Doch DDR-Geheimdienstchef Mielke und sein Nachrichten- und Devisenbeschaffer Schalck hatten an so engen Kontakten wie zu Franz Josef Strauß kein großes Interesse mehr. Es wurden ja zwischenzeitlich »auf den offiziellen Linien«, also über Wolfgang Schäuble, »alle Fragen« gestellt und auch die »humanitären Fälle« geklärt. Im Juni 1989 bat Schalck deshalb Erich Mielke »um eine Konsultation, ob wir um informelle Verbindungen zu Streibl und Waigel weiter bemüht sein sollen«. Mielke meinte offenbar, es könne nicht schaden, befahl aber, in jedem Fall das Einverständnis Honeckers einzuholen.

Anfang August 1989 ließ Waigel erneut bei Schalck anfragen, ob möglichst bald »ein informelles Gespräch« geführt werden könne. Der Wunsch ging über Günther Mittag an den Generalsekretär des ZK der SED. »Einverstanden, E. H., 10. 8. 1989« kritzelte Erich Honecker in üblicher Manier an den Rand.

Doch das Gespräch fand nicht statt. Die Zeiten waren nicht mehr dazu angetan – wenige Wochen vor dem Fall der Mauer und Schalcks Flucht in den Westen.

Nachspiel

Anfang Juni 1990 wandte sich ein Westberliner Notar mit dem Ersuchen an den Rat des Ostberliner Stadtbezirks Marzahn, gemäß § 8 der Verordnung über Unternehmen mit ausländischen Beteiligungen die Firma Marox Außenhandels GmbH gründen zu dürfen. Das war vier Wochen vor der Währungsunion. Da im entsprechenden Vertrag zwischen den beiden deutschen Staaten auch die Auflösung aller DDR-Außenhandelsbetriebe zum 30. 6. verabredet worden war, begann Anfang

Juni der »Ausverkauf« des von Alexander Schalck kontrollierten Wirtschaftsimperiums. Die westdeutschen Partner sicherten sich ihre bewährten Kontaktleute und deren hervorragende Connections im gesamten Osten Europas.

Hinter der Ostberliner Marox zum Beispiel steckte mit einem Anteil von etwa 87 Prozent des Kapitals der Rosenheimer März-Konzern, die restlichen 13 Prozent hielt Peter Krause, ehemaliger Direktor im AHB Nahrung und langjähriger März-Spezi, der den bayerischen Fleischbaronen schon 1983 tschechisches Roastbeef und Schlachtvieh auf dem unzulässigen Umweg über die DDR angeboten hatte.

Auch der Konkurrent aus Buchloe, der Großschlachter Alexander Moksel, hatte nicht geschlafen. Er war bereits Anfang Mai 1990 nach Ost-Berlin gereist, um dort mit dem Generaldirektor des AHB Nahrung, Manfred Wolf, schnell vor der Selbstauflösung des Außenhandelsbetriebs eine gemeinsame Tochterfirma ins Leben zu rufen. Moksel übernahm zwei Drittel des Kapitals (in D-Mark), der AHB Nahrung ein Drittel (in Ost-Mark). Später ging auch der DDR-Anteil in den Besitz Moksels über.

Die Beziehungen des Allgäuer Großschlacht- und Viehhandelsbetriebes zu Alexander Schalck und dessen Fleischverkäufern waren, wie sich nach der Wiedervereinigung offenbarte, ähnlich eng wie die der Gebrüder März – wirtschaftlich, nicht politisch. Provisionen, also gewissermaßen »Schmiergelder« für die guten Geschäftsbeziehungen, verlangte KoKo auch von Moksel. Sie landeten bis Ende der siebziger Jahre auf einem Konto der Züricher Firma Exportcontact. Das war ein Unternehmen des unter direkter Stasi-Kontrolle arbeitenden Schalck-Mitarbeiters Dr. Günther Forgber, das BND und Verfassungsschutz vornehmlich als Schleuse für den illegalen High-Tech-Export in den Ostblock kannten.

Moksel führte offenbar auch Auslandsdepots in der Schweiz für die DDR-Untergrundwirtschaft. Auf einem Konto der

Moksel-Tochter Allmeat AG, einer Briefkastenfirma im verträumten Kanton Appenzell, waren 5,5 Millionen D-Mark der MfS-gesteuerten KoKo-Hauptabteilung I angelegt. Während Alexander Moskel und sein Schweizer Statthalter eine entsprechende Äußerung der Berliner Staatsanwaltschaft zunächst energisch bestritten, fiel ihnen Alexander Schalck in den Rükken: »Das war ein Notgroschen, das diente der Reservebildung. Wir gingen davon aus, daß wir in absehbarer Zeit zahlungsunfähig würden.« Dieser Interpretation schloß man sich daraufhin auch in Buchloe an.

Im April 1987 beauftragte Schalck seine für die SED-Parteifirmen zuständige Mitarbeiterin Waltraud (»Traudchen«) Lisowski, einen Restanteil der zum KoKo-Imperium gehörenden Firma Imog B. V. in Rotterdam »für uns über Moksel und/oder Toepfer« zu erwerben. Wie zum bayerischen Fleischmagnaten Moksel unterhielt der AHB Nahrung auch zum Hamburger Getreide-Großhandelsunternehmen Alfred C. Toepfer über Jahre hinweg engste Wirtschaftsbeziehungen. Waltraud Lisowski konnte sich später nicht mehr erinnern, ob die beiden Firmen die Imog-Anteile für sich oder treuhänderisch für KoKo erworben hatten. Die enge Anbindung an Schalcks Schattenreich dürfte indes, so oder so, für Toepfer wie für Moksel von erheblichem Nutzen gewesen sein.

Nachdem die beiden bayerischen Konkurrenten März und Moksel ihr gemeinsames Bezugsmonopol für DDR-Fleisch über den AHB Nahrung kurz vor der Währungsunion aufgeteilt hatten – in dem die wichtigsten Mitarbeiter des Ex-Außenhandelsbetriebs entweder vom Rosenheimer oder vom Buchloer Konzern verpflichtet worden waren –, fädelten beide schnell noch ein letztes lukratives Geschäft über die Noch-DDR ein. Sie handelten dabei gar nicht mehr wie Wettbewerber, sondern verhielten sich eher wie ein Kartell, das seine Claims im neuen Osten der Bundesrepublik offenbar längst (und möglicherweise stillschweigend) abgesteckt hat.

Im Juni 1990 lagerten März und Moksel über ihre neugegründeten DDR-Töchter tschechisches Fleisch in den Kühlhäusern von Wolmirstedt, Halle, Ost-Berlin, Magdeburg, Leipzig, Dahlen, Boitz und Frankfurt/Oder ein – insgesamt etwa 2000 Tonnen. Der Anteil des Rosenheimer Fleischmultis betrug dabei nach eigenen Angaben rund 400 Tonnen. Ziel der Operation war es, das »Roastbeef und Rouladenfleisch« mit der Währungsunion, gleichsam über Nacht, zur EG-Ware werden zu lassen, ohne die sonst üblichen Abgaben bei der Einfuhr in die Europäische Gemeinschaft zahlen zu müssen. Anders als bei den seinerzeit März angebotenen Schiebereien mit tschechischem Filet über die deutsch-deutsche Grenze in das Bundesgebiet, brauchte man nun lediglich abzuwarten, daß sich die deutsch-deutsche Währungsgrenze Richtung Osten verschob. Der Trick ersparte beiden Firmen zusammen rund 17 Millionen D-Mark Steuern, legal, denn das Bonner Finanzministerium hatte versäumt, eine entsprechende Übergangsregelung bei der Europäischen Gemeinschaft in Brüssel einzubringen. Allerdings schienen Hamburger Zollfahnder, die Wind von der Sache bekommen und in der DDR die Hintergründe ermittelt hatten, offenbar erst einmal der Meinung, es handele sich um die Straftat einer »Steuerhinterziehung« durch ein »Scheingeschäft« mit Hilfe von »Scheinunternehmen«. Im internen Datenverbund des Zolls (»Inzoll«) hieß es zunächst, der Ermittlungsfall (Az.: E 0636/90–511) gegen die beiden Fleischkonzerne Moksel und März habe im Dezember 1990 zu einem entsprechenden Schlußbericht (S 1290) geführt.

Dem widersprach das Bundesfinanzministerium später: Von der Hamburger Zollfahndung sei kein »förmlicher Schlußbericht« erstellt, vielmehr »nach Klärung von Rechtsfragen«, in Rücksprache mit der EG-Kommission in Brüssel, »von weiteren Maßnahmen Abstand genommen« worden; einen entsprechenden Vermerk in den Akten hätten die Hamburger »irrtümlich als Schlußbericht bezeichnet«.

Selbst wenn diese nachträgliche Auslegung erhebliche Zweifel weckte, ob dabei hinter den Kulissen alles mit rechten Dingen zugegangen sei – Fakt ist: Der gemeinsam von Moksel und März organisierte Fleischdeal konnte nur über die Bühne gehen, weil es das Finanzministerium versäumt hatte, entsprechende Schlupflöcher im Gesetzesgestrüpp beizeiten zu schließen.

Schalck-Partner Moksel wurde aber schließlich doch noch von der DDR-Vergangenheit eingeholt: Am 14. Mai 1991 klingelte der Staatsanwalt in der Zentrale in Buchloe, mehr als ein Dutzend Ermittlungsbeamte der Berliner Sonderkommission »DDR-Regierungskriminalität« durchsuchten das Gebäude und inspizierten auch das Büro des Chefs Alexander Moksel. Ihre Recherchen hatten zuvor »einen Anfangsverdacht für Vermögensstraftaten« gegen Moksel ergeben. Hintergrund waren einige fragwürdige KoKo-Transaktionen zugunsten des Fleischbarons, darunter geparkte Gelder auf einem Schweizer Nummernkonto (»Calvados«), Rechnungen (angeblich) für Verpackungsmaterial, die eine von ehemaligen KoKo-Leuten gegründete Ostberliner Firma Alpha kurz vor der Währungsunion bei Moksel beglichen hatte, Bargeldzahlungen an die Westberliner Moksel-Tochter Krumke schließlich – alles in allem eine Summe von mehr als 20 Millionen D-Mark.

Viehkönig Moksel wies die Verdächtigungen zurück. Alle Geschäfte mit der Ex-DDR seien »völlig legal und korrekt« abgelaufen, der Vorwurf einer Beihilfe zur Untreue sei gänzlich »unbegründet«. Das »Calvados«-Konto beim Schweizer Bankverein in Zürich habe sein Unternehmen lediglich »auf Wunsch des damaligen Vertragspartners zur Verfügung gestellt«.

Der bayerische Fleischkonzern Moksel machte sich auch nach der Wiedervereinigung in den neuen Bundesländern sehr unbeliebt. Das Bestreben ging dahin, sich einige der riesigen

Schweine- und Rindermastbetriebe, die das Unternehmen bis zum Ende der DDR mit Billigfleisch und -schlachtvieh beliefert hatten, einzuverleiben. Anlagen dieser Größenordnung mit bis zu 180 000 Mastplätzen stellten für die bayerischen Fleischfabrikanten erhebliche wirtschaftliche Anreize dar, neue Betriebe dieser Dimension würden nie und nimmer genehmigt, schon aufgrund der immensen ökologischen Probleme.

Moksel sei als Großinvestor wie ein »Feldherr« aufgetreten und hätte sich einen Dreck um die Proteste vor Ort gekümmert, beschwerten sich viele Bauern im neuen Osten der Bundesrepublik. Sie wollten den Agrarfabriken des alten Systems den Garaus machen und zu den ursprünglichen landwirtschaftlichen Strukturen zurückkehren. Ein Landwirtschaftsberater aus dem Westen empörte sich, »Pseudogutachter« der Moksel-Tochter Krumke würden über die Lande ziehen und Expertisen über die Luftbelastung in den ehemaligen Landwirtschaftlichen Produktionsgenossenschaften (LPGs) anbieten, tatsächlich aber mit »ominösen Fragebögen« die Bauern aushorchen, »damit anschließend die Vieh- und Fleischaufkäufer der Firma Moksel wissen, wo Betriebe verschuldet sind und billiges Vieh oder ganze Betriebe übernommen werden können«. Was da gemacht wurde, schimpfte der Experte, sei »blanke Bauernfängerei«.

Marlboro, Mafia und Marx

Einmal Helmstedt und zurück

Es war ein naßkalter Novemberabend, kurz vor 21.00 Uhr. Am Grenzübergang Helmstedt traten die Posten von einem Fuß auf den anderen und fluchten über das miserable Wetter. Langsam näherte sich, aus der DDR kommend, ein Schweizer Sattelzug mit dem Tessiner Kennzeichen TI-97925. Dessen Fahrer hatte trotz der Kälte schon das Fenster heruntergekurbelt und hielt dem Mann vom Zoll seine Papiere entgegen. Reine Routine, dachte der frierende Posten, denn der Lkw kam, so las er in den Unterlagen, leer aus Berlin zurück. Doch irgend etwas machte ihn stutzig. Er ging um den Lastzug herum, prüfte das Nummernschild, kontrollierte die Plombe an der Ladetür. Alles in Ordnung!

Doch was auch immer den Zollbeamten dazu bewogen haben mochte, er bestand, Kälte hin oder her, auf einer Kontrolle. Reine Routine. Langsam zog der Sattelzug vor, um den Weg für die nachfolgenden Fahrzeuge freizumachen. Doch dann gab er plötzlich Gas, wendete mit quietschenden Reifen, um in Richtung Osten zurückzufahren. Dem pflichtbewußten Zöllner fuhr der Schrecken in die Glieder. Er gab Alarm, ließ den Schlagbaum herunter, sprang, schon wieder Herr seiner Nerven, auf das Trittbrett des Lkw auf und klammerte sich am offenen Fenster fest. Doch der Fahrer dachte gar nicht daran, sein Fahrzeug anzuhalten. Er beschleunigte vielmehr sein

Tempo, durchbrach den Schlagbaum und fuhr, mit dem Zöllner in unfreiwilliger Begleitung, in Richtung DDR zurück.

Nach einigen hundert Metern, im Niemandsland zwischen den Grenzstationen Helmstedt und Marienborn, verlangsamte der Fahrer seine Geschwindigkeit und stellte den wackeren Uniformierten vor eine unattraktive Alternative: abzuspringen oder mitzufahren in die DDR. Letzteres wäre unangenehmer gewesen, also sprang er ab.

Dem wildgewordenen Lenker des Sattelzuges, Johann (»Johnny«) Stichelmaier (Name geändert), ersparte das riskante Manöver am 8. November 1972 an der deutsch-deutschen Grenze einen Millionenverlust – und eine mehrjährige Gefängnisstrafe. Der Tessiner war einer von Alexander Schalcks Profi-Schmugglern, der – auf eigene Kasse oder für seine Schweizer Hintermänner – Zigaretten steuersparend in die DDR ausführte und dann zollfrei zurück über die Bundesrepublik nach Italien und Spanien verschob. 500 000 Päckchen »Marlboro« und »Muratti« hatte Stichelmaier an jenem für ihn beinahe verhängnisvollen Novemberabend an Bord. Seit Jahren organisierte er mit Hilfe von Schalcks KoKo, der Staatsspedition Deutrans und der Stasi einen großangelegten internationalen Zigarettenschmuggel, der ihm saftige Gewinne, der stets klammen DDR begehrte Devisen und den Tabakkonzernen zusätzliche Erlöse einbrachte – das alles zu Lasten des deutschen Fiskus.

Die Schieberei lief immer nach der gleichen Masche ab: Erst wurde das Schmuggelgut, ganz offiziell, für den Inlandsverbrauch in die DDR geliefert, vornehmlich von den Schweizer Zentralen der Tabakmultis Philip Morris, Reemtsma und Reynolds, mit Hilfe von Groß- und Zwischenhändlern. Die Ware ging an jene Firmen in Schalcks Imperium, die für die Intershop-Läden und die Versorgung des diplomatischen Dienstes verantwortlich waren, zuerst Asimex, später Forum. Doch da landeten die begehrten, weil steuerfrei eingekauften Marken in der Regel nicht. Sie wurden in einem Lager nahe dem Ostberliner Grenzkontrollpunkt Drewitz unter Aufsicht von Schalcks Leuten lediglich vorübergehend deponiert und dann von Profi-Schiebern wie Johnny Stichelmaier wieder in den Westen zurückgeschleust. KoKo erhielt Provisionen für die »Neutralisierung« der Zigaretten, meist 30 000 Dollar pro Fuhre. Mitte der achtziger Jahre ließ sich KoKo seine Schmuggeldienste, so behauptete Stichelmaier später, auch mit High-Tech, Waffen und Spionage bezahlen.

Daß die Ost-Republik ihren Valutabedarf mit Zigarettenschmuggel sowohl über die Straße als auch über die Schiene aufbesserte, war unter Zollfahndern nie ein Geheimnis. Schon 1977 hieß es in einem »nur für den internen Dienstgebrauch« bestimmten Erfahrungsbericht des Kölner Zollkriminalinstituts (ZKI), es stehe fest, »daß die praktizierte Schmuggeltechnik reibungslos funktioniert, weil Stellen in der DDR eingeschaltet sind, die diese kriminellen Vereinigungen wirkungsvoll unterstützen«. Und außerdem war den ZKI-Leuten klar: »Die Grenzabfertigung vollzieht sich in allen Fällen ohne die üblichen Kontrollen. Es spricht vieles dafür, daß die DDR-Grenzorgane in diesen Fällen entsprechende Anweisungen erhalten.«

Die Lkws fuhren leer nach Berlin, drehten dort um und wurden am Westberliner Checkpoint Bravo, am Ende der Avus, neu vom Zoll verplombt – als Leerfracht zurück ins Bundesgebiet. Hinter dem Grenzübergang Dreilinden/Drewitz bogen die Laster in Richtung Babelsberg von der Transitstrecke ab. An der Ausfahrt wartete bereits ein silbergrauer BMW mit dem zuständigen Mann aus Schalcks Reich. Der körperbehinderte Stasi-Mitarbeiter, den Johnny nur unter dem Namen »Kiedel« kannte, geleitete die Transporter zu einem nahegelegenen Lagerhaus der Deutrans-Tochter Greif. Auf dem Hof wurde sofort Hand an den Lkw gelegt. Die präparierten Metallverschlüsse der Ladetür wurden gelöst, ohne die Plombe zu beschädigen. Unterdessen setzten sich die Fahrer mit »Kiedel« zusammen, um das Geschäftliche zu regeln: Dabei kamen die Dollarbündel auf den Tisch. Nach knapp einer Stunde war der »leere« Lastzug mit 1000 Kartons zu je 500 Päckchen beladen. Ohne Verzögerung ging es weiter Richtung Helmstedt. Es kam immer auf die Ladezeit an, erinnert sich Stichelmaier, denn dem deutschen Zoll in Helmstedt durfte die Verzögerung beim Durchqueren der DDR natürlich nicht auffallen.

Doch die Zöllner konnten ohnehin nicht jede »Leerfahrt« aus Berlin überprüfen. Häufig wurden sie zudem mit gefälschten Frachtdokumenten oder Tarnladungen genarrt. Allerdings blieben die Bemühungen der bundesdeutschen Strafverfolgungsbehörden, den Schmuggel zu unterbinden und die Täter zur Verantwortung zu ziehen, nicht nur deshalb oft im Sande stecken. An einer öffentlichen Anklage gab es in Bonn kein politisches Interesse. Zwar waren Bundesnachrichtendienst und Verfassungsschutz über die Machenschaften Schalcks und seines Geschäftsbereichs KoKo stets blendend informiert – nicht zuletzt dank intensiver Überwachung des Telefonverkehrs. Aus Rücksicht auf die deutsch-deutschen Beziehungen wurden jedoch immer wieder die Augen verschlossen. Was auch die Zolldetektive in aufwendiger Wühlarbeit herausfanden, alle Bundesregierungen scheuten sich, gegen die undurchsichtigen Umtriebe auf DDR-Territorium lautstark zu protestieren. So blieben über die Jahre auch die meisten Schieber ungeschoren, und es entwickelte sich in den achtziger Jahren unter den bisweilen staunenden Ohren der Aufklärer vom Bundesnachrichtendienst ein geradezu schamloser Schwarzhandel zwischen ostdeutschen Kommunisten und westlichen Schmuggelorganisationen.

Und wenn einmal tatsächlich einer in die Fänge der Grünröcke vom Zoll geriet, und sei es nur, wie Johnny aus dem Tessin, für einige aufregende Minuten, dann konnte er mit größter Nachsicht rechnen. Über das Schweizer Kennzeichen und die Fahrzeugpapiere, die der Schweizer Zigaretten- schmuggler bei seiner übereilten Rückreise in die DDR im November 1972 in Helmstedt zurückließ, konnte der Besitzer des Sattelzuges, Johnny eben, schnell ausfindig gemacht wer- den. Daraufhin stellte ihm das Hauptzollamt Braunschweig- Ost einige Wochen später eine Rechnung in Höhe von 636 D-Mark zu – für die Erneuerung eines beschädigten Schlag- baumes. Stichelmaier drückte sein »Bedauern zu diesem Vor- fall aus« und beglich, ganz ehrenwerter Exportkaufmann, den Schaden. Der Braunschweiger Oberzöllner seinerseits fand das prima, dankte postwendend »für die schnelle Erledigung« und schickte dem Berufsschieber »wunschgemäß Ihren hier zu- rückgebliebenen Fahrzeugausweis zurück«, in der Hoffnung, »Ihnen damit geholfen zu haben«. Damit hatte alles seine preußische Ordnung.

Johnny wurde in den mehr als zehn Jahren, die er danach Woche für Woche »Marlboro« und andere Marken über die deutsch-deutsche Grenze verschob, nie wieder erwischt.

Die Multis und der Schwarzmarkt

Die Meldung mit der Tagebuch-Nummer 516/79 trug, wie üblich, den Stempel »amtlich geheimgehalten«, wurde von seinen Urhebern nur für den »nationalen Bereich« freigegeben und war für deutsche Missionen im Ausland »gesperrt«. Sonst hätte die Gefahr bestanden, daß die Geheimbotschaft von ande- ren Diensten aufgefangen worden wäre.

Am 14. Mai 1979 informierte der BND die zuständigen Bonner Stellen über Verhandlungen, die Alexander Schalck gerade mit den Zigarettenkonzernen Reemtsma, Reynolds und Philip Morris führte. Die Funkaufklärer aus Pullach hatten offenbar wieder einmal mitgehört.

Es ging um die im DDR-Funktionärsdeutsch so genannte »Gestattungsproduktion«, die Herstellung von West-Marken in der DDR. Mit Philip Morris sei sich Schalck schon einig geworden, wußten die BND-Lauscher zu berichten. Es sei an »eine jährliche Produktion von 500 Millionen Zigaretten« der Marke »Marlboro« gedacht, offiziell für den Binnenmarkt, tatsächlich aber für den organisierten Schmuggel. Schalck und sein Adlatus Günter Asbeck waren auf die Idee gekommen, die Ware für die südeuropäischen Schwarzmärkte in Italien und Spanien gleich im eigenen Lande produzieren zu lassen, mit Tabak, Papier und Verpackung aus der Schweiz. Über die Absichten der DDR gab es beim BND keinerlei Zweifel: Schalcks Interesse hänge »ganz offensichtlich eng mit der Umpolung von Lieferungen aus der Bundesrepublik Deutschland auf andere westliche Lieferländer (Politbürobeschluß vom Mai 1978) zusammen«.

Bonn war also genauestens informiert über die merkwürdige Zusammenarbeit der internationalen Zigaretten-Multis mit dem DDR-Regime zu Lasten der Steuerzahler in der EG. Aber wußten die Konzerne, daß mit ihren Produkten systematisch Tabaksteuern hinterzogen wurden? Glaubt man Johnny Stichelmaier, dann ist der Schwarzmarkt für die Hersteller ein ebenso lukratives Geschäft wie der offizielle Verkauf, zumal sie sich ja selbst die Hände nie schmutzig machen müssen. Reynolds, Philip Morris und (früher) Reemtsma seien wegen des in Italien und Spanien weitgehend akzeptierten illegalen Vertriebsweges fast gezwungen, solche Geschäfte nicht zur Kenntnis zu nehmen, wenn sie nicht erhebliche »Marktanteile« verlieren wollten, meint der Tessiner Schieber.

Der internationale Zigarettenschmuggel hat längst gigantische Ausmaße angenommen. Container mit 500 000 Päckchen, die mit Lkw oder Bahn quer durch Europa verschoben werden, gelten durchweg als Kleinmengen. Interessant wird das Geschäft für die Schmuggelsyndikate erst bei Schiffsladungen mit drei Millionen Päckchen, denn pro Schachtel läßt sich für die Tabak-Mafia ein Reingewinn von rund einem Schweizer Franken erzielen.

Die Zigaretten, die ohne Steuerbanderole bei den südeuropäischen Straßenhändlern landen, haben in der Regel einen langen Weg hinter sich: hergestellt meist in den USA, über die Hafenstädte Rotterdam, Antwerpen oder Hamburg angelandet, offiziell in den Ostblock oder über den Ostblock in die Dritte Welt exportiert, dann über dunkle Kanäle verschoben: »Marlboro« nach Italien, »Winston« nach Spanien. Mafia und Camorra haben in der Regel ihre Finger im Spiel.

Insider wie Johnny Stichelmaier behaupten, es habe im Handel mit unverzollten Tabakwaren ein bestens funktionierendes Ost-West-Kartell gegeben, eine enge Kooperation der Staatshandelsfirmen in Bulgarien, Polen, der ČSSR, Albanien und der DDR mit der organisierten Kriminalität in Südeuropa. Mindestens zehn bis zwanzig Prozent der gesamten Jahresproduktion einiger Tabak-Multis seien auf diesen Umwegen im Schwarzmarkt gelandet. – Mit Wissen der Hersteller?

»Wenn sie Einbußen zu verzeichnen hatten, dann traten sie an uns heran, und sagten, wir wollen mehr machen. Könntet ihr mehr machen?« behauptete Johnnys französischer Kollege Claude Lebusse (Name geändert). »Sie wollten dann mehr Ware auf den italienischen Schwarzmarkt werfen, um die Kunden zurückzugewinnen. Es war das Mittel, den Markt zu stimulieren, wichtiger als alle Reklame, die sie machen!« – Ist die Zusammenarbeit mit den Ganoven, »Export 2« genannt, offiziell die Versorgung von Duty-free-Läden, also fast eine ökonomische Notwendigkeit für die Konzerne gewesen?

Die Hersteller würden allerdings Wert darauf legen, daß Länder mit »geordneten« Verhältnissen wie die Bundesrepublik, England oder Frankreich, nicht durch illegale Ware »gestört« werden. Durch die offene Grenze nach Polen ist der Schwarzhandel mit Zigaretten nach der deutschen Einheit allerdings zu einem erheblichen Problem geworden. Die Tabak-konzerne jedenfalls sind daran interessiert, immer einen Über-blick über die jeweiligen Aktivitäten der international tätigen Schmuggel-Gangs zu haben. Deshalb schauen sie ihnen bei deren Geschäften gern über die Schulter.

Die Vertriebsleute der Tabakmultis hatten genaue Einblicke in Organisationen des Ostblocks. Der »Eiserne Vorhang« war geradezu ideal für die »Neutralisierung« westlicher Produkte. Der Großteil des »Exports 2« wurde in der DDR umgepolt, in Schalcks Verantwortungsbereich. Die Ware wurde, wie es im Schieber-Jargon heißt, »eingeschwärzt«.

So mancher Zigarettenschieber fischt übrigens auch in ande-ren trüben Gewässern. Über ausgetretene Schmuggelpfade, vor allem Bulgariens, gelangten lange Zeit auch Heroin und Waffen jedweder Art an ihren Bestimmungsort.

Aktion »Vesuv«

Im Februar 1978 fand im Kölner Zollkriminalinstitut (ZKI) als Abschluß einer ganzen Serie von internationalen Exper-ten-Meetings eine Besprechung statt, bei der konkrete Maß-nahmen gegen die Zigarettenschiebereien über die DDR be-schlossen werden sollten. Zwar hatten die Deutschen nie ein besonderes politisches Interesse gezeigt: Einerseits wurde die Ware aus der DDR nur durch die Bundesrepublik gen Süden geschleust, dem deutschen Fiskus entgingen also keine Steu-ern; andererseits wollte man die sensiblen Beziehungen mit dem Regime in Ost-Berlin und den innerdeutschen Handel nicht gefährden. Aber schon der Optik wegen mußten die deutschen Beamten mit ihren europäischen Kollegen an einem Strang ziehen. Man kam überein, in einer Geheim-Operation (Codewort »Vesuv«) Schmuggel-Lkws, in denen die Ware aus der DDR über die Bundesrepublik und Frankreich nach Spanien verschoben wurde, entlang ihres Weges von den Dienststellen der drei Länder zu observieren.

Mit von der Partie im Kölner ZKI war der stellvertretende Direktor der französischen Zollfahndung, Roger Saint-Jean. Noch während der Sitzung, in der endgültig über die Aktion »Vesuv« entschieden wurde, so erinnerten sich später übereinstimmend mehrere ZKI-Mitarbeiter, habe Saint-Jean den Wunsch geäußert, ein Telefongespräch ins Ausland zu führen, und sich dabei auffällig erkundigt, ob die angewählte Nummer gespeichert oder ausgedruckt werde. »Offensichtlich wollte er die Nummer nicht bekannt werden lassen«, gab einer der Leute vom ZKI später zu Protokoll.

Der Franzose habe dann die Telefonistin ziemlich rüpelhaft aus der Telefonzentrale komplimentiert und die Tür hinter sich verschlossen. »Sein Auftreten hat bei uns Verwunderung und Kopfschütteln ausgelöst«, hieß es Jahre später im Protokoll einer Zeugenvernehmung. »Wir hielten es für möglich, daß Herr Saint-Jean Verbindungen zu den Zigarettenschmugglern hatte.« Ein Verdacht fiel auch auf Saint-Jeans Stellvertreter, der ihn nach Köln begleitet hatte.

Im Zollkriminalinstitut überlegte man einige Tage lang, wie man die »delikate Angelegenheit« behandeln solle. Mußte das Pariser Finanzministerium informiert werden? Natürlich entschieden sich die Bürokraten, diplomatische Verwicklungen fürchtend, dann doch dagegen. Auf dem »kleinen Dienstweg« sickerte freilich das eine oder andere durch. In einem streng vertraulichen Dossier des Sicherheitsdienstes der französischen Militärverwaltung in Berlin vom Februar 1982 (»Verteilung untersagt!«) hieß es, die deutsche Zollfahndung sei »seit 1978 davon überzeugt«, daß Herr Saint-Jean mit den Devisenbeschaffern des Herrn Schalck und kriminellen Elementen aus der internationalen Schieberszene unter einer Decke stecke und deshalb »nicht mehr das Vertrauen des deutschen Zolls genießt«. Die Nummer zwei in der Hierarchie der französischen Zollfahndung sei Komplize von Günter Asbeck, dem die KoKo-Außenhandelsfirma Asimex unterstehe und der gleichzeitig als Generaldirektor der Intershop-Devisenläden fungiere.

Eine undurchsichtige Rolle spielte in diesem Zusammenhang laut französischer Erkenntnis auch der Holländer Frans Minks (Name geändert). Er vertrat seinerzeit den Hamburger Zigarettenkonzern Reemstma in der DDR. Ein Ermittlungsverfahren gegen Minks war allerdings im September 1981 von der Staatsanwaltschaft beim Landgericht Berlin eingestellt worden, weil die Ermittlungen »nicht genügenden Anlaß zur Erhebung der öffentlichen Anklage geboten« hatten.

Die Operation »Vesuv« jedenfalls endete nach dem internationalen Zoll-Meeting im Februar 1978 in Köln mit einem Mißerfolg: Die Schiebereien auf der DDR-Route brachen schlagartig ab – ein weiteres Indiz dafür, daß Saint-Jean ein Spitzel war und noch während der Sitzung seine Partner vor der Aktion gewarnt hatte.

Ein französischer Zolldirektor, der unter den Augen der Geheimdienste mit den Schweizer Schmuggelorganisationen und Schalcks Leuten in Ost-Berlin gemeinsame Sache machte?

Im Sommer 1982 stieß der Mühlhausener Untersuchungsrichter Germain Sengelin, der gerade einen französischen Schmuggelring zerschlagen hatte, von dem nicht nur Zigaretten, sondern auch Waffen verschoben worden waren, im Zuge seiner Recherchen auf neue Indizien und Beweise gegen Saint-Jean. Als Kronzeuge gegen den französischen Regierungsbeamten packte ein Mann aus, der es wissen mußte: Der Tessiner Johnny Stichelmaier gab zu Protokoll, Saint-Jean regelmäßig für Tips und gute Dienste bestochen zu haben.

». . . goldene Eier verdient . . .«

Gespräch mit dem Zigarettenschmuggler Johnny Stichelmaier

Frage: Was haben Sie Schalcks Leuten zahlen müssen für die Schieberei?

Stichelmaier: Rund 30 Dollar pro Karton, das sind 30 000 Dollar pro Lkw-Ladung. Etwa 1986 stellte man mir eine Fortsetzung der bis dahin gemachten Geschäfte in Aussicht, das waren pro Woche teilweise zwei Züge. Aber sie wollten Technologie, Nachrichten, Wirtschaftsspionage, Kriegsmaterial. Ohne dies würde man die »Geschäftsbeziehungen« abbrechen. Da bin ich nicht darauf eingegangen. Aber nicht etwa aus Mangel an Gelegenheiten.

Frage: Wer waren Ihre Partner in der DDR?

Stichelmaier: Mein Kontaktmann war der Pawlak von der Deutrans, das ist das staatliche Transportunternehmen in der DDR. Man brauchte ja Anschriften, Lager, wo die Ware hingeschickt werden mußte. Meine Ware wurde immer zum Greif in Drewitz geschickt, das ist eine Tochter der Deutrans. Pawlak hat mich dann mit einem Mann vom Staatssicherheitsdienst bekannt gemacht. Die Absprachen über die Abgänge fanden immer eine Woche im voraus statt. Alles wurde fahrplanmäßig abgesprochen, damit die Ausfahrt des Lastzuges ohne Schwierigkeiten ablief. Der Stasi-Mann war für die Dollars zuständig. Er kassierte immer, bevor die zehn bis fünfzehn Mann mit dem Beladen begannen.

Frage: Wie hieß der Stasi-Mann?

Stichelmaier: Er wurde immer »Kiedel« gerufen. Kann sein, daß das der Vorname war. Er fuhr schon Ende der siebziger Jahre den neuesten BMW. Das war ein ganz linientreuer Bursche. Er war behindert, hatte ein steifes Bein. Auffallend mager, rötliche Haare. Er bewegte sich auch in West-Berlin, wußte genau, was die Zigaretten auf dem Schwarzmarkt in

Spanien und Italien brachten. Wir haben oft zusammen gelacht darüber, wer was bekommt und sich goldene Eier verdient. Die DDR hatte eine klare Vorstellung davon, was damit verdient werden konnte. Deshalb wollte sie sich irgendwann mit den 30 Dollar pro Karton nicht mehr begnügen. Aber Elektronik und Waffen, das war zu unkalkulierbar und riskant. Das wollte ich nicht. Man hatte in diesem Geschäft ja auch seine Verpflichtungen und Abgaben. Und man wollte ja auch selber Geld verdienen.

Baseler Drahtzieher

Mülhausen im Elsaß, im Dreiländereck Schweiz-Bundesrepublik-Frankreich gelegen, gilt als Drehscheibe für jede Art von Schwerkriminalität. Germain Sengelin, Untersuchungsrichter am Tribunal de Grande Instance in Mulhouse, konnte ein Lied davon singen. Seit Jahren schon war er einer internationalen Schieberbande auf den Fersen, die Waffen für die nordspanische ETA und gleichzeitig Zigaretten der Marke »Winston« aus Ost-Berlin über Mülhausen auf die Iberische Halbinsel schleuste. Und stets schienen in die Geschäfte auch Nachrichtendienste verwickelt zu sein, wobei nicht klar war, ob sie nur Erkenntnisse sammelten oder an den illegalen Aktivitäten beteiligt waren, um ihre »schwarzen« Kassen aufzufüllen. Germain Sengelin hielt das aus Erfahrung durchaus für möglich und ging deshalb auch den Hinweisen nach, es gebe eine Verbindung von der Ostberliner Stasi zu den spanischen Terroristen der ETA.

Im Zuge der Ermittlungen zum Zigarettenschmuggel stieß Germain Sengelin auf eine Connection, in der das Baseler Handelshaus Weitnauer eine Rolle spielte, ein renommiertes Unternehmen im historischen Andlauerhof in der Petersgasse. »Tabak-, Zigarren- und Zigarettenhandel en gros und detail«

lautete der Eintrag im Schweizer Handelsregister. In einem Geheimprotokoll hieß es über die Firma: »Major supplier of contraband tobacco and alcohol goods to professional smuggling networks« (»Hauptvertreiber von Schmuggeltabak und -alkohol an professionelle Schieberbanden«). Und über den früheren, 1983 verstorbenen Inhaber, Adolphe Weitnauer, war an anderer Stelle vermerkt: »Said to have profits arising from cigarette smuggling into Spain and Italy.« (»Hat, so wird behauptet, Gewinne aus dem Zigarettenschmuggel nach Spanien und Italien erzielt.«)

Untersuchungsrichter Sengelin meinte sogar Hinweise zu haben, daß Weitnauer ein Mitarbeiter des Schweizer Nachrichtendienstes war und auch noch bei anderen Geschäften die Finger im Spiel hatte. Zu einer Anklage reichte das Material zu Weitnauers Lebzeiten freilich nie.

Die Vorwürfe sind auch vom Baseler Handelshaus immer wieder dementiert worden. Es blieb allerdings eine Vielzahl von Indizien, die zumindest den Verdacht erhärteten, die Firma Weitnauer habe erheblich vom Zigarettenschmuggel profitiert. So hieß es in einem Dossier des französischen Nachrichtendienstes Direction de la Surveillance du Territoire (DST) aus dem Jahre 1982, es habe schon 1955 Informationen aus Tunis gegeben, in denen von Zigarettenschmuggel im Mittelmeerraum die Rede gewesen sei. »Es handelte sich um einen Schwarzmarkt mit amerikanischen, englischen und Schweizer Marken, getätigt von Tanger aus, von mächtigen Finanzgruppen, darunter einer Tochter der Schweizer Gruppe Weitnauer.«

Seit jener Zeit, so ergaben Sengelins Recherchen, wurde »das Haus Weitnauer« immer wieder als Lieferant von Schmuggelware genannt. Solche Vorwürfe wurden auch von Charly Müller, einem ehemals leitenden Angestellten der Firma, erhoben. Unter dem Dach der Handelsgruppe seien, »zumindest bis zum Tode von Adolphe Weitnauer«, die unterschiedlichsten Geschäfte getätigt worden; die sauberen im Namen von Weitnauer, die schmutzigen Deals, darunter die Schiebereien im Duty-free-Bereich (»Export 2«), im Namen von Firmen wie zum Beispiel Basilo.

»Niemand durfte wissen, daß Basilo etwas mit Weitnauer zu tun hat«, erinnerte sich Müller später. Einmal wurde »anläßlich einer Zollinspektion das Täfelchen ›Basilo‹ an der Tür eines Weitnauer-Direktors verklebt«, weil dem Zoll bekannt gewesen sei, daß Basilo den Schwarzmarkt versorgt, aber nicht, daß Basilo zur Weitnauer-Gruppe gehört. Er glaube, für den alten Adolphe sei der »Export 2« ein Handel gewesen wie jeder andere auch, mit großen Gewinnchancen, aber auch mit hohem Einsatz und Risiko. Müller: »Vielleicht hat eine Art sportiver Geist ebenfalls eine Rolle gespielt.«

Dabei sei, wußte der Ex-Weitnauer-Mann, der »Export 2« eine Domäne der Mafia. »Der ganze Zigarettenschmuggel wird von ihr dirigiert und gelenkt.« Und es gebe Korruption. Auch gegenüber Politikern. »Die Sachen werden meistens im Büro übergeben oder bei Privatpartys.« Und es ging beileibe nicht nur um Tabak, behauptete Müller vor Zeugen, Weitnauer sei vielmehr auch in Geschäfte mit Faustfeuerwaffen nach Spanien und Afrika verstrickt gewesen.

Solche »schmutzigen Behauptungen« haben die Erben Weitnauers regelmäßig mit Nachdruck zurückgewiesen. Hier werde ein Verstorbener »postum diffamiert, angegriffen und mit Unterstellungen überzogen«. Mit der Firma Basilo habe das Unternehmen nie etwas zu tun gehabt. Und Herr Müller sei wegen »betrügerischer Machenschaften« schon vor Jahren fristlos entlassen worden.

Eine zentrale Rolle – darüber gibt es keine Zweifel – spielte ein Schweizer Ganove namens Georg Kastl. Er hatte früher in Diensten von Weitnauer und Basilo gestanden, sich dann selbständig gemacht und galt seitdem als eine der wichtigsten Figuren im internationalen Handel mit Schwarzmarkt-Zigaretten und Rauschgift, mit hervorragenden Kontakten nicht nur zur Stasi in der DDR und zur bulgarischen Staatsmafia, sondern auch zu vielen zwielichtigen Gestalten in Südeuropa und Marokko.

Georg Kastl war als »money man« vor allem für das Einsammeln und den Rücktransport des Schwarzgeldes in die Schweiz verantwortlich. »Manchmal kamen bis zu 100 Kilo Scheine aus Spanien, umgerechnet mehrere Millionen Schweizer Franken, in Schachteln verpackt und in den Türfassungen eines Golf versteckt«, erinnerte sich Charly Müller. Die präparierten Autos seien in der Regel mitten in der Nacht eingetroffen und dann auf einem Garagen-Hinterhof in der Nähe des Baseler Sportstadions von einem Automechaniker ausgenommen worden. Anderentags habe Kastl dann das Geld zum Schweizer Bankverein gebracht, wußte Müller zu berichten.

Einmal flog die wertvolle Fracht an der Grenze zwischen Frankreich und der Schweiz auf – mit einem Schlag waren 1,5 Millionen Schweizer Franken weg. Müller vermutete, daß der Tip an den eidgenössischen Zoll wahrscheinlich von der Konkurrenz gekommen war. Georg Kastl soll danach erhebliche Meinungsverschiedenheiten mit anderen Waffen- und Heroinhändlern gehabt haben. In Italien wurde er wegen Drogenhandels in Abwesenheit zu einer langjährigen Gefängnisstrafe verurteilt.

Unser Mann in Paris

Im Rahmen seiner Ermittlungen gegen Weitnauer, Kastl und die Baseler Schmuggelszene erhob der Mühlhausener Untersuchungsrichter Germain Sengelin im Dezember 1981 Anklage gegen Roger Saint-Jean, den Stellvertretenden Direktor der französischen Zollfahndung. Und Johann (»Johnny«) Stichelmaier, der draufgängerische Tessiner Schieber, war einer seiner Kronzeugen. Bei einer Gegenüberstellung mit Saint-Jean im Büro des Untersuchungsrichters im Juni 1982, zu dem Stichelmaier wegen eines bestehenden Haftbefehls erst auf Zusicherung freien Geleits hin aus der Schweiz angereist war, gab Johnny zu Protokoll, daß er regelmäßig die Schmuggelzigaretten bei Weitnauer in Basel gekauft, über Ost-Berlin nach Spanien geschleust und bei seinem Lieferanten eine Provision von 50 Schweizer Franken für Saint-Jean zurückgelassen habe. Bei 1000 Kartons pro Lkw und ein bis zwei Fuhren pro Woche sei dies eine Summe von 300 000 Franken pro Monat gewesen. »Dafür gab mir Saint-Jean jedesmal telefonisch Uhrzeit und Ort durch, wo ich den Zoll an der Grenze passieren sollte«, sagte Stichelmaier.

»Alles klappte zweieinhalb Jahre lang sehr gut.« Doch dann habe Weitnauer eines Tages mehr Geld für Saint-Jean verlangt: Er »hatte mir die Preiserhöhung zum Ende der Woche in Aussicht gestellt . . . Ich habe mich geweigert, die zusätzlichen zehn Franken pro Karton zu zahlen, indem ich ihm sagte, daß ich einen Vertrag über 50 und nicht über 60 Franken abgeschlossen hätte. Danach kam das Wochenende, und mein Lkw wurde dann am Anfang der kommenden Woche beschlagnahmt. Während dieser Zeit habe ich Saint-Jean kontaktiert, um ihm mitzuteilen, daß ich nicht einverstanden war. Er hat mir gesagt, es bleibe bei dem neuen Preis, und weiterhin geäußert: ›Wenn du nicht willst, lassen wir es!‹ Ich habe ihm daraufhin geantwortet: ›Dann lassen wir es eben!‹«

Roger Saint-Jean wies die Beschuldigungen empört zurück. Er habe noch nie mit dem Tessiner zu tun gehabt: »Dies ist das erste Mal in meinem Leben, daß ich Herrn Stichelmaier sehe.« Andere Zeugen dagegen bestätigten Johnnys Version. Einige wollten Saint-Jean sogar bei konspirativen Treffen im Baseler Lokal »Atlantis« beobachtet haben. Und ein deutscher Ganove mit exzellenten Kontakten zum Basel-Mühlhausener Syndikat sagte vor der Karlsruher Zollfahndung aus, er habe im Sommer

1977 bei einer Versammlung der Schmugglerszene in Basel einen Mann kennengelernt, der ihm damals als »Partner der Organisation«, als »unser Mann in Paris« gewissermaßen, vorgestellt worden sei: »Er hieß Roger Saint-Jean!«

Nach Stichelmaiers Aussagen seien ihm die Ermittlungen über den hohen Zollbeamten und seine Beziehungen zu Ganoven und zwielichtigen Figuren in der DDR schwergemacht worden. »Es gab Querschüsse aus Paris«, erinnert sich Sengelin und glaubt die Gründe zu kennen: »Es ging um einen hohen Staatsbeamten, es ging wohl auch um Waffenlieferungen an die ETA, als Gegenleistung für den Zigarettenschmuggel nach Spanien, und es ging um merkwürdige Aktivitäten der französischen Geheimdienste. Das hat einigen offenbar nicht gefallen.«

Germain Sengelin erhielt anonyme Anrufe, Morddrohungen und gezielte politische Empfehlungen, er möge seine Nase nicht noch weiter in die Angelegenheit stecken. Als er sich davon nicht beeindrucken ließ, wurde ihm das Verfahren 1983 entzogen. »Es wurde nach Paris geholt und dort totgemacht« (Sengelin).

Im Januar 1987 sprach ein Gericht in Paris das Urteil über den inzwischen zum Leiter eines Zolldepartements beförderten Roger Saint-Jean: Unschuldig! Seine »Mitwirkung am Zigarettenschmuggel zwischen 1975 und 1980 hat sich nicht bestätigt, trotz der außergewöhnlichen Untersuchungsmethoden, die angewandt wurden«; vielmehr fehle jede Art von »belastendem Material«. Mit den haltlosen Beschuldigungen hätte die aus dem Osten gesteuerte Schmugglerszene versucht, Unruhe zu stiften und »die Verantwortlichen im Kampf gegen die Schiebereien zu verunsichern«. Saint-Jean bekam ein »non lieu«, einen Freispruch erster Klasse.

Mischte Reemtsma mit?

In den siebziger Jahren soll der Hamburger Tabakkonzern Reemtsma in erheblichem Maße in den Zigarettenschmuggel über den Ostblock beteiligt gewesen sein. »Die Auswertung der . . . Unterlagen ergab«, so hieß es in einem vertraulichen Vermerk der Hamburger Zollfahndung aus dem September 1978, »daß die Firma Reemtsma . . . aktiv am Großschmuggel von Zigaretten über Jugoslawien/Albanien nach Italien (sogenannter Adria-Schmuggel) beteiligt gewesen ist« – »aktiv« wohlgemerkt.

Die Erkenntnisse basierten auf detaillierten Aussagen und umfangreichen Unterlagen des ehemaligen Reemtsma-Mitarbeiters Detlef Dierks (Name geändert), der dort einige Zeit für den »Export 2« zuständig gewesen war. Einer der Schmuggelhäfen war Ploce an der jugoslawischen Adriaküste. Dort soll die Reemtsma-Ware für Italien häufig durch andere Marken ergänzt worden sein, für deren Lieferung oftmals Georg Kastl von der Firma Basilo verantwortlich war.

Dabei spielte offenbar auch eine bundesdeutsche Duty-free-Lieferfirma eine Rolle. »Wir hatten über . . . tausend Kisten ›Muratti‹ für Ploce geordert«, war da in einem vertraulichen Vermerk von Dierks für die Reemtsma-Abteilung »Verkauf Ausland« zu lesen, der Waggon sei jedoch »auf Grund einer totalen Untersuchung vom Schweizerischen Zoll zurückgehalten« worden.

Dierks beschwerte sich bei seinen Vorgesetzten auch über »die Risiken, denen man bei der Abwicklung derartiger Geschäfte ausgesetzt sein kann«, fürchtete die Brutalität der Mafia: Es liege durchaus im Bereich des Möglichen, »daß ich . . . mit ungesunden Methoden . . . vertraut gemacht« werde.

Weil ihm Reemtsma die erbetene »angemessene finanzielle Entschädigung« verweigerte, bediente sich Dierks selbst. »Als Ende November 1973 ein Mitglied der Geschäftsleitung der

Firma Reemtsma aus Italien einen Geldbetrag von 80 Millionen Lire mitbrachte« und ihm zum Umtausch übergab, zweigte der Reemtsma-Mitarbeiter einen Teil des Geldes als Risiko-Prämie ab. Das wiederum konnte sein Arbeitgeber nicht auf sich beruhen lassen. Er klagte – und so wurde der Schmuggel ruchbar. Bereitwillig breitete Dierks seine Erkenntnisse und Unterlagen über den Zigarettenschmuggel aus.

Doch dem renommierten hanseatischen Unternehmen drohte kein Ungemach. Zwar hatte im November 1978 nach Dierks' Offenbarungen das Bonner Finanzministerium »ausdrücklich darauf hingewiesen, daß seitens des Ministeriums keinerlei Veranlassung bestünde«, die Ermittlungen »zu unterbinden« (was demnach grundsätzlich nicht ausgeschlossen war), die amtlichen Hamburger Recherchen endeten gleichwohl mit einem Persilschein: »Da sich Anhaltspunkte für eine Beteiligung der Firma Reemtsma am internationalen Zigarettenschmuggel nicht ergeben haben«, telexte das Hamburger Fahndungsamt im Januar 1979 trotz eindeutiger Beweislage nach Bonn, »bietet sich gegen diese Firma keine Möglichkeit für ein strafrechtliches und steuerstrafrechtliches Vorgehen.«

Neue Routen, alte Ziele

Anfang Juni 1987 trafen sich die Zollermittler der vom Schwarzhandel betroffenen Länder wieder einmal zu einem Erfahrungsaustausch im Kölner Zollkriminalinstitut. Es ging um eine bessere Koordinierung der Aktivitäten und um größere Anstrengungen, den Schiebern das Handwerk zu legen. Vertreter des Berliner Zollfahndungsamtes referierten über die unveränderte Rolle von KoKo: »Westliche Zigarettenmarken werden in Lizenz in der DDR hergestellt«, hieß es hinterher in einem Vermerk von der internen Sitzung. Darüber hinaus beziehe »die DDR große Mengen aus Basel und Rotterdam«.

Die Ware werde drüben »unter Verletzung der Zollverschlüsse mit Lastwagen abgeholt, die leer oder mit Tarnladung von West-Berlin kommend in Richtung Bundesrepublik mit Weiterfahrt nach Italien unterwegs« seien. Alles wie gehabt.

Glaubt man Alexander Schalck, dann waren zu diesem Zeitpunkt die Schiebereien bereits »durch Weisung des Ministers für Staatssicherheit eingestellt«. Überdies seien für solche »Schmuggeloperationen mit Zigaretten und Alkohol« die Stasi-Firma Interport und der MfS-Oberst Gerhard Franke verantwortlich gewesen und nicht sein Geschäftsbereich Kommerzielle Koordinierung. Schalck sah sich, wieder einmal, als Unschuldslamm. Dabei waren die meisten Schiebereien zuerst über die KoKo-Firma Asimex, später über die Dependance Forum abgewickelt worden. Das war dem BND ebenso bekannt wie den Schweizer Ganoven Stichelmaier und Konsorten.

Allerdings spielten Reemtsma-Produkte schon lange keine Rolle mehr. »Sie verloren ihre Marktanteile in Italien total«, weiß Johnny Stichelmaier, dagegen nahm die Bedeutung des »Exports 2« für andere Marken deutlich zu. Es entstanden regelrechte Vertriebssysteme mit teilweise langen Umwegen über Skandinavien, die DDR und andere Ostblockstaaten. Der Nachschub mußte gesichert sein, denn »wer über große Absatzmärkte in Italien verfügt, kann nicht diese Woche liefern, nächste Woche nicht und übernächste Woche vielleicht« (Stichelmaier). Eine klare Aufgabenverteilung im internationalen Syndikat war somit für einen reibungs- und geräuschlosen Schmuggel unverzichtbar.

Die unterste Ebene dieser organisierten Schmuggelbanden sind die Verkäufer in den Abnehmerländern, die Lkw-Chauffeure, die Frachterkapitäne, kurzum die Handlanger des illegalen Gewerbes. Sie erhalten branchenübliche Löhne, aufgebessert durch Gefahrenzulagen. Ihr Risiko ist beträchtlich, denn nur sie werden gefaßt; die Schweizer Hintermänner können nicht belangt werden. Sie finanzieren die Geschäfte, halten die

Kontakte zu korrupten Zöllnern und Beamten, waschen die Schwarzgelder über eidgenössische Banken – und machen den Reibach. Ihnen oblag immer auch die Pflege der Beziehungen zur Ost-Mafia, zu KoKo und Stasi.

Neben der DDR spielten Bulgarien und Albanien in den achtziger Jahren die wichtigste Rolle als Drehscheiben für die steuerfreie Tabakware. Die Tour über den albanischen Hafen Durres war jahrelang eine der beliebtesten Routen. Von der Spedition Weys Inter-Europa BV im holländischen Siebengewald wurden auf der Strecke Antwerpen–Durres regelmäßig »Marlboro« geliefert, meist zwei Lkw mit jeweils einer Million Päckchen, »also einhundert Millionen Schachteln pro Jahr«, rechnet Ferdi Gurlats (Name geändert), einer der Weys-Fahrer, vor. Pro Päckchen ein Schweizer Franken! Die »schwarze« Gewinnspanne liege also bei rund 100 Millionen Franken pro Jahr für die Schweizer Drahtzieher.

Der Hunger nach West-Devisen verdrängte auch in Bulgarien alle – ohnehin spärlich vorhandenen – Skrupel. Staatsfirmen in Sofia wie Despred, Kintex oder Socotrade handelten dabei nicht nur mit Schmuggelzigaretten, sondern angeblich auch mit Heroin und Waffen. Die für ihre Brutalität berüchtigten Bulgaren erlaubten den Syndikaten nicht nur, Deckadressen im Lande zu verwenden, sie nutzten die ausgetretenen Schmuggelpfade auch dazu, um – wie die DDR – eigene, in Lizenz hergestellte West-Zigaretten abzusetzen.

Bulgatabac, das bulgarische Tabakmonopol, durfte offiziell nur für den Eigenbedarf produzieren, nicht zuletzt, weil dort (anders als in der DDR) Tabake eingesetzt wurden, die für westliche Gaumen ungenießbar waren. Dennoch vertrieben die Bulgaren »Winston« mit Hilfe nachgemachter US-Packungen in Spanien. Das wiederum beunruhigte die Konkurrenz. Sie befürchtete, daß die spanischen Raucher wegen der schlechten Qualität der bulgarischen »Winston« auf andere Marken umsteigen würden. So gesehen muß der Großschmuggel auch im Interesse der Konzerne gelegen haben – aber nur, solange es sich um eigene Erzeugnisse und Umsätze handelte.

Während die Bulgaren vornehmlich Ware für den spanischen Markt »neutralisierten« – sofern sie nicht direkt mit Motorschiffen aus Antwerpen an die nordspanische Küste verfrachtet wurde –, war der Weg über Albanien geradezu ideal für den süditalienischen Markt, also für »Marlboro«. Mit Schnellbooten oder getarnten Segeljachten gelangte die Schmuggelware jahrelang über die Adria. Für die illegale Wiedereinfuhr in die Europäische Gemeinschaft war die Mafia zuständig. Die dichte militärische Radarkontrolle stellte dabei nie ein ernsthaftes Hindernis dar – die NATO-Soldaten wurden bestochen oder erpreßt.

»Und einmal im Jahr wurde eine Lieferung der italienischen Guardia di Finanza geopfert«, erinnerte sich auch Johnny Stichelmaier. Man gab ihnen einen Tip und ließ sie, oft im Beisein der Presse, zuschlagen. »Einen Zucker geben«, nannte es Johnny. »Dann hatten die Zöllner ihren Erfolg – und wir unsere Ruhe!«

Mit den gravierenden politischen Veränderungen im Ostblock, die zuletzt sogar Bulgarien und Albanien erfaßten, wurde dem staatlich sanktionierten Schmuggel über Sofia und Durres die Basis entzogen. Die Schweizer Finanziers und ihre Lieferanten mußten sich innerhalb kürzester Zeit auf die neue Situation einstellen – und auf neue Märkte.

Mit der deutschen Einheit und der Öffnung der östlichen Grenze ist Polen die neue Drehscheibe für den internationalen Zigarettenschmuggel geworden. Dank alter Stasi-Seilschaften und unzufriedener ostdeutscher Zöllner ist der Rücktransport über Österreich nach Italien offenbar leicht zu bewerkstelligen. Sogar die Bundesrepublik selbst ist inzwischen zum Markt der organisierten Schieberbanden geworden. Im ersten Halbjahr 1991 wurden von der Zollfahndung in Berlin und in den fünf neuen Bundesländern bereits rund 60 Millionen Zigaretten beschlagnahmt, »Marlboro« vor allem, aber auch »Camel«, »HB« oder »Dunhill«.

Nach Erkenntnissen der Hamburger Firma Reemtsma hat der Schwarzhandel bereits ein Fünftel des ostdeutschen Marktes erobert. Dem Fiskus entginge dabei zwischen einer und zwei Milliarden D-Mark Steuern pro Jahr. Im Ostteil Berlins sei sogar schon jede dritte Schachtel »eingeschwärzt«. Tabakkonzerne freilich verdienen an der fehlgeleiteten Duty-free-Ware ebensoviel wie an versteuerten.

Eine wichtige Rolle im polnischen Vertriebssystem spielen Vietnamesen. An den Grenzen nach Polen und zur Tschechoslowakei gebe es jede Menge »Ho-Chi-Minh-Pfade«, auf denen »die Vietnamesen eifrig hin und her marschieren«, witzelt ein sächsischer Zollfahnder. 50 000 Asiaten, die in der DDR für Hungerlöhne schuften mußten, um die Schulden ihres Landes abzuarbeiten, stehen seit der Einheit auf der Straße und haben sich zu Schieberbanden organisiert. Wegen der Konkurrenz sei eine zunehmende Brutalisierung der Gangs zu beobachten. Wenn Grenzpatrouillen auf vietnamesische Schieber stoßen, müssen sie immer häufiger Messer, Macheten oder Schußwaffen beschlagnahmen.

Ende 1991 verfügte das italienische Finanzministerium für 30 Tage ein Verkaufsverbot für die Marken des amerikanischen Herstellers Philip Morris (»Marlboro«, »Muratti Ambassador«, »Merrit«). Die Guardia di Finanza hatte im November vor der Küste von Bari ein aus Jugoslawien kommendes Motorboot mit zwei Tonnen Zigaretten für den süditalienischen Schwarzmarkt aufgebracht. Wenige Tage später waren von den Zollwächtern im Hafen von Ravenna sechs Frachter an die Kette gelegt worden, in denen die Beamten insgesamt acht Tonnen Schmuggelware gefunden hatten.

Der italienische Innenminister Vincenzo Scotti beschuldigte den Tabakmulti, er habe tatenlos zugesehen, daß organisierte Banden mit Verbindungen zu Mafia und Camorra den

Schwarzmarkt mit »Marlboro« versorgten. Scotti: »Philip Morris sollte nicht mehr glauben, daß wir ein Land von Tölpeln sind. Das Spiel ist aus.«

Der Schritt löste, selbst wenn es erst seit kurzem eine gesetzliche Grundlage dafür gab, allenthalben Überraschung aus. Jahrzehntelang galt der Zigarettenschmuggel in Italien als Kavaliersdelikt. Es herrschte in politischen Kreisen die Meinung vor, sich wegen des eher unbedeutenden Tatbestands der gewerbsmäßigen Steuerhinterziehung nicht mit der organisierten Kriminalität, mit Mafia und Camorra, anzulegen, zumal sich, wie beim Drogenhandel, meist nur die kleinen Schieber fassen ließen. Das befristete Verkaufsverbot für den Tabakmulti Philip Morris war da von ganz anderem Kaliber: Es erwies sich als Waffe gegen die von der Schweiz aus gesteuerten Schmuggelbanden. Denn es bedeutete nichts anderes, als daß der US-Konzern nach Meinung der Behörden in Rom an den Schwarzmarktgeschäften partizipierte, zumindest aber sie duldend in Kauf nahm.

Deutsch-deutsche Ma(s)chenschaften

Der große Jes

Die vertrauliche »Aufzeichnung« des Bundesnachrichtendienstes, Tagebuch-Nummer 681/78 vom 16. 8. 1978, betraf
»Unregelmäßigkeiten im Innerdeutschen Handel«. Auf fünf
Seiten hatten die Experten aus Pullach dem Bundeskanzleramt
und dem Bundeswirtschaftsministerium »Verstöße der DDR«
aufgelistet, die »zentral vom ›Bereich Schalck‹ im Ministerium
für Außenhandel gesteuert« würden. Aus dem Geheimdossier
erfuhren die Verantwortlichen in Bonn nicht zum ersten Mal
detailliert, wie »alle illegalen Machenschaften der DDR-Außenhändler direkt von Schalck bestimmt werden«. Doch die
damalige SPD/FDP-Koalition unter Helmut Schmidt übersah
die »häufigen bzw. gravierenden Verstöße« ebenso geflissent-
lich wie die Regierungen davor und danach.

Mißbraucht wurden die Bestimmungen des innerdeutschen
Handels vor allem im Handel mit Textilien. Um sich »zusätzliche Devisen zu verschaffen«, so notierte der BND, täusche
Alexander Schalcks Firmenimperium Transitgeschäfte vor, fäl-
sche Dokumente sowie Frachtpapiere und »neutralisiere« Bekleidung aus anderen Ostblockländern oder Fernost, die nach
internationalen Vereinbarungen gar nicht in die Bundesrepublik eingeführt werden dürften. So seien beispielsweise in den
Jahren 1972 bis 1978 Herrenhemden, Schlafanzüge und Bettü-
cher aus Rumänien, Bulgarien, der ČSSR, aber auch aus Korea

in einem Großbetrieb in Coswig bei Dresden umgepackt, als DDR-Ware etikettiert und dann in den EG-Markt eingeschleust worden.

Bei den krummen Geschäften spielten vor allem der DDR-Außenhandelsbetrieb Textilcommerz, die Spedition Deutrans und die holländischen Kaufleute Brucker eine zentrale Rolle, hieß es in dem BND-Papier. Insidern der Textilbranche bot der Geheimdienst damit keine Neuigkeiten, denn Isaac (»Jes«) Brucker und sein Sohn Robert hatten Anfang der siebziger Jahre mit Schein- und Briefkastenfirmen in der ganzen Welt ein florierendes Schmuggelsyndikat aufgebaut. Zu ihren wichtigsten Abnehmern zählten vor allem die großen Bekleidungshäuser in der Bundesrepublik.

Einer der guten Brucker-Kunden für DDR-Bekleidung made in Fernost war das Großversandhaus Quelle in Fürth – das wußte man natürlich auch in Pullach. Doch weil der Dienst auftragsgemäß keine Erkenntnisse über Bundesbürger und bundesdeutsche Firmen sammeln durfte, wurde diese Information den Bonner Adressaten wohlweislich verschwiegen.

Jes Brucker hatte es schon immer verstanden, seine Textil-Schiebereien und die damit verbundenen Geldflüsse perfekt zu tarnen. Im Juni 1980 schrieb er an seine Bank in der Schweiz, er wolle zukünftig für die Abwicklung der finanziellen Transaktionen »kleine Zwischenfirmen einschalten«, unter anderem in Tanger und in Assuan. Die Umsätze würden sich voraussichtlich »zwischen einer und zwei Millionen Schweizer Franken pro Monat« bewegen.

Die marokkanischen und oberägyptischen Adressen, die Jes Brucker seiner Schweizer Bank nannte und über die offensichtlich Schwarzgelder umgeleitet werden sollten, verdienten nicht einmal den Namen »Briefkastenfirma« – denn sie hatten keinen Briefkasten: Wer zum Beispiel die Anschrift in Tanger aufsuchen wollte, landete an der Theke einer ziemlich anrüchigen Hafenspelunke.

Um die Steuerbehörden und Zollfahnder in den Ländern der Europäischen Gemeinschaft an der Nase herumzuführen, bediente sich Brucker Dutzender exotischer Scheinfirmen, vor allem im Mittelmeerraum. Er baute ein einzigartiges Netz von Einkaufsbüros, Finanzierungs- und Vertriebsgesellschaften auf, das den Ermittlern, als sie es durchschaut hatten, erheblichen Respekt abnötigte. Mit Kleinkram gab sich Brucker nie zufrieden. Bei seinen Geschäften ging es stets um Millionenbeträge. Da wurde geklotzt, nicht gekleckert, räumte man anerkennend beim Economische Controle Dienst (ECD) in Den Haag ein; der ECD ist eine Art holländische Finanzpolizei.

Brucker selbst hielt sich stets im Hintergrund, kaufte nichts, verkaufte nichts, besaß nichts – zumindest auf dem Papier. Die Schmutzarbeit überließ er anderen. Kein Wunder, daß Isaac Brucker besonders bei Alexander Schalck und den Leuten von Textilcommerz großes Ansehen genoß.

Angefangen hatte es 1974, als das Welt-Textil-Abkommen (WTA) in Kraft trat und einer Vielzahl von krummen Geschäften Tür und Tor öffnete. Die von rund fünfzig Liefer- und Verbraucherländern abgeschlossene und später immer wieder verlängerte Vereinbarung ist ein Steuerungsinstrument für den internationalen Handel mit Bekleidung jedweder Art. In den Ländern der Dritten Welt werden Textilien in einem Übermaß produziert, das es notwendig macht, neue Absatzmärkte in den Verbrauchernationen zu erschließen. Um sich gegen eine Überflutung zu schützen, erklärten sich jene Länder, die das Welt-Textil-Abkommen unterzeichneten, bereit, die Einfuhr bestimmter Textilerzeugnisse aus den Erzeugerländern mengenmäßig zu beschränken.

Typische Verbraucherländer (dazu gehören die Staaten der Europäischen Gemeinschaft) erhielten seit 1974 jedes Jahr sogenannte »Quoten« für die jeweiligen Lieferländer (vor allem in Fernost), also ein festes Kontingent bestimmter Textilwaren. War die Quote erschöpft, durfte aus diesen Ländern im laufenden Jahr keine Ware mehr eingeführt werden. Zur Überwachung der in den Abkommen festgelegten Mengen wurde das System der doppelten Kontrolle eingeführt: Das Ausfuhrland mußte eine Exportlizenz ausstellen, das Einfuhrland eine Importgenehmigung erteilen. Die einzelnen Quoten wurden in bilateralen Verhandlungen Jahr für Jahr neu ausgehandelt.

Die Billigerzeugerländer in Fernost, vornehmlich Südkorea, Hongkong, Taiwan, China und die Philippinen, verfügen indes Jahr für Jahr über Produktionskapazitäten, die erheblich über die genehmigten Ausfuhrkontingente hinausgehen. Diese Überproduktion, sogenannte Non-Quota-Ware, bot von Anfang an einen starken Anreiz für Importeure, die es mit dem WTA nicht so genau nahmen. Weil es für diese Textilien keine offiziellen Bewilligungen mehr gab, konnten sie nur illegal in die EG eingeführt werden, etwa mit gefälschten Dokumenten oder über die DDR. Denn der innerdeutsche Handel unterlag natürlich keinen solchen Beschränkungen. Mit Non-Quota-Ware, die rund ein Drittel billiger war als die kontingentierte, ließen sich enorme Gewinne erzielen, die noch dazu – wegen der notwendigen illegalen Einfuhr – auch dem Fiskus entgingen. Für DDR-Ware gab es sogar noch Rückerstattungen.

Alexander Schalck klärte den Generalsekretär des ZK der SED, Erich Honecker, im April 1977 unmißverständlich über die Textilschiebereien der DDR auf: »Jährlich werden Waren, insbesondere Textilien, aus sozialistischen und kapitalistischen Ländern gegen konvertierbare Devisen übernommen, in der DDR neutralisiert und dann im Rahmen des Handelsabkommens der DDR mit der BRD gegen Verrechnungseinheiten exportiert. Es handelt sich im Jahre 1977 um ein Volumen von circa 150 Millionen Verrechnungseinheiten, das außerplanmäßig abgewickelt wird.« Und auch über die Illegalität ließ der KoKo-Chef keinen Zweifel aufkommen: »Solche Transaktionen werden durchgeführt, um aus diesen Geschäften Preisvorteile für die DDR zu ziehen.«

Preisvorteile zogen natürlich auch die westdeutschen Waren- und Kaufhäuser, die große Stückzahlen absetzen und knapp kalkulieren müssen. Sie hatten zur Befriedigung der Nachfrage seit jeher ein großes Interesse an sogenannter Non-Quota-Ware, solange sie nicht selbst gezwungen waren, mit Hilfe von Umwegsgeschäften, undurchsichtigen Manövern, faulen Tricks und falschen Dokumenten aktiv zu werden. Dazu gab es schließlich Spezialisten wie Jes Brucker.

»Der große Jes«, wie man ihn in der Branche ehrfürchtig nannte, hatte sofort nach Verabschiedung des Welt-Textil-Abkommens 1974 die einmalige Chance gewittert, den Bedarf der Branche nach Non-Quota-Ware zu decken, und gründete in den folgenden Jahren in einem halben Dutzend europäischer Länder Firmen für Einkauf und Vertrieb, die von vornherein nur einem Ziel dienten: den Warenweg aus Fernost über die DDR zu vertuschen.

Zeitweise verfügte Brucker über ein Imperium von 30 Briefkastenfirmen, die meisten davon in der Schweiz und in Liechtenstein, aber auch rund ein Dutzend in der Bundesrepublik. Über sie wurden nach Schätzungen des ECD Ende der siebziger Jahre Dreiviertel aller Umsätze des Amsterdamer Familienclans getätigt.

Seit 1976 liefen immer wieder Ermittlungen deutscher Zollfahndungsstellen gegen Jes Brucker. Nachgewiesen wurden ihm Schmuggelgeschäfte mit einem Volumen von insgesamt 160 Millionen Mark. Die Dunkelziffer dürfte beträchtlich darüber gelegen haben.

Allen deutschen Brucker-Firmen lag das gleiche Strickmuster zugrunde: Ausgestattet mit einem Gesellschaftskapital von jeweils 20 000 Mark und als GmbH für den Vertrieb und Großhandel mit Textilien in die jeweiligen Handelsregister eingetragen, wurden meist Holländer oder Schweizer mit der Geschäftsführung beauftragt. Sie waren bei allen Entscheidungen an strikte Weisungen von Brucker gebunden.

Einige dieser Unternehmen waren auf Umgehungseinfuhren über die DDR spezialisiert; sie standen in engem Kontakt mit der Textilcommerz in Ost-Berlin. In der DDR wurden aus »illegalen« taiwanesischen und koreanischen Hemden und Blusen Bekleidungsstücke aus Kombinaten und volkseigenen Betrieben – durch Austausch der Etiketten. Später wurde das Verfahren weiter vereinfacht. Da nähten die asiatischen Fertigungsbetriebe die DDR-Etiketten gleich bei der Herstellung mit ein.

Lauter Märchen?

Der Textilschmuggel florierte. In den siebziger und achtziger Jahren profitierte fast die gesamte Bekleidungsbranche von den Umwegsgeschäften mit Non-Quota-Ware – einige Firmen weniger, andere mehr. Die großen, zum Beispiel manche Versandhäuser, nutzten in der Regel eine »jener zahlreichen westlichen Firmen«, die bereit waren, »für entsprechende Profite innerdeutsche und Außenwirtschafts-Bestimmungen außer acht zu lassen«, heißt es in einem BND-Dossier vom August 1978. Das bot den Konzernen die Möglichkeit, im Falle von Ermittlungen der Steuer- und Zollfahndung die Rolle der Ahnungslosen und Betrogenen zu spielen.

Offiziell gab es die einträglichen Schiebereien mit Hilfe der DDR-Kommunisten in der Bekleidungsindustrie gar nicht: »Ich bezweifle, daß Textilschmuggel in großem Stil durchgeführt wird, weil solche Ware natürlich auch ihren Käufer finden muß. Der Markt ist ja nicht unbegrenzt aufnahmefähig«, behauptete Dr. Helmut Wienholt, Hauptgeschäftsführer der Außenhandelsvereinigung des deutschen Einzelhandels (AVE). Er vertrat daher die Überzeugung, daß der illegale Handel mit Hosen und Hemden, Blusen, Strümpfen und Unterwäsche »überhaupt nicht« existiere: »Das sind Märchen!«

Dabei gab es immer wieder rechtskräftige Urteile deutscher Gerichte gegen Schieber – die meisten waren Helfer oder Helfershelfer des Brucker-Clans. Es handelte sich nicht um Bagatellfälle, sondern um Umsätze von einigen hundert Millionen Mark. Und der Anteil ungedeckter Schwarzmarktgeschäfte lag noch wesentlich höher. Dr. Dierk Hahn aus dem Bundesfinanzministerium ging 1986 davon aus, daß höchstens jedes fünfte Umwegsgeschäft aufgedeckt werde und dem Fiskus durch die illegale deutsch-deutsche Kooperation ein jährlicher Schaden in Höhe dreistelliger Millionenbeträge entstehe. Es gebe, meinte Hahn mit Blick auf Vater und Sohn Brucker, in Europa »Schmuggelorganisationen, die auf eigene oder fremde Rechnung in großem Maßstab versuchen, Textilien illegal in die Europäische Gemeinschaft zu schleusen«. Häufig führe ein Großabnehmer die Kaufverhandlungen mit den Lieferfirmen in den asiatischen Ländern und lege dabei genau die Vertragsbedingungen wie Mengen, Preise, Qualität und Muster fest. In die »Schmutzarbeit« der illegalen Einfuhren werde sodann ein darauf spezialisiertes Unternehmen eingeschaltet. Dieses besorge die falschen Dokumente, erledige die Zollformalitäten und verkaufe die Ware nach der Einfuhr pro forma an den Kunden. »Manche Großabnehmer bedienen sich aber auch eigens für die Verschleierung der illegalen Einfuhr gegründeter Briefkastenfirmen.«

Hahn mußte es wissen. Damals beschäftigte sich seine Abteilung gerade mit dem Großversandhaus Quelle und dessen Beteiligung am internationalen Textilschmuggel. Auf Hahns Schreibtisch lag ein entsprechender Ermittlungsbericht der Nürnberger Zollfahndung, der in Bonn bereits erheblichen Staub aufgewirbelt hatte.

Denn oftmals kamen die großen Organisateure und Firmen mit Geldbußen oder sogar ganz ungeschoren davon, weil sie über die nötigen politischen Kontakte verfügten, die Straftaten nicht nachweisbar oder Ordnungswidrigkeiten schon verjährt waren. Wie überall im Bereich der Wirtschaftskriminalität hatten die schwärzesten Schafe oft die weißesten Westen – dank ihres politischen Leumunds.

Razzia in Amsterdam

Isaac Brucker, sein Sohn Robert und die meist holländischen Repräsentanten des Clans nahmen gewöhnlich an allen wichtigen Fachmessen der Textilbranche teil, vor allem an der Leipziger Frühjahrsmesse, wobei im Ring-Messehaus die krummen Abschlüsse für das folgende Jahr getätigt und neue Methoden des Schmuggels ausbaldowert wurden. »Brucker hatte immer Non-Quota, wohin man auch kam, oder er wußte wenigstens, wo es Kontingente außerhalb des Welt-Textil-Abkommens zu beschaffen gab«, erinnert sich Harry Scherzel (Name geändert), Einkäufer eines großen Kaufhauskonzerns. In Leipzig sei »Jes immer in seinem Element« gewesen.

Otmar Baas (Name geändert), ein anderer Textilschieber, der hin und wieder für den Clan arbeitete, bestätigte, daß man während der Leipziger Frühjahrsmesse, »abends in den einschlägigen Bars und Etablissements«, die besten Geschäfte abschließen konnte. Und natürlich war die Stasi »immer mit von der Partie«.

Die Verabredungen fanden oft auch im Foyer von Textilcommerz in der Ostberliner Behrenstraße statt. »Jeder saß an einem kleinen Tischchen und orderte Non-Quota-Ware«, berichtete Otmar Baas. »Es ging überhaupt nicht konspirativ zu – wir konnten immer verstehen, welches krumme Geschäft gerade am Nachbartisch ausgeheckt wurde.«

»Der große Jes«, erinnerte sich später auch Harry Scherzel, »genoß immer eine Vorzugsbehandlung. Er war halt der Gentleman-Ganove, der nicht nur mit besten Beziehungen imponierte, sondern auch mit exzellenten Manieren.«

Den Economische Controle Dienst (ECD) in Den Haag interessierten seine Umgangsformen wenig. Er hatte Jes Brucker seit 1974 im Visier. Es war damals um rumänische Schuhe gegangen, die eine seiner Firmen ohne Genehmigung eingeführt hatte. Mit einem Bußgeld von 5000 Gulden ließ sich seinerzeit die Ordnungswidrigkeit aus der Welt schaffen. Doch die ECD-Fahnder blieben am Ball: Bei einer Hausdurchsuchung in den Geschäftsräumen der Brucker-Firma Orion fielen ihnen wichtige Dokumente und Papiere in die Hände. Einen Teil des entlarvenden Materials hatte Jes allerdings rechtzeitig in Sicherheit bringen lassen – man munkelte, er habe einen Tip bekommen.

Für Jes Brucker waren solche Aktionen lästig, aber eben nicht zu vermeiden. Er betrachtete sie als eine Herausforderung und ließ sich in seinem Bemühen, die Organisation zu vergrößern und zu dezentralisieren, überhaupt nicht stören. Er zog nur die richtigen Konsequenzen. Und am Ende war immer er der Sieger.

So auch im Spätsommer 1980. Damals hatte der ECD ein Geheimbüro Bruckers in Amsterdam ausfindig gemacht und schlug in einer spektakulären Aktion mit mehr als 60 Fahndern zu. Drei Tage vor der Razzia war, gewissermaßen als Vorschau, ein Artikel in der holländischen Zeitung »Telegraph« erschienen. Ob eine gezielte Indiskretion vorlag und wer das Blatt informiert hatte, konnte nie geklärt werden. Jedenfalls war Jes gewarnt. Aber die Zeit reichte nicht mehr, sämtliche Unterlagen beiseite zu schaffen. Was der ECD fand, genügte allemal für eine Anklage.

Im Februar 1984 dann ging es vor Gericht in die entscheidende Runde. Bruckers Plädoyer in eigener Sache geriet ihm, unterstützt von sieben Anwälten, zu einem großen Auftritt. Jes unterstrich sein Format.

Sohn Robert dagegen, weit weniger wortgewaltig als sein Vater, gab eine schlichtere Interpretation des Sachverhalts:

»Wir sind doch keine Textil-Mafia, wir sind ein Familienunternehmen, das sein Geschäft versteht. Wir haben nichts anderes getan, als die Lücken in den Gesetzen aufzuspüren. Da ist vieles unklar und zweideutig.«

Die Amsterdamer Richter sahen das anders. Immerhin waren dem Clan in der Beweisaufnahme illegale Textileinfuhren, zu einem Großteil über die DDR, in Höhe von 50 Millionen Gulden nachgewiesen worden, wobei Straftaten der Dutch Connection außerhalb der Niederlande sogar noch unberücksichtigt blieben. Am 15. März 1984 wurden Isaac und Robert Brucker zu Freiheitsstrafen von drei beziehungsweise zwei Jahren und vier Monaten verurteilt.

Bei der Verkündung des Richterspruchs kam es zu einer tumultartigen Szene: Isaacs Frau schrie in höchster Erregung, das Urteil sei »eine Schande für die holländische Justiz«. Dann verließ sie heftig protestierend den Sitzungssaal und knallte die Tür hinter sich zu.

Die Schande, die Frau Brucker meinte, wurde zwei Jahre später vom höchsten Gerichtshof der Niederlande getilgt. Unter Berufung auf die »Internationale Konvention zum Schutz der Menschenrechte und Grundfreiheiten« hatten Vater und Sohn Brucker das Urteil mit der Begründung angefochten, es sei ihnen nicht innerhalb der gesetzlichen Frist zugestellt worden. Sie hatten Erfolg. Am 25. April 1986 entschied der Gerichtshof in Den Haag, das Urteil aufzuheben. Eine nochmalige Prüfung der Schuldfrage wurde abgelehnt und der Staatsanwaltschaft untersagt, in der Angelegenheit neue Ermittlungen anzustellen.

Der Richterspruch roch nach politischer Manipulation. War es eine Schlamperei der niederländischen Justiz, bindende Termine verstreichen zu lassen? Oder stand politischer Einfluß dahinter? Jes Brucker jedenfalls bekam einen Freibrief, der einer Einladung gleichkam, mit den krummen Touren weiterzumachen.

Schalcks Keller-Geschäfte

Anfang Februar 1987 wurde in West-Berlin der holländische Kaufmann Piet Winnerz (Name geändert) zu Grabe getragen. Er war zeitlebens ein »Wanderer« zwischen den Blöcken, ein Händler zwischen Ost und West gewesen. Er soll zum Beispiel Teile des deutschen Panzers »Leo 2« über Belgien in die Sowjetunion verkauft haben und am Schmuggel von sensibler Elektronik beteiligt gewesen sein; daneben zählten Umgehungseinfuhren von Textilien über die DDR zu seinen geschäftlichen Aktivitäten.

Um seinen Sarg war die Prominenz der ehrenwerten Gesellschaft Ost wie West versammelt, darunter die Verantwortlichen der Ostberliner Textilschmuggelszene: Heinz Poehnert und Christine Keller vom Außenhandelsbetrieb Textilcommerz (Texco) und Lilo Seemann, die frühere, zwischenzeitlich pensionierte Generaldirektorin der Texco-Tochter Comipex.

Auch Otmar Baas (Name geändert), Inhaber mehrerer Bekleidungsläden am Bodensee und unter den Hemdenschiebern bekannt wie ein bunter Hund, hatte sich zur Beerdigung des Holländers Winnerz eingefunden. Lilo Seemann hatte Baas mehr als zehn Jahre zuvor mit der DDR und dem holländischen Brucker-Clan ins Geschäft gebracht. Beim Leichenschmaus, erinnerte sich Baas später, schwärmte man von alten Zeiten, wie die westdeutschen Steuerbehörden mit ausgeklügelten Methoden systematisch übers Ohr gehauen worden waren.

Otmar Baas – Aufstieg und Fall einer Berufskarriere: 1935 geboren, abgebrochener Schulbesuch, zweijährige Tätigkeit als Hilfsarbeiter, Lehre als Strumpfwirker, anschließend bis 1964 Beschäftigung bei einer Lindauer Textilfabrik, zuletzt als Betriebsratsvorsitzender. Noch während seiner Zeit als Interessenvertreter der Arbeitnehmer begab er sich 1961 ins Unternehmerlager, gründete ein Bekleidungsgeschäft, danach eine Reihe von Textil-Handelsfirmen; außerdem wurde er Teilhaber des holländischen Textilgroßhändlers Dirk Verwey, der damals mit seiner Firma Universum in den Niederlanden, in Italien und im Fürstentum Liechtenstein Niederlassungen hatte.

Nach Verweys Tod 1973 zahlte Baas dessen Familie aus, löste die Tochterunternehmen auf und machte in den folgenden Jahren mit der Universum GmbH & Co KG in Lindau Umsätze in Höhe von bis zu 100 Millionen Mark im Jahr. Baas stieg zu einem der größten Arbeitgeber in Lindau auf und erzielte Millionengewinne. Zeitweise wickelte er fünf Prozent aller Textillieferungen aus der DDR in die Bundesrepublik ab. Aus dieser regen Geschäftstätigkeit resultierten auch seine blendenden Kontakte zu den Außenhandelsbetrieben der DDR, insbesondere zu den verantwortlichen Damen in Ost-Berlin, Christine Keller und Lilo Seemann, die im Auftrag von Alexander Schalck zur Devisenbeschaffung die sogenannten »Keller-Geschäfte« betrieben.

Es war »ein Thema mit wenigen Variationen« (Baas). Die meisten Aktionen liefen nach fast der gleichen Masche ab: Textilien aus Fernost, oft geliefert von der internationalen koreanischen Handelsorganisation Dae Woo, wurden auf Umwegen in die DDR gebracht, dort bei Textilcommerz, Coimpex oder Viratex zu DDR-Ware umfrisiert und dann im innerdeutschen Handel zoll- und abgabenfrei, ohne jedwede Quotenbeschränkung in die Bundesrepublik geschleust. Die Koreaner ließen sich zwar meist bestätigen, daß die Waren *nicht* auf den bundesdeutschen Markt gelangen dürften, »aber sie wußten natürlich genau, daß exakt dies der Zweck war«, behauptete Baas später.

Für heiße Ware wie Non-Quota-Artikel, also Bekleidungsstücke, die über die genehmigten Liefermengen hinausgingen, oder umgeleitete Textilien aus anderen Ostblockstaaten waren die Kontore 54 und 55 von Textilcommerz in der Außenstelle Grünau zuständig. Sie stellten einwandfreie Versandpapiere zur Verfügung, damit Textilien, die in der DDR nur ein kurzes Gastspiel gaben, anstandslos die innerdeutsche Grenze passieren konnten. Die guten Dienste ließ sich die Direktorin Keller natürlich vergüten. Von den Schmuggelsyndikaten wie jenem von Isaac und Robert Brucker oder Otmar Baas wurde eine Provision in Höhe von 15 bis 18 Prozent des Warenwertes verlangt, in harter Währung, in der Regel einzuzahlen auf ein Schweizer Konto. Und bei den Mengen, die über den schlecht gesicherten »Hintereingang« unter falscher Flagge in die EG geschleust wurden, waren solche nach westlichem Verständnis illegalen Transaktionen für Schalcks KoKo zweifelsohne lohnend.

Hatte eine Lieferung mit Scheinursprung DDR erst einmal die Grenze zur Bundesrepublik überschritten, dann gab es für sie im Geltungsbereich der EG keinerlei Zollschranken mehr. Die schwerwiegenden Verstöße gegen die Vereinbarungen des innerdeutschen Handels wurden von den EG-Partnern deshalb ausgesprochen kritisch betrachtet, zumal es nie Anzeichen dafür gab, daß das Problem auf dem deutsch-deutschen Verhandlungsweg diskret zu bereinigen gewesen wäre. Im Gegenteil: Es wurde wegen der Störanfälligkeit der politischen Beziehungen grundsätzlich ignoriert.

Das wußte natürlich auch Alexander Schalck, über dessen Schreibtisch alles lief und der über großangelegte Schmuggeloperationen stets im Bilde war. Anfang August 1978 sah er sich nach entsprechenden Zeitungsartikeln im Bundesgebiet veranlaßt, seinem Vorgesetzten Günther Mittag Bericht zu erstatten. Bei den Lieferungen an die Firma Universum in Lindau handele es sich um Kleider, die »auf Wunsch des westdeutschen Käufers neutralisiert (wurden), d. h. es wurden die entsprechenden Etiketten herausgetrennt«. Und die Hemden für Otmar Baas stammten aus Korea, »der Vorwurf der Westseite, daß es sich dabei nicht um DDR-Ware handelt, stimmt, ist jedoch nicht beweisbar« (Schalck). Bei den Hosen habe man lediglich »in einer ein Etikett tschechischer Herkunft gefunden«, schrieb Schalck an Mittag, das sei allenfalls »eine geringfügige Abweichung«. Sein Vorschlag: »Der Generaldirektor des AHB Textilcommerz erhält den Auftrag, den westdeutschen Kunden . . . zu erklären«, man betrachte die Lieferungen »als vollkommen übereinstimmend mit dem abgeschlossenen Vertrag«, eine Reklamation werde »nicht anerkannt«. Zudem empfehle er, politisch »energisch gegen . . . den sogenannten Schmuggelvorwurf zu protestieren«, die Bundesregierung sei »ernsthaft darauf hinzuweisen, daß das Aufbauschen seltener und geringer Fehler von Lieferbetrieben der DDR kein Beitrag zur Verbesserung der kommerziellen Zusammenarbeit ist« (Schalck).

So geschah es dann. Und Bonn kuschte wieder einmal. Politische Turbulenzen waren nicht erwünscht.

Das Urteil von Hof

Im Juli 1979 fand vor dem Landgericht in Hof ein Prozeß statt, der in der örtlichen und überregionalen Presse beachtliche Aufmerksamkeit fand. In Ost-Berlin sorgte er gar für helle Aufregung. Es war das erste Mal, daß die Öffentlichkeit wenigstens ansatzweise von der heillosen Verstrickung des DDR-Regimes in Geschäfte der europäischen Textilsyndikate erfuhr. Es erwischte ausgerechnet Otmar Baas, der in den Jahren zuvor für den Brucker-Clan oder auf eigene Rechnung zu Ost-Berlins bestem Mann geworden war und vor allem Kaufhäuser wie Hertie zu seinen Abnehmern zählte.

Hof liegt an der Autobahn zwischen München und Berlin, kurz vor dem ehemaligen Grenzübergang Rudolphstein, über den jahrelang der Warenverkehr aus der DDR gen Süden rollte. Insofern war es kein Zufall, daß Otmar Baas hier angeklagt und schließlich auch verurteilt wurde. Schon seit Beginn der siebziger Jahre waren über Rudolphstein illegal Waren in den Westen gelangt, einmal hochprozentiger Alkohol, als Chemikalien getarnt, ein anderes Mal Zigaretten hinter einer Tarnladung aus Eichenmöbeln.

Im Spätherbst 1977 hatte Baas erfahren, daß Dae Woo einen größeren Posten Herrenhemden koreanischen Ursprungs aus den Freihäfen Hamburg und Rotterdam zum Verkauf anbot. Für die Textilien waren von den südkoreanischen Behörden keine Exportlizenzen ausgestellt worden, weil es keine Quoten mehr gab. Baas nahm Rücksprache mit Jes Brucker, dem er nicht gern ins Handwerk pfuschte, einigte sich mit ihm und fädelte das Geschäft über Hamburg umgehend ein. Die »Dutch Connection« konnte sich gleichzeitig aus den Rotterdamer Beständen bedienen.

Die Ware wurde in den Freihäfen Hamburg und Rotterdam gelagert und »von Deutrans zur Umdeklarierung in die DDR gebracht. Von dort erfolgte die Lieferung in die Bundesrepublik Deutschland«, hieß es in dem ausführlichen BND-Dossier vom September 1978, das sich mit »Unregelmäßigkeiten im innerdeutschen Handel« befaßte. Zum Teil wurde auch die Hamburger Spedition Ihle eingeschaltet, eine westdeutsche Tarnorganisation aus Alexander Schalcks kommunistischem Schattenreich.

Behilflich war Otmar Baas ein österreichischer Spezi, der die Dae-Woo-Hemden offiziell erwerben sollte, damit auf jeden Fall verheimlicht werden konnte, daß er, Baas, Verkäufer und Käufer in einer Person sei. Doch der Economische Controle Dienst (ECD), die niederländische Zollpolizei, kam ihm auf die Schliche. Der ECD informierte die deutschen Ermittlungsbehörden in Hof, weil die Niederländer den Verdacht hegten, daß die koreanischen Herrenhemden gar nicht für die DDR bestimmt waren, sondern dort lediglich Versandpapiere und Richtung wechseln und dann über Rudolphstein in die Bundesrepublik zurückkommen sollten.

Die ECD-Fahnder hatten die richtige Nase. Da die Nummern der in Rotterdam observierten Deutrans-Lastzüge bekannt waren, konnten sie leicht identifiziert werden: 40 Stunden nach ihrer Abfahrt aus Rotterdam trafen die Lkws aus Richtung Ost-Berlin tatsächlich in Rudolphstein ein. Die Frachtdokumente wiesen Hemden aus DDR-Kombinaten aus. Der Zoll ließ die Lastzüge passieren, nahm aber die Verfolgung auf. Die Beschattung hatte Erfolg: Die DDR-Lkws fuhren ein Warenlager unweit von Hof an, das zuvor von Otmar Baas' Lindauer Im- und Exportfirma Universum angemietet worden war. Dort lagerte bereits Ware, die – so stellte sich hinterher heraus – auf die gleiche Weise in die Bundesrepublik gelangt war. Der Oberstaatsanwalt veranlaßte die Beschlagnahme der Textilien. In der Lagerhalle fanden die Zollfahnder Verpackungsmaterial mit koreanischer Aufschrift. In einigen Kartons lagen noch die originalen koreanischen Packzettel, und an vielen Hemden waren die Reste herausgetrennter Etiketten identifizierbar, ein untrüglicher Beweis, daß die Ware in der DDR »umgedreht« worden war.

Otmar Baas sowie einige seiner Mitarbeiter wurden festgenommen. Einer von ihnen legte wenig später ein umfassendes Geständnis ab, das den Ermittlern eine lückenlose Aufklärung der dubiosen DDR-Geschäfte ermöglichte. So bestätigte sich, daß sämtliche zur Verschleierung notwendigen Bescheinigungen in Ost-Berlin angefertigt worden waren.

In den ersten Monaten des Verfahrens kamen Funktionäre von Texco noch einige Male nach Hof, um »Mißverständnisse« aufzuklären und die Verdächtigen zu entlasten. Bei den koreanischen Packzetteln handele es sich um ein Versehen. Die asiatische Beschriftung sei damit zu erklären, daß Verpackungsmaterial in der DDR manchmal knapp sei und wiederverwendet werden müsse. Als sich die Beteiligung der DDR-Firmen nicht mehr leugnen ließ, blieben die Besuche aus Ost-Berlin plötzlich aus. Anfragen an die zuständigen Behörden der

DDR wurden erst mit Ausflüchten, dann gar nicht mehr beantwortet. Die Zeugenvorladung der Direktorin von Textilcommerz, Christine Keller, hatte keinen Erfolg.

Ost-Berlin beschränkte sich fortan darauf, bundesdeutsche Zeitungen übler Pressekampagnen zu bezichtigen. Der Treuhandstelle für den innerdeutschen Handel in West-Berlin wurde versichert, die DDR stehe zu ihren vertraglichen Verpflichtungen und verhalte sich stets korrekt. Einzelne »ungewollte Transaktionen« seien zwar nicht auszuschließen, sie gäben aber keinen Anlaß, die Angelegenheit zu dramatisieren – im beiderseitigen Interesse. In Bonn schmunzelte man – und ging zur Tagesordnung über.

Auf hartnäckiges Bohren einiger Bundestagsabgeordneter wurde dann doch noch das Ausmaß des aufgeflogenen Schmuggels mit Fernost-Textilien bekannt: Otmar Baas hatte rund 600 000 Herrenhemden im Wert von 2,5 Millionen Mark aus Korea, Dekostoffe und Baumwollgewebe im Wert von fast sieben Millionen Mark aus Taiwan, Billigware unbekannter Herkunft im Wert von sogar 27 Millionen Mark über Ost-Berlin bezogen; ein Abschluß über eine Million koreanischer Herrenhemden kam nur deshalb nicht mehr zustande, weil Baas inzwischen in Untersuchungshaft saß.

Am 19. November 1979 wurde der ehemalige Strumpfwirker von der Wirtschaftsstrafkammer des Hofer Landgerichts zu viereinhalb Jahren Gefängnis und einer Geldstrafe von 10 000 Mark verurteilt. Auch drei andere Mitarbeiter der Universum GmbH erhielten empfindliche Haftstrafen, zwei davon wurden zur Bewährung ausgesetzt. Gegen Otmar Baas erließen die Richter überdies ein Berufsverbot. Die Angeklagten hätten »eiskalt auf Kosten der Allgemeinheit« zoll- und steuerrechtliche Vergünstigungen des innerdeutschen Handels ausgenutzt, hieß es in der Urteilsbegründung.

Knapp ein Jahr nach dem drakonischen Richterspruch war Otmar Baas jedoch wieder auf freiem Fuß: Gegen eine Kaution von 155 000 Mark erhielt er Haftverschonung. Doch der Lindauer Textilhändler war nicht geläutert. Er beteiligte sich in der Folgezeit an einer Textilschieberei aus der Schweiz in die Bundesrepublik. Auch dieser Deal flog auf. Im März 1984 stand Otmar Baas als Wiederholungstäter in Augsburg erneut vor Gericht, kam aber mit einer Bewährungsstrafe von zwei Jahren sehr glimpflich davon. Danach stieg der Lindauer endgültig aus.

Den krummen »Keller-Geschäften« des Alexander Schalck tat dies indes keinen Abbruch. Zum einen gab es ja noch den Brucker-Clan, zum anderen eine Vielzahl von Textilhändlern, die, wie Otmar Baas, der Verlockung, mit Hilfe der DDR satte Gewinne zu erzielen, nicht widerstehen konnten.

Geschäfte mit Quelle

Ende der siebziger Jahre hatte Isaac Brucker außerhalb der holländischen Landesgrenzen – und damit dem Zugriff des Economische Controle Dienst entzogen – unter dem Namen Bartex eine neue Zentrale mit dem Standort Vaduz im Fürstentum Liechtenstein aufgebaut und als Statthalter seinen Sohn Robert eingesetzt. Brucker jr. sollte von Vaduz aus die Warenbeschaffung, die Abwicklung des Zahlungsverkehrs, die Kontakte zu Textilcommerz in Ost-Berlin und die Bereitstellung gefälschter Dokumente organisieren.

Robert Brucker konnte sich die jeweils günstigsten Angebote aussuchen: Die Non-Quota-Ware aus Hongkong, Südkorea oder Taiwan kam meist auf dem Seeweg nach Venedig und von dort ins Zollfreilager Embrach bei Zürich, wurde dann zum Schein nach Ost-Berlin verhökert und landete via innerdeutschem Handel als DDR-Erzeugnis bei einer der Vertriebsgesellschaften des Seniors in der Bundesrepublik oder in den Niederlanden.

Bartex bezog aber auch Ware von den Staatshandelsgesellschaften des Ostblocks, aus Rumänien, Bulgarien, der Tschechoslowakei und Polen, deren Motto: »Für harte Währung kulante Preise!« den Vorstellungen des Brucker-Clans sehr entgegenkam. Auch die Ostblock-Textilien wurden zunächst in Embrach eingelagert und später, mit gefälschten Papieren, an diverse Abnehmer in den EG-Ländern weiterverkauft. Über Bartex lief der gesamte Zahlungsverkehr. Von den Konten der Firma wurden die Fälscher und die Zöllner bestochen, die Lieferanten befriedigt, Provisionen für die klammen Kassen des Alexander Schalck gezahlt, sogar Miete und Gehälter des Geheimbüros in Amsterdam abgebucht; auch die Bartex-Kunden zahlten ihre Rechnungen auf die Konten in Liechtenstein.

Einer der besten Abnehmer war das Fürther Großversandhaus Quelle. Das zeigte sich im September 1980, nach der Hausdurchsuchung in Amsterdam, anhand der dort versteckten Unterlagen. Quelle ist eines der größten Unternehmen der Bekleidungsbranche hierzulande: Mehr als drei Milliarden Mark Umsatz machte der Fürther Großversender durchschnittlich in den achtziger Jahren – allein mit Textilien. Nur C & A, Karstadt und Kaufhof setzten damals mehr um.

Nach der Razzia war Jes Brucker im Zugzwang, schon um die blendenden Geschäfte mit Quelle nicht zu gefährden. Die Bartex hatte ausgedient. Der Clan zog das Geld ab und ließ die Firma in Konkurs gehen. Folge: Die Schweizer Banken konfiszierten das Warenlager der Bartex bei der Spedition in Embrach, die selbst noch offenstehende Rechnungen an Robert Brucker in Höhe mehrerer hunderttausend Schweizer Franken geltend machte.

Es wurde ein Konkursverwalter eingesetzt und von den kreditgebenden Banken bevollmächtigt, das Warenlager von Bartex meistbietend zu veräußern. Da der Konkursverwalter ein Brucker-Spezi war, ließ sich bei der Abwicklung aber immer ein guter Schnitt erzielen.

Ende März 1981 bekundete Quelle erstmals Interesse an dem gesamten Bartex-Warenbestand. Am 9. und 10. April trafen sich Karl Boßhammer, der damalige Leiter der Quelle-Textileinkaufsabteilung, und sein Mitarbeiter Wolfgang Keck im Züricher »Hilton« mit Brucker und dessen Konkursverwalter, um den Deal einzufädeln. Dabei bestand für die Quelle-Leute ein nicht unerhebliches Problem: In Embracher Depot lag ausschließlich Non-Quota-Ware. Wie konnte sie in die Bundesrepublik geschleust werden?

In einer Aktennotiz der Verhandlungen hielt Quelle-Mann Keck hinterher fest, es müsse eine »Umrüstung« der Ware in der Schweiz vorgenommen werden, wozu die Spedition »aufgrund der erheblichen Mengen nicht in der Lage« sei. Doch wozu umrüsten, also die Herkunft kaschieren? Boßhammer war der Einfall gekommen, für die alte Bartex-Bekleidung neue Exportlizenzen zu beschaffen – aus Taiwan oder Korea, die illegale Ware somit nachträglich zu legalisieren.

Es bestehe der Verdacht, heißt es in einem Vermerk des Nürnberger Zollfahndungsamtes vom Oktober 1984, »daß die Einfuhrgenehmigungen erschlichen worden sind«. Legal jedenfalls können die Textilien aus der Schweiz nicht in den Warenbestand des Großversandhauses gelangt sein. Die Kartons mußten deshalb auch mit Nummern »umgerüstet« werden, die zur nachträglich beschafften Lizenz paßten. So stellten die Nürnberger Zollermittler beispielsweise fest, daß auf der Verpackung einer Lieferung von 183 000 Hemden aus der Bartex-Konkursmasse an Quelle »die alten Artikelnummern übermalt« worden waren. Dazu erklärte der Lagerverwalter der Firma Quelle laut Zollvermerk später, »daß die neuen Artikelnummern vom Einkäufer der Firma Quelle angebracht« worden seien.

Natürlich mußte den Branchenkennern von Quelle bekannt sein, welchem Gewerbe der Brucker-Clan in der Schweiz nachging und welche Bedeutung die krummen »Maschen« der »Organisation Schalck« in diesem Zusammenhang hatten. Doch den Quelle-Leuten waren offenbar juristische wie moralische Bedenken fremd. Dubiose Angebote lehnten sie, wenn sie lukrativ waren, keineswegs rundweg ab: Als Brucker jr. 100 000 Original-Levis-Jeans aus der Konkursmasse anbot (Keck: »Hierbei handelt es sich angeblich um EG-Ware«), gaben die Herren aus Fürth zwar »Herrn Brucker zu verstehen, daß wir hier aus dem Gesichtspunkt des Schleichbezugs Probleme sehen«, gleichwohl würden sie aber »gegebenenfalls auf dieses Angebot zurückkommen«.

Unklar ist, ob die Quelle-Verantwortlichen Boßhammer und Keck seinerzeit wußten oder wenigstens ahnten, daß Robert Brucker auch mit Textilien handelte, die er vom befreundeten Konkursverwalter zum Billigstpreis aus der eigenen Liquidationsmasse erworben hatte. Immerhin teilte Importleiter Karl Boßhammer seinem Vorstandsmitglied auf die entsprechende Brucker-Offerte mit, »rechtlich einwandfrei scheint nach wie vor nur der Kauf« vom Konkursverwalter.

Lumpen und harte Bandagen

Robert Brucker suchte damals intensiv nach Wegen, um die in der Schweiz lagernde Non-Quota-Ware in die Länder seiner wichtigsten Kunden, in die Niederlande und die Bundesrepublik, zu schleusen. Da gab es zum Beispiel einen Posten von 750 000 Herrenhemden, made in Taiwan, die der Senior erworben hatte und auf dem niederländischen Markt abzusetzen gedachte. Doch das Geschäft war ihm vom ECD in Den Haag vermasselt worden, der just zu dem Zeitpunkt die Aktivitäten der Dutch Connection genauer unter die Lupe nahm. Der Alte beauftragte deshalb seinen Sohn Robert, die Ware zunächst in Embrach einzulagern und sie später, portionsweise, in die Bundesrepublik zu verschieben. Dazu bediente sich der Junior branchenbekannter »Kaufleute« und eines unbedarften Liechtensteiner Spediteurs namens Eduard Pfitzner (Name geändert).

Im Juni 1981 ging der erste Pfitzner-Lkw vom Freilager Zürich-Embrach auf die Reise, angeblich nach Brüssel, beladen mit 850 Kartons Herrenhemden, ausgestattet mit einem sogenannten T1-Zollpapier, das eine amtliche Prüfung erst am Bestimmungsort vorsah, also nur bei reinen Transitvorgängen eingesetzt wird.

Hinter der deutschen Grenze stoppten Bruckers Freunde die Ladung und dirigierten sie nach Frankfurt um. Dort wartete bereits ein von Brucker beauftragter »Spezialist«, der das Schweizer Zollsiegel entfernte, die Hemden entladen ließ und sie später an die Firmen Arnold Becker in Eschborn und Franz Sinn & Sohn in Aachen veräußerte.

Danach ließ Roberts Spezi 850 Kartons mit Lumpen auf Pfitzners Lkw laden, das T1-Formular wurde durch ein zweites ersetzt, in dem nicht von Hemden, sondern von Textilabfällen die Rede war. An einer Autobahn-Raststätte bei Wiesbaden traf Pfitzners Fahrer den »Mann mit der Plombierzange«, einen anderen Brucker-Freund. Er versiegelte die Lumpenladung neu. Dann fuhr der Lkw mit den falschen Plomben nach Brüssel weiter, um dort die Textilabfälle zu entladen und das falsche T1-Papier »ordnungsgemäß« zu löschen.

Als Eduard Pfitzner in Liechtenstein nach Rückkehr seines Lkw erfuhr, auf welch ein windiges Geschäft er sich mit Brukker jr. eingelassen hatte, beschloß er spontan auszusteigen, um sein gutgehendes Transportgeschäft in Richtung Skandinavien nicht zu gefährden. Doch damit war Robert Brucker ganz und gar nicht einverstanden.

Er wollte möglichst schnell auch den Rest der Taiwan-Hemden aus der Schweiz in die Bundesrepublik schmuggeln. Pfitzner sei als Spediteur Besitzer der Ware geworden und deshalb in erster Linie für die illegalen Geschäfte verantwortlich gewesen, drohte Brucker dem Liechtensteiner Fuhrunternehmer. Ein Tip genüge, um ihn beim Frankfurter Zoll auffliegen zu lassen und seine Existenz zu ruinieren. Solchermaßen erpreßt, sah sich Pfitzner genötigt, weiterzumachen. »Der hat meine Lage eiskalt ausgenutzt und mir das Messer an die Gurgel gesetzt.«

Der Spediteur schickte seinen Lkw wieder von Embrach nach Brüssel. Und am 23. August 1981 ging sein Lastzug mit den Textilien zum dritten Mal auf Fahrt. Doch diesmal war die Frankfurter Zollfahndung zur Stelle. Sie hatte vermutlich einen Tip erhalten und erwischte den Fahrer des Lkw in flagranti – bei der Ausfertigung des neuen T1-Formulars über »Textilabfälle«.

Es war das Ende einer ungewöhnlichen Lumpen-Story. Die Täter wurden zu einer Bewährungsstrafe verurteilt. Folgen hatte die Geschichte indes auch für Robert Brucker. Eduard Pfitzner brachte ihn wegen Erpressung vor den Kadi des Fürstentums Liechtenstein. Der holländische Schieber und Quelle-Lieferant wurde schließlich wegen Erpressung zu sechs Monaten »schweren Kerkers« verurteilt, die Strafe auf drei Jahre zur Bewährung ausgesetzt.

Wenige Tage nach der Verhaftung der Gang in Frankfurt traf sich Quelle-Mann Karl Boßhammer mit Robert Brucker in der Schweiz. Der »angebliche Einführer« der Schmuggelpartie, Bruckers Frankfurter Kumpel, habe die eingeschleusten Hemden »auch Quelle zu einem äußerst günstigen Preis angeboten«. Er werde deshalb die Ware in Fürth »vorlegen«, also offerieren. Ob Quelle dann kaufte, ist nicht bekannt. Bedenken wegen der illegalen Umstände des Textilimports scheinen den Verantwortlichen indes laut einer Hausmitteilung Boßhammers nicht gekommen zu sein.

Permanente Verfahren

Sie kamen früh am Morgen, unangemeldet, waren mit Funksprechgeräten ausgerüstet und wußten, wonach sie suchen mußten: Am 5. Juni 1984 fielen 70 Ermittlungsbeamte der Nürnberger Staatsanwaltschaft und Zollfahndung in das Verwaltungsgebäude des Großversandhauses Quelle ein. Das Unternehmen, so der Verdacht, habe Textilien aus den Philippinen geschmuggelt und dabei Steuern hinterzogen. Als die Fahnder nach Stunden wieder abrückten, schleppten sie fast zehn Tonnen Papier ab.

Die Aktion sei »rechtswidrig, unverständlich und unverhältnismäßig« gewesen, ließ Quelle umgehend verlauten, man verlange eine »schnelle und umfassende Aufklärung« und behalte sich im übrigen alle »rechtlichen Schritte gegen den Eingriff der Behörden vor«. Der Verdacht der Steuerhinterziehung sei »mit allem Nachdruck« zurückzuweisen.

Gemessen an dem Urteil, das im November 1986 in der delikaten Angelegenheit erging, war die spektakuläre Razzia in der Tat überzogen: Gegen zwei von sieben Verdächtigen, darunter den Importleiter Karl Boßhammer, ergingen Strafbefehle in Höhe von zusammen nicht einmal 50 000 D-Mark – wegen »vorsätzlicher Steuerhinterziehung«. Die Betroffenen akzeptierten das Strafmaß.

Karl Boßhammer von Quelle war immer wieder mit von der Partie, wenn es um ungesetzliche Beschaffung von Ware für den Fürther Großversender ging. Er verhandelte mit dem Brucker-Clan, duldete Umwegsgeschäfte seiner dubiosen Lieferanten über den Ostblock, speziell über die DDR, erschlich sich Einfuhrgenehmigungen und schreckte auch vor Nötigungen seiner Mitarbeiter nicht zurück. Die Zollfahndung warf ihm im Zusammenhang mit den fragwürdigen Lieferungen aus den Philippinen vor, er sei den Einfuhrgeschäften mit »krimineller Intensität« nachgegangen.

211

Ein Kollege Boßhammers, der 1978 als Leiter der Abteilung Exportlizenzen eingestellt wurde, mußte sich von Boßhammer »Einfuhrverhinderer« titulieren lassen, weil er nach Recht und Gesetz vorging. Was der Importleiter darunter verstand, wurde den Zollfahndern nach der Durchsuchungsaktion klar. Im Schreibtisch einer von Boßhammers Mitarbeiterinnen stießen sie auf unzählige Stempel und Blankobriefbögen von Scheinfirmen im ganzen Bundesgebiet, mit denen sie seit Jahren nichts anderes gemacht hatte, als Lizenzen zu erschleichen oder Umwegeinfuhren aus Fernost abzuwickeln, »auf Veranlassung des Herrn Boßhammer«, wie sie zu Protokoll gab.

Im Oktober 1984 begannen Staatsanwaltschaft und Zollfahndungsamt in Nürnberg mit einer umfassenden Aufbereitung der Quelle-Deals mit Strohfirmen, mit der Dutch Connection und über sie mit den Kommunisten im Ostblock, speziell in der DDR. Kurz nachdem die ersten Zeugen vernommen worden waren, unterwies der Quelle-Vorstand in einer vertraulichen Hausmitteilung alle betroffenen Mitarbeiter »über Ihr Verhalten und Ihre Pflichten, insbesondere bei Vorladungen durch die Zollbehörden«. Jeder Kontakt mit den Ermittlern müsse zuvor von der Rechtsabteilung des Hauses genehmigt werden.

Wenige Wochen später hielt der zuständige Staatsanwalt in einem Zwischenbericht fest, daß Quelle »wie selten in einem Verfahren die Erforschung der Wahrheit« erschwere. Karl Boßhammer habe Zeugen »mit dem Verlust des Arbeitsplatzes gedroht«, sie veranlaßt, »nachträglich beweiserhebliche Unterlagen« zu manipulieren, und sie zu Falschaussagen angestiftet, um sich selbst aus der Schußlinie zu bringen. So sei ein Revisor von Boßhammer genötigt worden, vor dem Ermittlungsrichter zu lügen. Der Zeuge wurde im März 1985 wegen uneidlicher Falschaussage zu einer Gefängnisstrafe von sechs Monaten mit Bewährung verurteilt: später stellten die Richter das Verfahren ein, weil – so steht es in den Akten – der Mann zwischenzeitlich zugegeben hatte, daß er eine »Gesprächsnotiz auf Veranlassung des Boßhammer abänderte, da diese den Zollbehörden in die Hände fallen könnte«.

»Permanent«, so war schon Jahre vor den Ermittlungen gegen Quelle-Leute von der Nürnberger Oberfinanzdirektion kritisiert worden, sei Karl Boßhammer »in Ermittlungsverfahren im Zusammenhang mit Zollabwicklungen der Firma Quelle in Erscheinung« getreten. Einmal soll es um die Erschleichung von Einfuhrlizenzen, ein anderes Mal um die illegale Einfuhr aus Fernost gegangen sein. Es wurden Verwarnungen ausgesprochen, Bußgelder verhängt, doch Boßhammer und sein Adlatus Wolfgang Keck ließen sich davon offenbar nicht beeindrucken.

Im Mai 1986 nahm Boßhammer über seinen Anwalt Einsicht in die umfangreichen Akten der Nürnberger Staatsanwaltschaft, stellte dabei fest, daß einige seiner Mitarbeiter vor den Ermittlern über die Vorgänge in der Quelle-Importabteilung wahrheitsgemäß ausgesagt hatten. Eine der betroffenen Quelle-Mitarbeiterinnen erhielt eine Woche später ein Schreiben der Rechtsabteilung. Darin heißt es, sie habe mit ihrem Verhalten, Boßhammer in den Rücken zu fallen, »die Vertrauensbasis derart zerstört«, daß »uns eine Weiterbeschäftigung unmöglich erscheint«.

Bei alledem bleibt fragwürdig, weshalb Karl Boßhammer mit einem milden Strafbefehl, also einem Urteil ohne ein entlarvendes öffentliches Verfahren, davonkam. Vernünftig erklärbar ist dies nur durch politische Einflußnahme. Weder in München noch in Bonn war man daran interessiert, daß mit den Bezugsquellen der Quelle letztendlich auch die krummen Geschäfte des Alexander Schalck mit dem Westen ausgebreitet wurden. Gewiß, auch bei anderen Kauf- und Versandhäusern gab es Beschaffungskriminalität mit Hemd und Hose. Die gesamte Branche profitierte in erheblichem Maße von den Ostberliner »Keller-Geschäften«.

Karl Boßhammer immerhin wurde nach dem Strafbefehl zu einer Quelle-Tochter in die Schweiz abgeschoben. Aber auch sein Nachfolger als Leiter der Importabteilung, Wolfgang Keck, verfügte über die nötigen Kontakte. Er hatte schon 1979 mit Robert Brucker verhandelt.

Finale

Die »Neutralisierung« von Non-Quota-Ware aus Fernost oder aus dem Ostblock in der DDR blieb in den achtziger Jahren eine sichere Einnahmequelle für Schalcks Devisenkasse. Getreu der eigenen Vorgabe aus dem Jahre 1977 (»solche Transaktionen werden durchgeführt, um aus diesen Geschäften Preisvorteile für die DDR zu erzielen«), trieb der KoKo-Chef den zuständigen Außenhandelsbetrieb Textilcommerz immer wieder an, den Handel mit dem Klassenfeind mit allen Mitteln zu intensivieren.

Da die Textilien, die auf krummen Touren über den innerdeutschen Handel in westdeutschen Bekleidungsläden landeten, konkurrenzlos preisgünstig waren, sahen sich irgendwann die meisten Großabnehmer gezwungen, mit Textilcommerz ins Schiebergeschäft zu kommen. Natürlich belieferte das Ostberliner Unternehmen westliche Kunden auch völlig legal, mit Ware aus DDR-Textilkombinaten – eine Zusammenarbeit war also keineswegs von vornherein suspekt. Doch bis zuletzt, bis zum Ende der DDR, blieben manche Geschäfte von Textilcommerz dubios.

Mitte September 1990, zweieinhalb Monate nach der Wirtschafts-, Währungs- und Sozialunion zwischen der DDR und der Bundesrepublik, meldete das Fachblatt »Textil-Wirtschaft«, die Bochumer Steilmann-Gruppe wolle mit der Textilcommerz GmbH, die zwischenzeitlich aus dem gleichnamigen DDR-Außenhandelsbetrieb hervorgegangen war, eine Tochter gründen, um die Osteuropa-Verbindungen der Mitarbeiter, speziell jene zur Sowjetunion, zu nutzen.

Klaus Steilmann gilt als Europas größter Hersteller von Damenoberbekleidung. Hierzulande ist er darüber hinaus als Sponsor des Bundesligaclubs SG Wattenscheid bekannt. Einige Wochen nach der Ankündigung in der »Textil-Wirtschaft« lieferte Steilmann über die Textilcommerz GmbH 560 000 Mäntel, Blusen, Kleider, Röcke und Hosen im Gesamtwert von mehr als 42 Millionen D-Mark in die Sowjetunion. Es habe sich, so erklärte Steilmann später, um »fabrikneue« Ware gehandelt, die »speziell für den russischen Markt produziert und exportiert« worden sei. Bei der Antwort auf die Frage, ob er Textilcommerz lediglich als Vermittler eingeschaltet oder aber seine Kleider an die Firma verkauft habe, gab es allerdings erhebliche Widersprüche. Die Steilmann-Gruppe war – so oder so – ein »Vereinigungsgewinnler«: Sie profitierte von der sogenannten Rubel-Subvention, einer Übergangsregelung in der Zeit zwischen Währungsunion und Wiedervereinigung – mit dem Segen des Bundeswirtschaftsministeriums.

Die Rubel-Subvention war ein Kind des ersten Staatsvertrages über die Währungs-, Wirtschafts- und Sozialunion, den die Regierungen der DDR und der Bundesrepublik im Mai 1990 geschlossen hatten. Bonn sicherte darin den »gewachsenen außenwirtschaftlichen Beziehungen der DDR . . . Vertrauensschutz« zu. Das bedeutete konkret: Um bereits abgeschlossene Exportverträge der DDR-Außenhandelsbetriebe mit den sozialistischen Partnerländern, vornehmlich mit der Sowjetunion, nicht zu gefährden, wurde das ost-interne Verrechnungssystem des Transfer-Rubels, einer künstlichen Währung, für sechs Monate (bis Ende 1990) übernommen. Mit einem gravierenden Unterschied: Wer bis dahin für einen Kunst-Rubel 4,67 Ost-Mark aus der Kasse der Deutschen Außenhandelsbank (DABA) erhalten hatte, bekam nach dem 1. Juli 1990 2,34 D-Mark. Der Umrechnungskurs sei willkürlich gewesen, habe sich an der Währungsumstellung Ost- gegen West-Mark im Verhältnis 2:1 orientiert, schrieb Uwe Wewel vom Bundesfinanzministerium später, als der Mißbrauch offensichtlich geworden war. Denn der tatsächliche Wert lag natürlich »wesentlich niedriger«, tendierte »wirtschaftlich betrachtet gegen Null« (Wewel). Der Transfer-Rubel sei von Anfang an eine »staatliche Subvention« für die DDR-Exportwirtschaft gewesen, um in der Endzeitstimmung der Ost-Republik die volkseigenen Betriebe vorübergehend »gegen die Konkurrenz auf dem Weltmarkt abzuschotten«, hieß es in einer Expertise des Bundeswirtschaftsministeriums. In den Genuß der Rubel-Subvention »sollten daher nur DDR-Unternehmen mit ihrer Produktion« kommen. Später wollte das Möllemann-Ministerium allerdings von seiner eigenen Darstellung nichts mehr wissen.

Bei Ereignissen von geschichtlicher Dimension wird die Beschäftigung mit den verflixten Details oft als lästig empfunden: Die im Staatsvertrag fixierte Rubel-Subvention jedenfalls kam fast einer Einladung zum Betrug gleich. Einige Geschäftsleute und clevere Ganoven fanden schnell heraus, daß die DABA beim Umtausch Transfer-Rubel gegen D-Mark nur Papier prüfte, das in der DDR der Wendezeit als besonders geduldig galt. Ob hinter den Anträgen tatsächlich ein Exportgeschäft stand oder ob die Ware überhaupt in der DDR hergestellt worden war, interessierte die Ost-Bankiers nicht. »Das war nicht unsere Aufgabe«, wies Professor Friedmar John aus dem DABA-Vorstand jede Kritik entschieden zurück; er habe vielmehr seinerseits Bonn beizeiten auf entsprechende Lücken und Probleme hingewiesen. Denn »im planwirtschaftlichen System der DDR konnte mit den Transfer-Rubeln doch überhaupt nicht manipuliert werden«.

Die DABA zahlte und zahlte. Sie lieh sich über die Staatsbank der Noch-DDR auf den westlichen Geldmärkten eine Milliarde nach der anderen. Für die Kredite stand ja die Bundesregierung gerade. Die Rubel-Subventionen flossen ungehemmt: für Schweinehälften nach Polen, die hinter der Grenze umgedreht und dann ein zweites, drittes Mal exportiert wurden; für Computer aus Korea, deren Tastaturen in der DDR lediglich kyrillische Buchstaben erhielten; für Hausschuhe aus Vietnam, die per Schiffsladung direkt in der Sowjetunion anlandeten; für in Hamburg unverkäufliche Ladas, die über die DDR nach Moskau zurückverschoben wurden; sogar für eine Lieferung von DDR-Panzerabwehrraketen an die Rote Armee gab es die (in diesem Fall sogar formal gerechtfertigte) Beihilfe aus dem Bonner Steuersäckel.

Der Berliner Oberstaatsanwalt Dr. Joachim Erbe stellte den Bonner Behörden, vor allem dem Wirtschaftsministerium, daraufhin ein politisches Armutszeugnis aus. Er hatte zwischenzeitlich in einer Reihe von Fällen Ermittlungen wegen Betrugs eingeleitet und einige der Verdächtigen in Untersuchungshaft genommen. Einen süddeutschen Elektronikhändler, der seine Fernost-Computer für die Sowjetunion in der DDR nur geringfügig verändert hatte, mußte Erbe nach drei Monaten jedoch wieder laufenlassen; das Verfahren wurde eingestellt. Wegen fehlender Rechtsvorschriften war nach wie vor die DDR-Praxis des Transfer-Rubel-Umtausches verbindlich. Und danach begründete, anders als im EG-Verständnis, jede noch so geringe Veränderung einer in die DDR importierten Ware den DDR-Ursprung. Denn dies war die juristische, formvollendete Basis der Textilschiebereien gewesen: Nach Ostberliner Rechtsverständnis reichte das Auswechseln der Etiketten, um Bekleidung zu DDR-Textilien zu machen und im innerdeutschen Handel zu veräußern. Der EDV-Kaufmann hatte deshalb völlig zu Recht die Rubel-Subvention in Höhe von 67 Millionen D-Mark beantragt, selbst wenn dies wirtschaftlich unsinnig war und der Intention des Staatsvertrages eklatant widersprach. Eigentlich sei »die Staatsanwaltschaft nicht dazu da«, stöhnte Joachim Erbe, »die Arbeit der Verwaltungsbehörden zu machen«.

Nicht aus dem Schneider waren damit zunächst Textilcommerz und der Bochumer Lieferant Klaus Steilmann. Der Textilfabrikant hatte im September 1990, also offenbar gleichzeitig mit der Gründung der gemeinsamen Tochterfirma, jenen Vertrag mit dem Ostberliner Handelshaus über die Lieferung einer halben Million Kleidungsstücke in die Sowjetunion geschlossen. Textilcommerz sollte, so stand es im Kontrakt, für die »Vermittlung dieses Vertrages« eine Provision von drei Prozent der Gesamtsumme von 42 Millionen D-Mark einstreichen; die Ware war von Steilmann zudem »franco deutsch/polnische Grenze« zu liefern, also durch das Gebiet der ehemaligen DDR hindurch. Später behauptete der »Modezar aus dem Revier«, der Begriff »Provision« sei »mißverständlich«, stellte einen »Lapsus linguae« dar, und bei der Transportverabredung handele es sich »um eine branchenübliche Frachtkostenregelung«. Kurzum: Mit dem Vorgang der Rubel-Subvention habe nur Textilcommerz, nicht aber sein Unternehmen zu tun gehabt.

Außer Zweifel stand hingegen: Moskau zahlte an Textilcommerz exakt jene Summe in Transfer-Rubeln, die beim Eintausch in D-Mark den Rechnungsbetrag von Steilmann ergab. Doch eine Prüfgruppe des Bonner Finanzministeriums lehnte die Auszahlung ab, denn Steilmanns Damenkleider waren »made in Bochum«, kamen daher für eine Rubel-Subvention grundsätzlich nicht in Betracht. Oberstaatsanwalt Erbe wertete den Fall als möglichen Betrugsversuch und regte ein Ermittlungsverfahren gegen Textilcommerz an.

Doch das Ost-Berliner Unternehmen sollte sein Geld trotzdem bekommen – und damit auch Klaus Steilmann. Das Bundesamt für Wirtschaft, eine Behörde des Hauses Möllemann, setzte sich – im Falle Textilcommerz wie bei anderen fragwürdigen Anträgen – einfach über die eigenen Kriterien und den Widerstand des Finanzministeriums hinweg und gab die Gelder frei. Im März 1991 beschwerte sich deshalb Finanzabteilungsleiter Dr. Gert Haller bei seinem Kollegen im Wirtschaftsressort, das Bundesamt für Wirtschaft genehmige die Rubel-Konvertierung offenbar auch dann, wenn »die Waren ... nicht in der ehemaligen DDR hergestellt worden« seien. Die »wirtschaftspolitische Sinnhaftigkeit solcher Entscheidungen« vermöge er nicht einzusehen, eine weite Auslegung der Rubel-Subvention halte er für »nicht akzeptabel«.

Doch das Bundeswirtschaftsministerium und dessen Chef, Jürgen W. Möllemann, der kurz zuvor die prestige- und PR-trächtige Rolle des Subventionskillers für sich entdeckt hatte, beharrten auf ihrer Haltung. Das mag auch daran gelegen haben, schimpfte Uwe Wewel aus dem Bundesfinanzministerium, daß »diese Subvention unter dem Titel ›deutsche Einheit‹ verbucht« und im Bundeshaushalt gar nicht auftauchen würde. Mindestens drei bis fünf Milliarden D-Mark gerieten aufgrund fehlender Richtlinien und Kontrollen in falsche Hände. Und immerhin 600 Millionen D-Mark, so rechnete Uwe Wewel vor, habe das Bundesamt für Wirtschaft gegen das Votum des Finanzministeriums freigegeben. Darunter auch die 42 Millionen für Textilcommerz respektive Steilmann.

Im ersten Anlauf war der Antrag freilich abgelehnt worden. Der Vertrag mit dem Bochumer Modehaus, so argumentierte das Bundesamt für Wirtschaft, sei zu spät abgeschlossen worden. Im Widerspruchsverfahren legte Textilcommerz eine Erklärung Klaus Steilmanns vor, der Kontrakt sei schon Monate vorher verabredet worden – »mündlich«.

Im Juli 1991 genehmigte das Bundesamt in einem »Abhilfebescheid« dann die Auszahlung an Textilcommerz. Auch Oberstaatsanwalt Erbe konnte darüber nur den Kopf schütteln. Schon im März 1991 hatte er das Bundesfinanzministerium aufgefordert, »ihm persönlich diejenigen Vorgänge zu übersenden, die ... vom Bundesamt für Wirtschaft ohne nachvollziehbare Begründung« genehmigt würden, hieß es in einem internen Vermerk. Denn wer »trotz fehlender Ursprungsvoraussetzung einen Geldbetrag zur Konvertierung freigäbe«, mache sich unter Umständen »wegen Untreue strafbar«. Als Erbe dann von der Auszahlung der Gelder erfuhr, wollte er zur Tat schreiten und ein Ermittlungsverfahren gegen Beamte des Wirtschaftsministeriums einleiten, wegen Veruntreuung von Staatsgeldern.

In Bonn brachte die imageschädigende Absichtserklärung des Berliner Oberstaatsanwaltes Jürgen W. Möllemann in Rage: Es sei »unverschämt« und »unerträglich«, polterte der Wirtschaftsminister überraschend zartbesaitet, Handlungen seiner Mitarbeiter, »die in Einklang standen mit der Absicht« des Staatsvertrages, »in die Nähe krimineller Aktionen zu rücken«.

In Berlin schreckte Joachim Erbe zusammen; sein Vorgesetzter ließ verbreiten, ein Ermittlungsverfahren gegen das Bundesamt für Wirtschaft »existiert nicht«. Es gebe auch keinerlei Absichten, solche Ermittlungen einzuleiten. Die Berliner Justiz wußte offenbar, was sie zu tun hatte. Fragwürdige Subventionen für Nachfolgeunternehmen aus Schalcks Schattenimperium hin oder her – da hohe Bonner Politik im Spiel war, mußte die Angelegenheit »beerdigt« werden.

Ende Oktober 1991 teilte Oberstaatsanwalt Dr. Joachim Erbe auf Anfrage mit, er habe »das Ermittlungsverfahren gegen Verantwortliche der Textil Commerz Handelsgesellschaft mbH wegen Betruges... mit Verfügung vom heutigen Tage... eingestellt«. Begründung: Das Bundesamt für Wirtschaft, also eben jene Institution, die er gerade noch wegen genau dieses Sachverhalts kritisiert hatte, habe »von der bevorstehenden Verfahrenseinstellung Kenntnis genommen und Gelegenheit zur Stellungnahme erhalten, Einwendungen jedoch nicht erhoben«.

Waffen für den Rest der Welt

(Thomas Scheuer)

Lager Kavelstorf

Für die Bürger des mecklenburgischen Städtchens Kavelstorf war das Lagergelände am Ortsrand immer absolute Sperrzone gewesen – rund um die Uhr bewacht, hermetisch abgeriegelt und von Videokameras kontrolliert. Obwohl dort angeblich nur harmlose Konsumgüter lagerten. Regen Lkw-Verkehr registrierten Ortsansässige vornehmlich des Nachts. Ein kleines Schild am Drahtgittertor verriet nicht mehr, als daß eine Firma namens Imes Import Export GmbH mit Sitz in Berlin hier ein Außenlager unterhielt.

In den turbulenten Wendetagen des Spätherbstes 1989 lüfteten örtliche Bürgerrechtler auch das Geheimnis der Lagerhallen von Kavelstorf: Sie waren vollgestopft mit Waffen und Munition. Bis unters Dach stapelten sich die Paletten und Kisten mit Gewehren, Panzerfäusten und Granaten – Beweismaterial für den vielleicht perfidesten Geschäftszweig des KoKo-Imperiums. Auch Schalcks Schiebertruppe hatte, allen pathetischen Phrasen der SED-Bonzen von Frieden und Völkerfreundschaft zum Trotz, um des Profites willen ihre »Händler des Todes« an die Front geschickt.

Nach der Enttarnung des Imes-Lagers bei Kavelstorf eröffnete die Militärjustiz der DDR am 4. Dezember 1989 ein förmliches Ermittlungsverfahren wegen des Verdachts des illegalen Waffenhandels. Wenige Wochen später stellten die Militärstaatsanwälte in ihrem Schlußbericht zwar fest, daß den Imes-Umtrieben mit dem DDR-Strafgesetzbuch nicht beizukommen sei: »Trotz umfangreicher militärstaatsanwaltlicher Ermittlungen zur Produktion, zum Export und Import von Waffen und Militärtechnik durch die DDR konnte der Verdacht einer Straftat daran beteiligter Personen nicht bestätigt werden.« Doch der Report gewährte immerhin erste spärliche Einblicke in Schalcks Waffenbasar. Nicht nur leichtes Schießzeug, so schrieben die Ermittler, sondern auch komplette Waffensysteme wie Panzer und Kampfflugzeuge waren exportiert worden, »teilweise auch in Spannungsgebiete«.

Niemand wird erstaunen, daß auch die friedliebende DDR, wie jeder Staat in Ost und West, einen offiziellen Waffenhandel betrieb. Beliefert wurden neben den Bruderarmeen des Warschauer Paktes »befreundete Entwicklungsländer« wie Angola, Moçambique, Nicaragua, Irak, Algerien, Indien und Äthiopien sowie »progressive Befreiungsorganisationen«, so Yassir Arafats PLO. Begriffe wie »Waffen« oder »Kriegsmaterial« nahmen die Friedensfreunde in der Partei- und Staatsführung dabei nur ungern in den Mund. »Gegenstand des speziellen Exports waren Erzeugnisse der speziellen Produktion der DDR«, hieß es bestechend logisch in einem Bericht der letzten DDR-Regierung. Zuständig für den »offiziellen« Waffenhandel war die Firma Ingenieur-technischer Außenhandel (ITA). Sie war der Nationalen Volksarmee (NVA) und dem Außenhandelsministerium unterstellt und verramschte vorwiegend Militärmaterial, das die »bewaffneten Organe« des Arbeiter- und Bauernstaates ausgemustert hatten.

Die Geschäfte der Imes und deren 1987 gegründeter Tochterfirma Witra dagegen, die beide fest in Schalcks Untergrund-netzwerk Kommerzielle Koordinierung eingegliedert waren, gehörten in ein ganz anderes Kapitel: Sie belieferten entgegen der offiziellen DDR-Ideologie über streng geheime Kanäle Waffendealer im kapitalistischen Westen sowie Staaten in

Kriegsgebieten. Ging es ums Geschäft, waren den Imes-Händlern ideologische Scheuklappen fremd. In mehreren nachweisbaren Fällen diente die Imes westlichen Waffenschiebern gar als Drehscheibe für Umgehungsgeschäfte. Die Freischärler des palästinensischen Terroristenführers Abu Nidal gehörten ebenso zu den Stammkunden der Imes wie die Beschaffungsagenten westlicher Geheimdienste. Die Spuren einiger Imes-Geschäfte führten sogar ins Weiße Haus in Washington – zu den Drahtziehern des Iran-Contra-Skandals.

Auch hinter den Aktivitäten der Imes wirkte als zentrale Treibkraft der unstillbare Hunger der DDR-Oberen auf harte Devisen. Im Jahre 1981 beschloß die SED-Führung »Sondermaßnahmen zur Sicherung der Valutaliquidität«. Dazu sollte der »spezielle NSW-Export planmäßig gesteigert werden«. Diese Umschreibung meinte die verstärkte Lieferung von Kriegsmaterial in das »NSW«, das nicht-sozialistische Wirtschaftsgebiet. Der internationale Waffenhandel sollte verstärkt als Devisenquelle angezapft werden. Die Umsetzung der angepeilten »Sondermaßnahmen« wurde einem bewährten Schwarzmarktspezialisten übertragen: dem Leiter des Bereichs Kommerzielle Koordinierung, Alexander Schalck. Der ließ »zur Erfüllung von Sonderaufgaben im speziellen Außenhandel« sogleich eine spezielle Firma ins Leben rufen. Zwei hohe KoKo-Funktionäre, der Diplomkaufmann Wolfgang Kotz und der Ingenieur Hanno Schütte, fanden sich im Januar 1982 beim Staatlichen Notariat Berlin ein, um den Gesellschaftsvertrag der Firma Imes GmbH beglaubigen zu lassen. Als Firmenzweck meldeten sie die »Anbahnung, Vermittlung und Durchführung von internationalen Handelsgeschäften, besonders auf dem Gebiet der metallverarbeitenden Industrie und des Gerätebaus für Meß- und Regeltechnik« an.

Öl ins Feuer

Am 15. September 1981 konnten DDR-Außenhandelsfunktionäre im Ostberliner Internationalen Handelszentrum einen hohen Gast begrüßen: den »Sonderbeauftragten des Führers der islamischen Revolution Khomeini«, Dr. Sadegh Tabatabai. Westlichen Geheimdiensten galt Tabatabai, ein enger Vertrauter des Ajatollahs, als Chef-Waffeneinkäufer des Iran. Und als Drogenhändler. Im Januar 1983 sollte Tabatabai auf dem Düsseldorfer Flughafen dem Zoll mit 1,8 Kilo Rohopium ins Netz gehen. Vor einem Gericht mußte sich der »Sonderdiplomat« dank der Intervention von Bundesaußenminister Hans-Dietrich Genscher jedoch nie verantworten.

Tabatabai ist mit Khomeinis Sohn Ahmad verschwägert. Beide leiteten gemeinsam die Firma International Trading Center in Frankfurt, die offiziell mit iranischem Kaviar, Teppichen und Tiefkühlhähnchen handelte. Doch hinter der zivilen Fassade verbarg sich die Zentrale der iranischen Einkaufsorganisation für Kriegsmaterial. Während seiner Aufenthalte in der Bundesrepublik legte Tabatabai des öfteren Kurztrips nach Ost-Berlin ein. Ab und an traf man sich in Zürich, und immer ging es um Waffengeschäfte.

Seit die Truppen Saddam Husseins im September 1980 ohne Vorwarnung die Grenzen des Nachbarlandes Iran überschritten hatten, führten die beiden ölreichen Golfstaaten einen erbitterten Krieg. Sowohl die reguläre iranische Armee als auch die Korps der neugegründeten Pasdaran gehörten von Anfang an zu den Großkunden Schalcks. Gleich von Beginn des Krieges an hatten verschiedene KoKo-Firmen, etwa die Transinter, die Berliner Import-Export-Gesellschaft (BIEG) oder der Außenhandelsbetrieb (AHB) Technocommerz, den Iran mit Kriegsmaterial beliefert. Allein zwischen November 1980 und Dezember 1981, so ergab sich aus einem nach der Wende entdeckten geheimen Vermerk der SED-Führung, hatte die DDR »Waffen und Munition im Werte von 60 Millionen Valuta-Mark realisiert«. Geliefert wurden dafür mehr als 110 000 Maschinenpistolen Kalaschnikow samt 73 Millionen Schuß Munition, 50 000 Handgranaten, rund 2200 Panzerfäuste vom Typ RPG 7, dazu 25 000 Panzergranaten. Im Januar 1981 hatten das Ministerium für Nationale Verteidigung der Islamischen Republik Iran und das Ministerium für Außenhandel der DDR zudem ein Geheimprotokoll über die Lieferung von Kriegsmaterial geschlossen. Im November 1981 dann, einige Wochen nach dem Besuch Tabatabais, wurde dem »Gen. Dr. Schalck ein Sofortbedarf der Revolutionsgarden Iran für Lieferungen ab Dezember 1981« gemeldet. Kurzfristig benötige der Kunde 10 000 Gewehre Kalaschnikow (AKM-S) samt 15 Millionen Schuß Munition. Dazu fünf Millionen Schuß Maschinengewehrmunition (Kaliber 7,62 × 54 mm) sowie fünf Millionen Treibgaspatronen.

Nach ihrer Gründung wurde das gesamte Iran-Geschäft dann bei Alexander Schalcks Imes zusammengefaßt. Wahrscheinlich hatten die zu erwartenden Gewinnspannen des Golfkriegs die KoKo-Führung überhaupt erst dazu inspiriert, eine Tochterfirma für systematische Waffenschiebereien ins Leben zu rufen.

Nach der Wende berichtete der Leiter der Abteilung Bewaffnung und chemische Dienste im Ministerium für Staatssicherheit, Stasi-Oberst Bernd Dreßler, detailliert über den Ablauf des Iran-Geschäfts: »Die Verladung auf dem Zentralflughafen Berlin-Schönefeld erfolgte ausschließlich bei Dunkelheit in Flugzeuge des Typs Boeing 747/727 der Iran Air. Verladen wurden je Flug ca. 90–100 Tonnen Waffen und Munition.« Das Geschäft florierte so gut, daß »für die Verladung teilweise der Gesamtbestand der verfügbaren Mitarbeiter . . . und Teilkräfte anderer Diensteinheiten . . . eingesetzt« werden mußten. »Diese Maßnahmen zogen sich mit unterschiedlicher Intensität bis in das Jahr 1982 hin.«

Am 18. Oktober 1982 dann tickerte aus dem Telex-Gerät des Imes-Büros folgendes Fernschreiben aus Teheran: »Im Namen Allahs. Wir freuen uns, Sie zu informieren, daß MS Iran Jahad Rostock anlaufen wird und bereit ist, Ladung zu übernehmen.« Von da an wurde die Verschiffung via Rostock vorgezogen.

Oft nutzten die Imes-Leute dringende Nachschubwünsche der Iraner aus, um Aufträge über andere Industriegüter »Made in GDR« an Land zu ziehen. »Durch die zentralen Entscheidungen zur Lieferung militärischer Erzeugnisse gelang es 1981, das Fahrzeug W 50 in mehreren Varianten bei den iranischen Streitkräften einzuführen«, meldete Schalcks Mitarbeiter Ende 1981. Geliefert wurden immerhin 3600 Fahrzeuge für 173,6 Millionen Valuta-Mark. Auch der Kriegsgegner Irak karrte seine Truppen mit DDR-Gerät an die Front: auf Lastwagen, geliefert von der Imes-Schwesterfirma ITA.

Es war eine Arbeitsteilung – aus optischen Gründen: Während Imes den Iran aufrüstete, belieferte ITA dessen Kriegsgegner Irak – mit ABC-Schutzausrüstung, Truppentransportern, Maschinenpistolen, Handgranaten, Minen, Tarnnetzen und Ersatzteilen für MIG-Kampfjets sowjetischer Herkunft. Zeitweise wurden irakische MIG-Piloten in der DDR ausgebildet. Aber auch die Imes selbst lieferte auf dem Umweg über einen englischen Waffenhändler T-72-Panzer in den Irak. Während die Mullahs in Teheran manche Waffensendung mit Öl beglichen, zahlten Saddam Husseins Einkäufer bisweilen mit Südfrüchten, vor allem Datteln. Dann, so erinnert sich ein DDR-Außenhändler, standen in den Büros in jeder Ecke Dattelkisten herum. Bald kursierte als Witz die makabre Gleichung: Eine Schachtel Datteln = eine Kalaschnikow; eine Kiste Datteln = ein toter Iraner. Schalcks Waffenhändler betrieben ihr schmutziges Handwerk nach der weltweit gültigen Branchenregel: Es gibt weder Freund noch Feind, nur Kunden und Konten.

Während des gesamten Golfkriegs lief das Imes-Geschäft auf Hochtouren. Im ganzen Land wurde zusammengerafft, was die

»bewaffneten Truppen« des Arbeiter- und Bauernstaates ent-
behren konnten. Volksarmee, Grenzorgane, Zoll und Volkspo-
lizei mußten ihre Depots filzen. Die KoKo-Schieber riefen dort
in solchen Ausmaßen Waffen ab, daß hohe NVA-Offiziere in
internen Vermerken zeitweise vor einer Einschränkung der
Verteidigungsbereitschaft warnten. Selbst die Stasi mußte ihre
Bestände abbauen: Im Laufe des Jahres 1982, so Oberst Bernd
Dreßler, »erfolgte ein drastischer Eingriff in die Bestände an
Waffen und Munition des MfS. Der größte Teil dieser Ausrüstung wurde im April 1982 über den Überseehafen Rostock
nach dem Iran verschifft.«

Alles lief höchst konspirativ ab, zum Teil geradezu in James-
Bond-Manier. In den Jahren 1983 und 1984, so berichtete
Bernd Dreßler, mußten seine Leute »Waffen und Munition in
Mercedes-Tankfahrzeuge gedeckt verladen«. Die Beladung er-
folgte nachts auf dem Gelände einer anderen KoKo-Firma,
der Kunst und Antiquitäten GmbH in Mühlenbeck. Filmreife
Szenarios inszenierten die Schalck-Leute immer dann, wenn
westliche Waffendealer mit im Spiel waren. Die erwähnten
Tanker etwa gehörten laut Dreßler einem westdeutschen Un-
ternehmen. Dazu paßt, daß im Imes-Lager Kavelstorf nach der
Wende neben Unmengen von Waffen auch westdeutsche Kfz-
Kennzeichen gefunden wurden.

Die Waffenlieferungen in den Iran nahmen im Laufe der
Jahre enorme Ausmaße an und wurden auch nach Kriegsende
fortgeführt. Im Herbst 1988 verhandelten Imes-Emissäre in
Teheran über die Lieferung von T-72-Panzern und Ersatzteilen
für MIG-21-Jagdflugzeuge. »Wir warten auf Deine Informationen«, schrieb Dieter Uhlig, der inzwischen bei KoKo für die
Waffendeals zuständig war, einem Unterhändler in Teheran,
»jede Ankündigung eines Teheran-Kabels bewegt hier alle Ge-
müter bis hin zum Chef.« Gemeint war Schalck.

Konnte die DDR einmal nicht aus eigenen Beständen liefern,
wurden Waffen in Polen, Bulgarien oder der ČSSR zugekauft

und »reexportiert«. Besonders zur tschechoslowakischen Waffenhandelsfirma Omnipol in Prag pflegte die Imes einen kurzen Draht. Bei ihr bestellten die Ostdeutschen neben Panzerfahrzeugen 70 000 122-mm-Granaten für sowjetische Katjuscha-Raketenwerfer, angeblich für den Eigenbedarf der Nationalen Volksarmee. Natürlich wanderte die Lieferung aus Prag gleich via Rostock an den Golf weiter.

Das Waffenbusineß mit den Kriegern des Ajatollahs hatte bisweilen auch seine Tücken. Im Herbst 1982, zu jener Zeit, als das iranische Frachtschiff Iran Jahad gerade Kurs auf Rostock hielt, herrschte im Ostberliner Außenministerium Krisenstimmung. Die Botschaft aus Teheran hatte die Festnahme des DDR-Bürgers Siegfried Buff durch die Revolutionsgarden gemeldet. Der Imes-Repräsentant, der erst kurz zuvor in Teheran stationiert worden war, hatte sich im Gewirr verfeindeter Fraktionen und Strömungen der islamischen Revolution verheddert und Provisionen an eine Gruppe von Vermittlern bezahlt, die bei den Revolutionswächtern gerade in Ungnade gefallen war. Doch den DDR-Diplomaten gelang es sehr schnell, die Festnahme wieder rückgängig zu machen. Schließlich waren alle Mitspieler des iranischen Machtpokers auch weiterhin stark an jedweder Waffenlieferung »made in GDR« interessiert.

Aber die KoKo-Schieber heizten den Krieg am Golf nicht nur mit Rüstungsgütern eigener oder tschechischer Fabrikation an. Sie führten auch TOW-Panzerabwehrwaffen amerikanischer Fabrikation und andere NATO-Waffen im Angebot, die sie von Händlern im Westen aufgekauft hatten. Weitaus perfider noch: KoKo diente westlichen Waffenschmugglern als Drehscheibe für illegale Umgehungsgeschäfte. Gegen üppige Provisionen, versteht sich.

Hilfe fürs Pulverkartell

Zwei Eisenbahnwaggons mit Sprengstoff erregten im Oktober 1984 die Aufmerksamkeit westdeutscher Zollbeamter. Laut Frachtpapieren sollten sie, aus Schweden kommend, im Transit durch die Bundesrepublik nach Österreich rollen. Doch an der Grenze wurde der Transport plötzlich nach Hamburg umgeleitet und dort auf ein Frachtschiff verladen. Neues Empfängerland: Syrien. Eine Anfrage westdeutscher Zöllner bei ihren Kollegen in Stockholm brachte bald darauf einen der größten Rüstungsexportskandale Schwedens ins Rollen. Die Güterwaggons waren von der zum schwedischen Waffenkonzern Bofors gehörenden Chemiefirma Nobel Kemi auf die Reise geschickt worden. Einen Monat später, im November 1984, sprach der Chef der Stockholmer Zollpolizei, Hans Johansson, bei der Firmenleitung von Nobel Kemi in Karlskoga vor. Dabei erhärtete sich der Verdacht, daß Nobel Kemi in die Umleitung der Zickzacksendung vom Oktober von Anbeginn eingeweiht war. Im Dezember 1984 eröffnete Staatsanwalt Stil Age ein förmliches Ermittlungsverfahren. Am 20. März 1985 rückten nach umfänglichen Vorbereitungen die Fahnder zur ersten großen Razzia in Karlskoga an und entdeckten dabei eine »Riesensauerei« (so ein damals beteiligter Zolloffizier).

Ein internationales Netzwerk, dem führende westeuropäische Munitionshersteller angehörten, hatte nach gegenseitiger Absprache und Aufteilung des »Marktes« Tausende Tonnen Munition, Schießpulver und Sprengstoff an beide Parteien des Golfkrieges geliefert. Auch Nobel Kemi gehörte zum Pulverkartell, und – wenn auch nicht als Produzent – Imes in Ost-Berlin. Über Jahre hinweg, so ermittelte die schwedische Zollfahndung, hatten neben Tarnfirmen in Jugoslawien und Italien auch Schalcks Leute an den illegalen Munitionslieferungen in den Iran mitgewirkt. Von der Symbiose zwischen den DDR-Schiebern und den schwedischen Schmugglern profitierten beide Seiten: Denn für westliche Ermittlungsbehörden war die DDR eine große Black Box, hinter deren Grenze sich jede Spur verlor. Der Umweg durch den Eisernen Vorhang lohnte sich also allemal. Natürlich auch für Schalcks Devisenkasse, in der fette Provisionen in Millionenhöhe landeten.

Schwarzmarktgeschäfte mit Munition gehörten wegen des enormen Bedarfs beider Kriegsparteien während des ersten Golfkriegs zu den profitabelsten überhaupt. Iran und Irak verfeuerten in einem einzigen Monat heftiger Gefechte eine halbe Million Artilleriegeschosse. Der Nachschub mußte also gesichert werden. Entscheidendes Problem für die Zulieferer: Der Export von Munition in Kriegsgebiete ist in den meisten westeuropäischen Staaten verboten. So auch im blockfreien Schweden. Da bot sich der Umweg über die nahe DDR an.

Knapp fünf Jahre lang fungierte der KoKo-Ableger Imes als Schleuse zur Umgehung der schwedischen Exportkontrollen. Auf der Suche nach verdeckten Kanälen in den Nahen Osten waren die Bofors-Manager auf die finnische Firma Sevico Oy gestoßen. Deren Chef Torbjörn Edvardsen, ein Altkommunist, der in den frühen sechziger Jahren in der DDR studiert hatte und mittlerweile unter reger Assistenz seiner Gattin als »Consultant« im Waffenbusineß tätig war, ließ seine alten Drähte nach Ost-Berlin spielen. Schon bald reiste Bofors-Marketingchef Mats Lundberg regelmäßig nach Ost-Berlin, wie seine später beschlagnahmten Reiseprotokolle belegten.

Die ersten Sprengstofftransporte aus Schweden via DDR an den Golf managte 1981 noch die Berliner Import-Export-Gesellschaft (BIEG) aus Schalcks Imperium. Ab 1982 übernahm dann die neugegründete Imes die Federführung. Von einigen hundert Transporten des europäischen Sprengstoffkartells sind insgesamt 25 mit dem Umweg über die DDR bis ins Detail dokumentiert.

Meist wurden die Chemikalien, um die schwedische Exportkontrolle zu täuschen, ins neutrale Österreich ausgeführt.

Empfänger: die Firma Dynamit Nobel Wien (DNW). DNW verkaufte das Schießpulver vom Typ NC 1268, geeignet für die Munition des Sturmgewehrs Kalaschnikow AK 47, des Standardgewehrs aller Warschauer-Pakt-Staaten, auf dem Papier an die finnische Firma Sevico Oy weiter. In der österreichischen Donau-Metropole kamen die brisanten Chemikalien allerdings genausowenig an wie in Finnland. Statt dessen wurden die Eisenbahnwaggons aus dem Norden auf dem Bahnhof Salzburg gestoppt und mit neuen Frachtpapieren versehen. Danach ging die Fahrt zurück in die Bundesrepublik und über den bayerischen Grenzbahnhof Hof in die DDR.

Noch im Frühjahr 1985, als die Ermittlungen in Schweden schon auf Hochtouren liefen, versuchte Nobel Kemi eine Sendung von 155 Tonnen NC 1268 nach Österreich zu schleusen. »Als wir diesen Schmuggelversuch entdeckten«, berichtete später ein Zollbeamter, »warnten wir einen Vertreter der Firma, es nicht über andere Kanäle zu versuchen.« Die Warnung wurde ignoriert. Ganz frech wechselten die Bofors-Schieber auf eine andere, bereits bewährte Route in die DDR über: Im Herbst 1985 wurden einige Lieferungen vom schwedischen Fährhafen Trelleborg direkt nach Saßnitz auf der Insel Rügen geschippert. Einen Ausfuhrantrag hatten die Absender dieses Mal erst gar nicht gestellt, sondern die Ware einfach als »Industriechemikalien« und »ziviles Schießpulver« zur Herstellung von Jagdmunition deklariert. Dessen Export war genehmigungsfrei.

Die schwedischen Zollfahnder erfuhren von der zweiten Variante und legten sich auf die Lauer. Am 17. Dezember 1985 schlugen sie in Trelleborg zu: 26 Tonnen Schießpulver, die auf die Fähre nach Saßnitz hätten verladen werden sollen, wurden als Kriegsmaterial klassifiziert und beschlagnahmt.

Auch später konnte nie endgültig geklärt werden, wie viele hundert Tonnen Explosivmaterial insgesamt seit dem Ausbruch des Krieges zwischen Irak und Iran via DDR an den Golf geschleust worden waren. In der DDR fand der Zündstoff seinen Weg in die Patronenhülsen des im Warschauer Pakt üblichen Kalaschnikow-Kalibers 7.65 mm. Die fertige Munition gelangte dann von Rostock direkt in den Iran.

Nach dem schwedischen Strafrecht erfüllte allein die ungenehmigte Lieferung militärischer Explosivstoffe in die DDR die Tatbestände des »schweren Warenschmuggels« sowie der »unerlaubten Ausfuhr von Kriegsmaterial«. Daß der wahre Endabnehmer letztlich der kriegführende Iran war, schloß der schwedische Staatsanwalt schon damals aus handfesten Indizien. So enthielten mehrere Sprengstofflieferungen an Imes Proben anderer Explosiv-Chemikalien. Ein Waggon mit 16 Tonnen Sprengstoff, der am 7. September 1984 die schwedische Zollkontrolle in Helsingborg in Richtung Süden passierte, enthielt als Beiladung beispielsweise ein halbes Kilo Schießpulver, ein Kilo des Sprengstoffes Hexogen und 20 Testladungen für Granatwerfer. Die Mustersendungen entsprachen in Zusammensetzung und Menge schriftlichen Bestellungen der iranischen National Defense Industries Organization (NDIO), die bei der Razzia in Karlskoga beschlagnahmt worden waren. Nach Berechnungen von Stil Age wurden insgesamt 343 Tonnen Sprengstoff für Bomben, 233 Tonnen Schießpulver für Gewehrpatronen und 195 Tonnen Explosivgemisch für Handgranaten über die DDR nach Teheran verschoben.

Daß Bofors tatsächlich wissentlich den Iran belieferte, geht aus Imes-Akten hervor, die nach der Wende sichergestellt wurden. Am 23. März 1983 etwa notierte ein Imes-Händler über ein vorangegangenes Gespräch mit dem Bofors-Verkaufsleiter: »Bofors ist an einer Erweiterung der Lieferungen an den Iran interessiert, muß sich jedoch aufgrund der Exportbeschränkungen dritter Partner bedienen.« Und in einem Vermerk vom 4. April 1986 meldete KoKo-Boß Schalck an Außenhandelsminister Gerhard Beil: Bofors habe zwischen 1981 und 1984 »insgesamt 350 Tonnen Sprengstoff im Wert von sieben

Millionen DM durch die Imes GmbH nach dem Iran geliefert. (. . .) Damit sollten die unter dem Schah bestehenden exzellenten Geschäftsbedingungen auch mit dem neuen Regime fortgesetzt werden.«

Als Staatsanwalt Age im Dezember 1989 aus den Medien von der Flucht Schalcks in den Westen erfuhr, richtete er über das schwedische Außenministerium sofort ein förmliches Rechtshilfeersuchen an die Bundesregierung. Natürlich waren die schwedischen Ermittler sehr daran interessiert, den KoKo-Chef als Zeugen über die Geschäfte des Pulverkartells zu befragen. Schließlich liefen zu jener Zeit Strafverfahren gegen neun Manager des Bofors-Konzerns und seiner Tochterfirma Nobel Kemi.

Am 5. Februar 1990 notierte ein Sachbearbeiter im Bonner Justizministerium in einem Vermerk für das Kanzleramt: Aus dem Europäischen Übereinkommen über die Rechtshilfe ergebe sich »eine grundsätzliche Verpflichtung zur Leistung von Rechtshilfe im Verhältnis zu Schweden«. Fazit des Beamten: »Aus meiner Sicht bestehen gegen eine Bewilligung der erbetenen Rechtshilfe keine rechtlichen Bedenken.« Doch das paßte der Regierung in Bonn offenbar nicht in den Kram; die schwedischen Ermittler durften Alexander Schalck nicht vernehmen. Zwar wurde das Rechtshilfeersuchen aus Stockholm nie förmlich zurückgewiesen, was rechtlich auch unhaltbar gewesen wäre. Doch Bonner Diplomaten redeten den Schweden ihr Ansinnen erfolgreich aus. Wahrscheinlich galt es zu verhindern, daß auch die Beteiligung deutscher Firmen am europäischen Pulverkartell und deren Zusammenarbeit mit dem Iran ins Gerede kam.

Vom schwunghaften Waffenhandel der Schalck-Firma Imes mit den Ajatollahs profitierte nach der Vereinigung übrigens sogar das Bonner Finanzministerium: Im Sommer 1991 flossen aus Teheran 23 Millionen US-Dollar in die Bundeskasse. Die hatte das iranische Verteidigungsministerium der DDR noch für eine Lieferung von 122-mm-Granaten aus dem Jahre 1987 geschuldet. Bei der KoKo-Auflösung war die alte Imes-Forderung von der Treuhandanstalt zwecks »Realisierung« an Bundesfinanzminister Theo Waigel abgetreten worden. Geld stinkt bekanntlich nicht.

Nicht nur schwedische, auch Kriegsartikelhersteller anderer westeuropäischer Länder nutzten den Transitkanal via DDR ausgiebig. Am 22. Oktober 1982 notierte Schalcks Hauptabteilungsleiter Handelspolitik, Genosse Dieter Uhlig, zufrieden: Nach »der erfolgten Überweisung durch die Revolutionsgarden wurde über die Fa. Continental Industries Co. AG mit der Fa. Hirtenberger ein Vertrag über die Lieferung von 40 000 Stück Werfergranaten, Kaliber 60 mm komplett mit Zünder abgeschlossen«. Die Fracht wurde zur Tarnung an die ČSSR-Grenze geliefert, dort von Deutrans übernommen und nach dem Transport durch die DDR in Rostock eingeschifft.

Das Geschäft mit den neutralen Österreichern florierte über Jahre hinweg prächtig. Am 19. September 1988 erteilte die Generaldirektion für die öffentliche Sicherheit im österreichischen Innenministerium der Hirtenberger AG unter dem Aktenzeichen 59.063/223-II/13/88 eine Ausfuhrbewilligung über eine Million Patronen, Kaliber 5,56 mm, 265 000 Patronen Leuchtspurmunition und 6000 Treibladungen. Verwaltungsgebühr für die Waffenhändler: 300 Schilling.

Auch die Firma Kessler & Partner aus Salzburg wollte mitverdienen am Gemetzel am Golf. Am 1. Juni 1984 traf sich Firmenchef Kessler im Interhotel Panorama in Prag mit Imes-Abgesandten. Die hatten schon knapp zwei Jahre zuvor einen Vertrag über vier Millionen Zündkapseln mit Kessler abgeschlossen, diesen dann aber storniert, weil der Endkunde Iran vom Vertrag zurückgetreten war. In Prag wurde die »Wiederaufnahme der Zusammenarbeit« beraten, der Vertrag über die Millionen Zündkapseln erneuert und gar »die Erweiterung des Lieferumfangs von vier Millionen Stück auf 14 Millionen

Stück in Aussicht gestellt«, vermerkte der Imes-Reisekader. Außerdem wurde folgender Bedarf angemeldet: 99 000 Verzögerungselemente für Hohlladungszünder, 350 Millionen (!) Zündhütchen für NATO-Munition, 150 000 Zeitverzögerer für Panzergranaten und 100 000 Zeitzünder für Werfer-Leuchtraketen. Der üppige Wunschzettel ging als »Anfrage der NDIO (an) Herrn Kessler«. Das heißt: Kessler wußte genau, daß der Schießkram für den kriegführenden Iran bestimmt war. Dorthin hätte er offiziell nicht liefern können, zumal ein Teil der Ware, etwa die vier Millionen Zündkapseln, aus westdeutscher Produktion stammte. Herstellerin war die Nürnberger Rüstungsfirma Diehl.

Solcherlei Connections zu NATO-Lieferanten waren es denn auch, die Westkrämer wie Kessler für die Imes-Schieber interessant machten. So hielt Kesslers Imes-Gesprächspartner als »Schlußfolgerung« seiner Prag-Visite fest: »Der Vorteil der Geschäftsbeziehungen mit Herrn Kessler besteht vor allem darin, daß wir über Kessler an bestimmte Erzeugnisse von Rüstungsfirmen aus der BRD und den USA kommen. Diese Bezugslinie ist weiter auszubauen«, um Anfragen der National Defense Industries Organization »nach Ersatzlieferungen von Erzeugnissen, die in früheren Jahren aus der BRD bzw. den USA importiert worden sind, schneller zu bearbeiten«.

Mr. Nicola

Am 18. April 1984 trafen sich im Imes-Büro im Ostberliner Internationalen Handelszentrum (IHZ) Vertreter der staatlichen bulgarischen Waffenhandelsfirma Kintex und der spanischen Waffenschmiede Astra. »Die Partner verständigten sich relativ schnell«, notierte der Gastgeber von Imes. Gegenstand der schnellen Einigung: 6000 Pistolen Modell Falcon und weitere 6000 Pistolen Modell CUB. Technisch abgewickelt werden mußte das Geschäft über die Drehscheibe Imes. Infolge des Papstattentates, bei dem der Schütze eine bulgarische Waffen benützte, erteilten die spanischen Behörden keine Exportlizenzen mehr für Bulgarien! Für ihre Hilfe bei dem Umgehungsgeschäft kassierte Imes 60 000 US-Dollar.

Bei der Gelegenheit wurde von den Imes-Gastgebern bei Astra gleich ein Auftrag über 10 000 Pistolen »für Herrn Nicola plaziert«. Denn auch für »Herrn Nicola« hätte die Firma Astra keine offizielle Liefererlaubnis bekommen.

Dieser mysteriöse »Herr Nicola« tauchte auch im Report des Stasi-Obersten Bernd Dreßler auf: Sein Minister, Erich Mielke persönlich, habe KoKo-Chef Alexander Schalck die Weisung zu verschiedenen Waffengeschäften erteilt, die dann von Imes »realisiert« worden seien. Bei Verladung und Transport wurde »Nicola« jeweils »von Angehörigen des MfS unterstützt«. Zum Teil wurden die Waffen in umgebauten Tankfahrzeugen (mit BRD-Kennzeichen!) auf dem Landweg via Griechenland in den Nahen Osten, manchmal auch in Rostock auf Schiffe verladen. Der Klarname des »Herrn Nicola« wurde in den Stasi-KoKo-Akten nie genannt. Dreßlers Report enthält nur einen kleinen Hinweis: Der Mann sei syrischer Staatsbürger.

Hinter dem Decknamen »Nicola« steckte sehr wahrscheinlich einer der Großmeister der internationalen Waffen- und Drogenhändler-Szene: der Syrer Monzer Al-Khassar. Sicherheitsexperten sehen in Al-Khassar einen wichtigen Zulieferer diverser nahöstlicher Terrororganisationen. Fest steht, daß Al-Khassar Stammkunde bei den Staats-Waffenhändlern des Ostblocks war. Nach Untersuchungsakten des US-Kongresses war er auch in die Lieferung von mindestens 359 Tonnen Waffen an die antisandinistischen Contras in Nicaragua verwickelt. Gekauft hatte er diese Waffen in Polen und der DDR. Der Syrer war von zwei bekannten Waffenhändlern in den Rüstungsbasar hinter dem Eisernen Vorhang eingeführt worden – von dem Franzosen Philippe Léthier und dem Briten Simon Neal Main.

Gemäß österreichischen Observationsprotokollen trafen sich Main, Léthier und Al-Khassar erstmals 1983 in Wien, wo Al-Khassar die Firma Alkastronic installiert hatte.

Mister Main taucht ebenso wie seine Firma Creative Resources Associates (CRA) in einem Bericht der Firma Imes über Geschäftskontakte während der Leipziger Frühjahrsmesse 1986 auf: Verhandelt wurde über 30 000 Sturmgewehre Kalaschnikow sowie über Munition, Panzerabwehrgranaten und TNT-Sprengsätze. Auch als Monzer Al-Khassar aufgrund eines internationalen Haftbefehls im Frühjahr 1988 am deutsch-österreichischen Grenzübergang bei Bad Reichenhall vorübergehend festgenommen wurde, stießen die Beamten auf den Namen Main: Zwischen diversen Papieren fanden sie Angebote der Firma CRA über 200 sowjetische Panzer T 72 sowie Munition und Granaten: »... best regards – Simon Main«. Außerdem steckte in Monzers Jackentasche eine Visitenkarte der Ostberliner Imes-Tochterfirma Witra.

Abu Nidal

Die Übersendung mehrerer »Non-Papers« war ergebnislos geblieben. Am 22. Mai 1987 schließlich bemühte sich US-Botschafter Francis J. Meehan persönlich ins Ministerium für Auswärtige Angelegenheiten (MfAA) am Marx-Engels-Platz in Ost-Berlin. Im Gespräch mit dem Leiter der USA-Abteilung, Dr. Herbert Barth, legte der US-Beamte schnell jede diplomatische Zurückhaltung ab. Meehan warf der DDR aktive Unterstützung des internationalen Terrorismus vor: »Sie unterstützen eine der infamsten und mörderischsten Organisationen.« Gemeint war die palästinensische Freischärlertruppe des Abu Nidal. Aus seinem Aktenköfferchen zog Meehan die »Beweise«: eine Zusammenstellung der US-Geheimdienste über die Aktivitäten von Abu Nidals Leuten in der DDR und

Polen. Der Botschafter las Barth das mehrseitige Papier komplett vor. Darin hieß es: »Wir sind jetzt in der Lage, Beweise vorzulegen, die Ihre bisherigen Dementis widerlegen. (. . .) Die Regierung der Vereinigten Staaten ist im Besitz völlig zuverlässiger Informationen, daß die Abu-Nidal-Organisation (ANO) seit Jahren in der DDR und Polen mit voller Kenntnis von Vertretern der DDR und der polnischen Regierung operiert.« Im April 1985, so referierte Meehan weiter, hätten beide Seiten eine Vereinbarung über die militärische Ausbildung von ANO-Mitgliedern auf dem Territorium der DDR getroffen.

Mehr noch als über das Training für Abu Nidals Kämpfer aber zeigte sich die Regierung in Washington über die »kommerziellen Operationen« der Freischärler-Truppe beunruhigt. Die würde umfangreiche Waffengeschäfte, so der US-Geheimdienstreport, über Tarnfirmen in Warschau und Ost-Berlin abwickeln. »Aufgrund der kommerziellen Protektion Ihrer Regierung kann die Abu-Nidal-Organisation sich bedeutende Einnahmen verschaffen, mit denen die Finanzierung ihrer terroristischen Operationen unterstützt wird.«

Im Namen seiner Regierung forderte Meehan die sofortige Einstellung jeder Unterstützung für Abu Nidal seitens der DDR. Herbert Barth wiederum wies »mit allem Nachdruck«, so hielt er in einer Protokollnotiz fest, die »außerordentlich groben Beschuldigungen und Verleumdungen gegen die Regierung der DDR und ihre Behörden« zurück.

Die Genossen im Ministerium für Staatssicherheit arbeiteten schnell. Drei Tage nach der Begegnung der Diplomaten im MfAA fertigten Mitarbeiter der Abteilung XXII (Internationaler Terrorismus) einen Bericht für die Staats- und Parteiführung an. In dem als »streng geheim« eingestuften Dokument nahm die Stasi zu den von US-Botschafter Meehan vorgetragenen Vorwürfen Stellung – und bestätigte sie im Kern. Ausführlich schilderten die Stasi-Berichterstatter Art und Umfang der Unterstützung für die Abu-Nidal-Gruppe. Lediglich in einigen Details korrigierten Mielkes Leute ihre Kollegen von der CIA. Nach MfS-Darstellung reichte die Hilfe für die ANO von der medizinischen Behandlung einzelner Funktionäre und Kämpfer über Lehrgänge in Marxismus-Leninismus bis zur militärischen Spezialausbildung. Hier stand neben Gebieten wie »Grundsätze der Truppenführung« und »operative Taktik« auch Handfestes auf dem Stundenplan, etwa »Raketen- und Geschoßwerfereinsatz«. Die Schüler aus dem Nahen Osten erhielten von ihren Stasi-Lehrern gute Noten: »Die Disziplin und Lernbereitschaft war ähnlich vorbildlich wie bei den marxistisch-leninistischen Grundlehrgängen.« Die Ausbilder wären keine echten Geheimdienstler gewesen, hätten sie die Kurse nicht dazu genutzt, »umfangreiche Angaben zur Identifizierung der Teilnehmer« zu sammeln. Fingerabdrücke, Schriftproben und Fotos alles Kursteilnehmer wanderten in die Personen-Kartei der Abteilung XXII.

Doch die Kooperation der DDR mit der Abu-Nidal-Truppe, Stasi-intern unter dem sinnigen Decknamen »Händler-Organisation« geführt, beschränkte sich keineswegs aufs Pädagogische. Das Geschäftliche lief über die Firma SAS auf Zypern – und Schalcks Imes. Auch daran ließ das interne MfS-Papier keine Zweifel.

Ihren Hauptsitz hatte die SAS Trade & Investment Inc. Co. in der zypriotischen Hauptstadt Nikosia. Bei den Geheimdiensten galt die Firma als Finanzierungsquelle, Geldwaschanlage und Beschaffungsfirma der Abu-Nidal-Organisation (ANO). Ihre wichtigsten Ableger unterhielt die SAS in London und Warschau. In Warschau logierte sie auf der 25. Etage des Intraco-Handelsgebäudes, und von dort führte eine direkte Spur in das Internationale Handelszentrum (IHZ) in Ost-Berlin, gleich neben dem Bahnhof Friedrichstraße. Dort verfügte eine SAS-Tochterfirma (Zibado Company Trade & Consulting Ltd.) über ein »Vertreterbüro«. Installiert worden war die Zibado-Filiale 1984 aufgrund einer »zwischen MfS und Führungsmitgliedern der Fatah-RC (also ANO) getroffenen Vereinbarung« (Stasi-Report). Schalcks Imes-Leute bildeten mit Abu Nidals Beschaffungsagenten im IHZ eine regelrechte Bürogemeinschaft.

Welcher Art Geschäften sich die Zibado widmete, geht aus dem internen MfS-Papier ebenfalls hervor: »Tatsächlich beschränkten sich kommerzielle Abschlüsse der Fa. Zibado seit Eröffnung des Büros im Februar 1984 nahezu ausschließlich auf Geschäfte mit der Fa. Imes GmbH.« Damit die Ostberliner Gastgeber über Zibado stets auf dem laufenden waren, wurde der DDR-Außenhändler Hans Hoffmann den Abu-Nidal-Leuten per Vertrag als Wirtschaftsberater zur Seite gestellt. Später schleuste das MfS noch Hauptmann Stasch, der als Mitarbeiter der Abteilung XXII bereits über »operative Kontakte« zur Fatah-RC verfügte, unter dem Decknamen Francke in die Firma Zibado ein. Imes-Chef Erhard Wiechert und KoKo-Abteilungsleiter Dieter Uhlig, so vermerkte die Stasi anerkennend, »waren bei der Legendierung als Außenhändler behilflich«. Wiechert hatte zwischenzeitlich die Leitung der Imes übernommen, und Dieter Uhlig war als MfS-OibE und Chef der Hauptabteilung Handelspolitik/Entwicklungsländer im Hause KoKo verantwortlich für den Waffenhandel.

Als Schlüsselperson der kommerziellen Geschäfte zwischen ANO und Imes fungierte Abu Nidals Stellvertreter Samir Hassan Najm Al-Din (alias Samir Najmeddin). Um die Jahreswende 1983/84 meldeten DDR-Geheimdienstler, daß zwei Palästinenser-Organisationen, das Generalkommando der Volksfront für die Befreiung Palästinas unter Ahmed Jibril und die Demokratische Front für die Befreiung Palästinas unter Nayef Hawatmeh, auf dem internationalen Schwarzmarkt nach Infanteriewaffen Ausschau hielten. Schalcks Imes witterte Umsatz und bat Najm Al-Din, für sie als Vermittler tätig zu werden. Anfang Dezember 1984 managte der Palästinenser im Auftrag von Imes die Lieferung von fast 4800 Maschinenpistolen (des Typs Mpi 61 »Scorpio«) aus ČSSR-Produktion samt einer Million Schuß Munition nach Libyen. Vertragssumme: eine halbe Million US-Dollar. Um das Herkunftsland zu verschleiern, wurden die Waffen in einem polnischen Hafen verladen.

Die Beschaffungsaktivitäten des ANO-Händlers Najm Al-Din funktionierten auch in die umgekehrte Richtung. Er besorgte der DDR Embargogüter und Spezialwaffen aus NATO-Staaten. Im Mai 1986 etwa ließ Najm Al-Din von seinen Mittelsmännern in London bei der britischen Waffenschmiede Royal Ordnance 115 Mehrzweckschußwaffen (Typ »Arwen«) einkaufen. Mit diesen sogenannten Anti-Aufruhr-Gewehren, die von der britischen Armee auch in Nord-Irland eingesetzt werden, können neben normaler Munition wahlweise Tränengasgranaten oder Plastikgeschosse zielgenau verschossen werden. In die DDR hätte Royal Ordnance das Schießzeug, da offiziell als Kriegsmaterial eingestuft, nicht liefern dürfen. Die ANO-Agenten legten daher ein fingiertes Endverbleibs-Zertifikat vor, in dem der westafrikanische Küstenkleinstaat Sierra Leone als Empfänger ausgewiesen war. Doch im Überseehafen von Rotterdam wurde die Ware umgeladen – auf ein Schiff, das alsbald Kurs auf Rostock nahm. Da die Ostberliner Auftraggeber nur 100 der Spezialgewehre benötigten, überließen sie der ANO großzügig die restlichen 15 Stück.

Die Bezahlung der Gewehre – etwa 2,5 Millionen D-Mark – wurde übrigens über ein Bankhaus mit einschlägiger Erfahrung in der Finanzierung schmutziger Geschäfte abgewickelt: über die Londoner Filiale der Bank of Credit & Commerce (BCCI), die nach ihrer amtlich verfügten Schließung im Sommer 1991 als »Weltbank des Verbrechens« für Schlagzeilen sorgen sollte. Insgesamt 42 Konten unterhielten Abu Nidal und seine Organisation bei dem Institut; über knapp ein halbes Dutzend davon sollen auch ihre ostdeutschen Geschäftspartner Transaktionen abgewickelt haben.

Zusammenfassend heißt es in dem CIA-Dossier, das US-Botschafter Francis J. Meehan Ende Mai 1987 im DDR-Außenministerium präsentierte: »Die Zibado Company war einer der Kanäle, die der Außenhandelsbetrieb Imes benutzte, um illegale Waffengeschäfte der DDR (...) zu arrangieren.« 1986 war die Zibado aufgelöst worden, weil die westlichen Geheimdienste zuviel über ihre Aktivitäten erfahren hatten. Das vermutete jedenfalls die CIA: Meehan drohte Barth unverblümt mit der Veröffentlichung für die DDR peinlicher Details ihrer Abu-Nidal-Connection. Doch dazu kam es nie. Denn die US-Geheimdienste wußten nur zu gut, daß die illegalen Waffengeschäfte der Vereinigten Staaten bisweilen auf die dunklen Kanäle der Schalck-Firma Imes angewiesen waren. Das machte die USA und die DDR zu Verbündeten.

Unternehmen »Schwarzer Adler«

Prag bestätigte um 14.35 Uhr die Überflugrechte, wenige Minuten später gab der Tower des Flughafens Schönefeld in Ost-Berlin das Okay für KY 426. Um 14.46 des 1. Oktober 1982 donnerte die Frachtmaschine der West Africa Airline über die Startbahn. Ziel des Fluges war laut Frachtbrief Lagos, Empfänger der Ladung das Government of Nigeria. Die Fracht an Bord: knapp 14 Tonnen »Waren laut Rechnung Nr. 235/61«, eine Umschreibung, die im zivilen Luftfrachtbusineß so unüblich wie unzulässig ist. Doch es gab guten Grund für die extreme Vorsichtsmaßnahme.

Der Mann am Steuerknüppel der Boeing 707 kannte sich aus am Himmel über Afrika. Granaten von Österreich nach Südafrika, Gewehre aus Sofia oder Prag nach Bagdad, Munition von Taiwan nach Libyen, Schweres Wasser für militärische Atomprojekte aus der Schweiz nach Indien – wer immer für einen »special flight« eine Crew brauchte, war bei der West

Africa Airline (WAAL) an der richtigen Adresse. Unter Charter der legendären CIA-Fluggesellschaft St. Lucia Airways hatte sie schon Waffen nach Teheran geflogen und im Auftrag der britischen Armee während des Falkland-Krieges SAS-Kommandos in Südamerika abgesetzt. Das Kontaktbüro der Spezial-Fluglinie lag näher, als der exotische Name vermuten ließ – im schweizerischen Basel, in einer Nebenstraße gleich beim Bahnhof. Die einzige Frachtmaschine der Mini-Airline war indes tatsächlich in Ghana registriert.

Am 1. Oktober 1982 – Kapitän Harald Bruns (Name geändert) und seine Crew gönnten sich nach einem Waffenflug nach Südafrika gerade eine Ruhepause in Basel – stand plötzlich ein seltsamer Kunde im Büro der WAAL. Der isländische Rüstungshändler Lofto Johanneson bot 5000 Dollar pro Mann für eine äußerst dringliche Mission. Noch am selben Morgen startete Bruns seine Boeing in Basel, traf um 13.45 Uhr in Schönefeld/Ost-Berlin ein und war nach einer knappen Stunde beladen. Johanneson, selbst Besitzer einer Pilotenlizenz und mit reichlich Afrika-Erfahrung gesegnet, war gleich selbst mitgeflogen; bei späteren Flügen stieg er meist erst in Schönefeld zu. Offensichtlich war der Isländer Arrangeur der geheimnisvollen Flüge. Nicht nur wegen seiner drei verschiedenen Pässe, die er im Wechsel benutzte, fragte sich die Crew bald: Arbeitet Lofto Johanneson im Auftrag der CIA?

Zunächst stimmte die Richtung des Fluges KY 426 an jenem 1. Oktober 1982. Doch nach einem technischen Zwischenstopp in Lissabon hielt Kapitän Bruns Westkurs, steuerte hinaus auf den Atlantik. Kurz nach Mitternacht landete die Maschine auf dem Airport Dulles International in Washington. Der neue Zielort stand mittlerweile auch auf dem Frachtbrief – mit Kugelschreiber über das Wort Lagos gekritzelt.

Was aber lieferten Schalcks Waffenkrämer an die Führungsmacht des Klassenfeindes? Die WAAL-Crew von damals war später überzeugt, daß sie »military equipment« transportiert

243

habe. Tatsächlich wurde der Flieger in Schönefeld laut Frachtbrief von Imes beladen. Die Version von WAAL-Pilot Bruns
klang unglaublich: Von Alexander Schalck war den US-Ge-
heimdiensten Kriegsmaterial frei Haus geliefert worden.

Von etwa Mitte der siebziger bis Mitte der achtziger Jahre
hatten die US-Nachrichtendienste einen ungeheueren Bedarf
an Ostblock-Waffen. Kalaschnikow-Sturmgewehre, Panzerfäuste, Minen, Munition und Sprengmittel waren vor allem an
drei »schmutzigen Fronten« gefragt: zur Unterstützung der
moslemischen Rebellen in Afghanistan, für die Killer-Banden
der Unita in Angola und natürlich für die Aufrüstung der
Contra-Rebellen in Nicaragua.

Zwar hatte der US-Kongreß der Regierung Ronald Reagans
ausdrücklich die aktive Unterstützung der Contras verboten,
doch hohe Mitarbeiter im Nationalen Sicherheitsrat (NSC) des
Präsidenten organisierten den Nachschub für die antisandinistischen »Freiheitskämpfer« weiterhin auf eigene Faust. Zu
diesem Zweck wurden zwei äußerst komplizierte Geheimope-
rationen miteinander verknüpft: Schon seit den frühen achtziger Jahren hatten führende Köpfe des Sicherheitsrates entgegen der offiziellen Politik des Weißen Hauses geheime Waffenlieferungen an den Iran arrangiert. Ziel war die Freilassung
US-amerikanischer und europäischer Geiseln, die im Libanon
von Iran-freundlichen Fundamentalisten gefangengehalten
wurden. Federführend war der NSC-Mitarbeiter und Oberst
der Marineinfanterie Oliver North. Nach dem Kongreß-Ver-
bot der Contra-Unterstützung benutzten Oliver North und
seine Leute die Gewinne aus den Waffenverkäufen an den Iran,
um auf dem Schwarzmarkt Waffen für ihre Schützlinge in
Nicaragua zu kaufen. Nach ihrer Aufdeckung ging diese Dop-
peloperation als Iran-Contra-Skandal durch die Weltpresse.

In seiner im Herbst 1991 erschienenen Autobiographie »Un-
der Fire« begründete der damalige Drahtzieher Oliver North,
warum für derartige Operationen Ostblockwaffen bevorzugt

wurden: Einerseits bedeute es immer einen logistischen Vorteil, wenn die Bewaffnung einer Guerilla mit der Ausrüstung der bekämpften Armee identisch sei. Da die sandinistischen Soldaten mit Ostblockwaffen ausgerüstet waren, konnten die Contras Beutewaffen problemlos in ihre Arsenale eingliedern. Andererseits: Flog eine Schmuggelaktion auf, konnte man sie propagandistisch der Gegenseite in die Schuhe schieben. Sie wurde dann ausgeschlachtet als Beweis dafür, daß die Kommunisten heimlich Unmengen von Rüstungsgütern nach Zentralamerika schleusten.

Wie die verdeckte Beschaffung von Ostblockwaffen organisiert wurde, ging aus einem nach der Affäre freigegebenen US-Dokument hervor, in dem ein Schaubild den sogenannten »three-way-trade« darstellt. Danach trat gegenüber den Waffenlieferanten des Ostblocks eine unverdächtige Handelsfirma in einem Drittland als Käufer auf. Diese verschob die Waffen dann gemäß »U.S.-instructions« weiter an die Endabnehmer. In der Praxis liefen besonders brisante Undercover-Deals nicht selten über ein Dutzend oder mehr Zwischenhändler ab. Ziel dieses Handels »um drei Ecken« war, wie es dort unverblümt hieß, von den USA »einen ununterbrochenen Fluß sowjetischer Waffen und Technologie an die Friedenskämpfer in Nicaragua, Afghanistan, Angola, Kambodscha, Äthiopien usw. zu sichern«.

Über lange Ketten von Tarnfirmen und Mittelsmännern, das belegen Dokumente des US-Kongresses, deckten sich US-amerikanische Stellen in den achtziger Jahren in verschiedenen Ostblockstaaten mit riesigen Mengen von Kriegsmaterial ein. Harte US-Dollars zählten für die Direktoren der staatlichen Waffenschmieden in Warschau, Prag oder Sofia mehr als die offizielle Außenpolitik. Auch und gerade in Ost-Berlin.

»Black Eagle«, »schwarzer Adler« – unter diesem Codewort lief von 1982 bis 1985 eine großangelegte US-Operation zur Beschaffung von Ostblockwaffen, also genau in jenem Zeitraum, in dem die WAAL-Boeing zwischen Ost-Berlin und den USA hin und her pendelte. Allein fünf Transportflüge sind nach den Aussagen beteiligter Piloten und anhand von WAAL-Dokumenten gesichert. Nach »Black Eagle« folgten die Operationen »Enterprise« und »Supermarket«, die später im Zuge des Iran-Contra-Skandals aufgedeckt wurden.

Einer der WAAL-Frachtbriefe (der Flug führte wiederum von Ost-Berlin direkt nach Washington) wies den Prägestempel der Firma Techaid International Ltd. auf, die als offizieller Käufer der Ware fungierte. Diese Firma war in Panama registriert, unterhielt ein Office in London und tauchte in US-Berichten immer wieder als eine wichtige Schaltstelle für Waffenlieferungen an die Contras auf. Hinter der Techaid Ltd. stand der Advokat Julio Antonio Quijano, der in Panama mehrere CIA-Tarnfirmen verwaltete.

Weniger Glück als ihre Kollegen der WAAL hatte die Crew einer Caravelle der in Liberia registrierten World Airlines, die am 19. Juli 1983 auf dem Weg von Ost-Berlin nach Kairo im griechischen Saloniki notlanden mußte. Eine Kontrolle der Ladung hatte zur Folge, daß die Piloten wegen Waffenschmuggels zu mehreren Monaten Gefängnis verurteilt wurden: Das Flugzeug hatte Infanteriewaffen geladen, die Endverbraucher-Zertifikate waren manipuliert. Auch in diesem Fall führten Spuren in die US-amerikanische Geheimdienstszene. Die World Airlines gehörten dem deutschen Geschäftsmann Werner Wagner (Name geändert), der schon CIA-Waffenflüge für die Unita-Rebellen in Angola durchgeführt hatte und dann mit seinem Landsmann Dietrich Reinhardt die Pearl Air auf Grenada aufbaute. Später gründete Reinhardt die legendäre CIA-Fluggesellschaft St. Lucia Airways. Den Frachtauftrag für die Caravelle (ursprünglich waren acht Waffenflüge geplant) hatte Wagner von Mittelsmännern aus London erhalten. In Schönefeld, so erinnerte sich der Airline-Chef später, war seine Maschine »sofort von einem VoPo-Kordon umstellt, damit ja niemand in die Nähe des Flugzeugs kam«. Kairo galt damals übrigens als der zentrale Umschlagplatz für die US-Waffenhilfe an die afghanischen Rebellen.

»Special flights« wie die der WAAL oder der World Airlines waren keine Einzelfälle. Zwischen Ost-Berlin und Washington existierte eine regelrechte »Pipeline«. So hießen im Branchen-Jargon jene dunklen Kanäle, über die sich die CIA auf dem weltweiten Schwarzmarkt mit Rüstung und Waffen eindeckte. Die ostdeutschen Staatsschieber Alexander Schalcks waren an vorderster Front mit dabei. Und weil es Devisen brachte, wurde in Kauf genommen, daß in Afghanistan Mudschaheddin mit Panzerfäusten aus der DDR auf die Panzer der sowjetischen Waffenbrüder feuerten, in Nicaragua die Contras mit DDR-Sturmgewehren Soldaten eines Regimes unter Feuer nahmen, dem offiziell die internationalistische Solidarität der SED-Kommunisten galt.

Die Affäre »Pia Vesta«

Der peruanischen Küstenwacht fiel der dänische Frachter durch sein merkwürdiges Verhalten auf: Stundenlang kreuzte die »Pia Vesta« vor der Küste, ohne einen Hafen anzulaufen. Der Marinegeheimdienst schöpfte aufgrund abgehörter Funksprüche des Schiffes den Verdacht, es könne Waffen geladen haben. Als die Küstenwacht Kontakt aufnehmen wollte, drehte der Dampfer ab und nahm Kurs auf den Panamakanal. Im panamaischen Hafen Balboa wurde das Schiff am 14. Juni 1986 auf Ersuchen der peruanischen Behörden gestoppt und inspiziert. Versteckt unter 32 DDR-Lastwagen (Typ IFA W 50), der offiziellen Ladung des Schiffes, fanden die Kontrolleure 1500 Kalaschnikow-Schnellfeuergewehre und 1440 Raketenwerfer. Der Kapitän führte gleich zwei Ausfertigungen von Frachtbriefen mit sich: Eine lautete auf Peru, die andere auf El Salvador als Endabnehmer der Ware. Beladen worden war die »Pia Vesta« am 5. Mai jenes Jahres im DDR-Überseehafen Rostock. Lieferant der Waffen war die KoKo-Firma Imes.

Die Affäre »Pia Vesta« sorgte im Sommer 1986 wochenlang für Schlagzeilen in der Weltpresse und für diplomatische Spannungen. Die DDR-Regierung behauptete, die Ware sei von einer Schweizer Firma im Auftrag der peruanischen Kriegsmarine geordert worden. Die Regierung in Lima dementierte dies empört, zog aus Protest gegen die mangelnde Kooperation der DDR bei der Aufklärung des Schmuggels ihren Boschafter aus Ost-Berlin ab und ließ ihren Außenminister entrüstet erklären, »alle Untersuchungen führen bisher auf falschen Fährten zu nicht existierenden Firmen oder falschen Dokumenten. Fest steht jedoch, daß ein offizieller DDR-Waffenexport erfolgt ist. « Derweil spekulierte die Presse über die wahren Empfänger der Waffenladung: War sie für die maoistische Guerilla-Organisation »Leuchtender Pfad« in Peru bestimmt? Für die linksgerichtete Befreiungsbewegung »Farabundo Martí« (FMLN) in El Salvador? Oder für die sandinistische Armee Nicaraguas?

Kurze Zeit später meldete sich in Miami der Waffenhändler David Duncan zu Wort und behauptete, er habe die Waffen für die Kriegsmarine Perus eingekauft. Nachdem Präsident Alan García, der angeblich bei dem Deal umgangen worden war, von der CIA informiert wurde, habe die Marine das Geschäft im letzten Moment storniert. Darauf wollte Duncan die Ladung kurzfristig El Salvadors General Adolfo Blandon angeboten haben. Doch Panamas Diktator Manuel Noriega habe eine CIA-Verschwörung gewittert und das Schiff an die Kette legen lassen. Daraufhin seien auch die Salvadorianer wieder von dem Deal zurückgetreten.

Duncans Erklärung heizte das Verwirrspiel um die »Pia Vesta« erst richtig an. Denn ihm wurden exklusive Verbindungen zu den US-amerikanischen Geheimdiensten nachgesagt. Tatsächlich schickte Duncan am 20. Juni 1986, eine Woche nach der Arrestierung in Panama, ein Telex an General Noriega persönlich. Er beklagte sich über die Behandlung seiner Lieferung, obwohl doch sein Agent auf Panama vorab alles mit den Behörden abgesprochen habe. War Duncan also tatsächlich an der Aktion beteiligt? In Peru nahm dem Waffenhändler zwar niemand seine Story ab. Aber die Presse stellte jetzt die Frage: Hatte etwa die CIA ihre Finger im Spiel? Sie hatte. Auch diese Waffensendung aus Rostock war für Nicaragua bestimmt, für die antisandinistischen Contras.

Eine Spur führte in die Schweiz, in die Finanz- und Diplomatenmetropole Genf. Dort betrieb der deutsche Waffenhändler Heinz Pollmann mit seinem Schweizer Kompagnon Raymond Sueur die Verwaltungs- und Finanzierungs-AG, kurz VUFAG. Pollmann mischte im Waffenhandel zwischen Ost und West kräftig mit und unterhielt seit Jahren exklusive Kontakte zur bulgarischen Staatsfirma Kintex. Seine VUFAG war jene Schweizer Firma, die laut DDR die Waffen im Auftrag der peruanischen Marine bestellt hatte. Doch Heinz Pollmann, auf Ersuchen Limas vom Berner Außenministerium befragt, wusch seine Hände in Unschuld: »Ich habe lediglich einer anderen Firma die Adresse in Ost-Berlin gegeben.« Zwar pflegte die VUFAG Kontakte zu KoKo, »jedoch wegen Geschäften, die nichts mit Waffen zu tun haben«. Doch später aufgetauchte KoKo-Dokumente bewiesen: Der Mann log.

Am 15. April 1986, zwei Monate bevor die »Pia Vesta« in Panama aufflog, landete auf dem Ostberliner Flughafen Schönefeld als Flug FP 525 ein Lear-Jet der Privatlinie Aeroleasing Genf. An Bord befanden sich die Herren Heinz Pollmann, Raymond Sueur und José Gomez. Als Grund des Fluges, so notierte die Stasi-Aufsicht am Flughafen, gaben die drei Geschäftsgespräche mit der Firma Imes an. Bei dem Geschäft ging es um Speziallastwagen samt Ersatzteilen sowie verschiedene Ausrüstung und Zubehör. Gomez inspizierte die Ware und bescheinigte Schalcks Imes schriftlich, sie sei »ungebraucht und brandneu«. Auf dieser Bezeichnung hatte Pollmann bestanden.

Schon im Januar 1986 war Pollmann zwei Tage lang in Ost-Berlin gewesen und hatte das Geschäft perfekt gemacht. Im Protokoll der Imes über jenes Treffen, an dem zeitweise auch Erhard Wiechert teilnahm, war tatsächlich von Lastwagen die Rede, aber auch von »1500 AKM je 138 US-Dollar; 1440 RPG 18 je 4500 US-Dollar« – also Kalaschnikows und Raketenwerfer. Das machte zusammen, einschließlich der Lkw, knapp 1,2 Millionen US-Dollar, wobei Pollmann auf einer Überfakturierung von weiteren 500 000 Dollar bestand. Außerdem stellte er die Bedingung: »In die entsprechenden Dokumente sind die AKM und RPG 18 nicht aufzunehmen.«

Nebenbei wurden noch Geschäfte mit einer Vielzahl weiterer Länder besprochen: Dschibuti (MI-8-Helikopter und Maschinengewehre), ferner Sudan, Ägypten und Somalia. Außerdem bat Pollmann »um Angebot für 200 Stück 14,5-mm-Zwillingsgeschütze« samt vier bis sechs Millionen Schuß Munition für einen nicht genannten Kunden (Imes-Protokoll). Im Gegenzug bot Pollmann der DDR NATO-Kriegsgerät an: Panzerabwehrlenkraketen vom Typ »Milan« – »inclusive endusercertificate«.

Der Waffenschieber Heinz Pollmann, CIA-Tarnfirmen und Schalcks Imes pflegten umfangreiche Geschäftsbeziehungen; und es ging ausschließlich um Waffen. Die »Pia-Vesta«-Affäre war kein Einzelfall. Schalcks Todeskrämern kamen Leute vom Schlage Pollmanns gerade recht, um ihre Kriegsartikel auf dem westlichen Schwarzmarkt zu versilbern. Daß die Waffen dabei oft in höchst dubiosen Kanälen versickerten, störte Leute, die auch mit Abu Nidal Geschäfte machten, wenig. Hauptsache, die Kasse klingelte.

Im Falle der »Pia Vesta« versuchten Schalck und seine Imes-Truppe den Eindruck zu erwecken, sie seien von den Genfer Mittelsmännern hereingelegt worden. Dabei hatte Pollmann gegenüber der KoKo-Tochter schon im Vorfeld des Deals klargestellt: »Empfänger nicht bekannt, auf keinen Fall Peru.« (Imes-Protokoll) Heinz Pollmann verschwieg zwar in echter Händlermanier den Endkunden; den ostdeutschen Lieferanten aber war von Beginn an klar, daß der nicht in Peru saß.

Der deutsche Waffenschieber Pollmann war aber nur einer der Profiteure. Ein zweiter saß ebenfalls in Genf, nur ein paar Gehminuten vom Firmensitz der VUFAG entfernt. Dort hat die Firma Star Productions ihre Büros. Als Geschäftszweig gibt sie Herstellung und Vertrieb von Videokassetten und Schallplatten an. Besitzer ist der französische Ex-Geheimdienstler Georges Starckmann, eine der schillerndsten Figuren in der internationalen Waffenhändlerszene. Pollmann und Starckmann verbindet nicht nur ihr Hang zum Genfer See, sondern auch ein gemeinsames Geschäftsinteresse.

Neben Firmen in Genf, Panama, Paris und Madrid (dort unter derselben Adresse wie Pollmanns spanische Filiale) unterhält Starckmann auch die Marnix SA in Uruguay. Und just diese Firma tauchte in den Ladepapieren der »Pia Vesta« auf. Die Namen Starckmann und Star Productions wiederum wurden in einem geheimen Memorandum genannt, das im Zuge der Untersuchungen des Iran-Contra-Skandals durch den US-Kongreß erstellt wurde: als Lieferanten der Rebellen. Zusammen mit David Duncan. Und so schloß sich der Kreis: DDR-Waffen für die Contras, von der CIA eingefädelt.

Starckmann selbst bekannte später zweideutig auf die Frage, ob die Ladung der »Pia Vesta« für Rebellen in Nicaragua bestimmt war: »Dort wäre sie früher oder später womöglich gelandet.« Und waren die Lieferanten in Ost-Berlin im Bilde? »Mais bien sur!« Aber sicher!

Bezahlt wurde die heiße Fracht nach Mittelamerika übrigens von der ebenfalls in Genf ansässigen Treuhandfirma CSF – laut US-Dokumenten eine finanztechnische Schaltstelle im Iran-Contra-Netzwerk.

Imes für CIA

Neben konventionellen Waffen für ihre »schmutzigen Fronten« war die CIA besonders scharf auf militärische High-Tech aus der Sowjetunion – zur Auswertung durch die eigenen Experten. Nach amerikanischen Presseberichten gab die CIA in den achtziger Jahren insgesamt 240 Millionen Dollar für sowjetische Radar- und sonstige Militärelektronik aus. Eingekauft wurde bei den Bündnisgenossen Moskaus, denen auch hier die Devisen vom Klassenfeind mehr am Herzen lagen als die hochgelobte Waffenbrüderschaft mit der Roten Armee. Allein 80 Millionen Dollar sollen Angehörige des Ceauşescu-Clans abgesahnt haben für russische Militärtechnik, die sie hinter dem Rücken Moskaus in den Westen verscherbelten. Auch in Schalcks Kassen versickerte einiges.

Kapitän Bruns von der West Africa Airline jedenfalls mußte gelegentlich mit DDR-Ware aus Schönefeld das Phillips Army Airfield bei Baltimore anfliegen. Das liegt direkt neben der Aberdeen Testing Ground, einem riesigen Test- und Versuchsgelände der U.S.-Army. Auch die Analytiker des Foreign Technical Intelligence Office haben dort ihre Zentrale. Über den Inhalt einer der großen Kisten, die er am 1. Dezember 1982 dort ablieferte, äußerte der WAAL-Pilot später, es sei wohl »Satellitentechnik oder so was, vielleicht aus China oder Rußland« darin gewesen. Vor seinen Flügen nach Baltimore seien er und sein Copilot in einem Büro der U.S.-Air Force in London speziell instruiert worden, so oft landen europäische Zivilpiloten schließlich nicht auf US-amerikanischen Army Airfields.

Daß MfS-OibE Alexander Schalck des öfteren hinter dem Rücken des großen Bruders in Moskau dessen Kriegsmaterial verscherbelte, belegten später auch die Akten des Bonner KoKo-Untersuchungsausschusses. So verhandelte Imes 1983 mit der ägyptischen Armee über die Lieferung von Ersatzteilen für MIG-21-Jagdflugzeuge, Steuersysteme für Raketen sowie Radartechnik sowjetischer Bauart. Moskau intervenierte prompt, und der stellvertretende DDR-Verteidigungsminister, Generaloberst Fleißner, sah sich gezwungen, KoKo-Chef Schalck in einem persönlichen Schreiben aufzufordern, »von weiteren Vertragsverhandlungen Abstand zu nehmen«. Andernfalls, so warnte er, sei »seitens der UdSSR mit einer Verschlechterung der Beziehungen« zu rechnen. Schalck kümmerte sich nicht darum. Er setzte seine Bemühungen vor allem in Ägypten fort. Nicht zuletzt, weil er Erich Mielke hinter sich wußte.

Später erklärte Schalck immer wieder, sich bei den Waffengeschäften seiner Imes nie die Hände schmutzig gemacht zu haben. Doch interne Unterlagen aus der KoKo-Zentrale und dem SED-Zentralkomitee bewiesen das Gegenteil. Der KoKo-Boß kümmerte sich oft persönlich um Details wie Verladetermine für Schiffe oder die Entwicklung einer neuen Waffe, die unter der Bezeichnung »Erzeugnis 940« geführt wurde.

Die absolute Geheimhaltung seiner Waffengeschäfte lag dem für seinen konspirativen Hang bekannten Schalck am Herzen. In einer »Weisung zur Erhöhung von Ordnung und Sicherheit« vom Oktober 1986 an Imes-Generaldirektor Wiechert legte Schalck beispielsweise über den Umgang mit westlichen Waffenschiebern fest: »Der Vertrag ist ein Imes-internes Dokument. Dem Händler ist grundsätzlich kein Schriftstück auszuhändigen, das Imes als Vertragspartner erkennen läßt. Gleiche Bedingungen gelten für Versanddokumente.« Auch beim Zahlungsverkehr über den Bankweg sei sicherzustellen, »daß Imes nicht als Lieferant von speziellen Erzeugnissen zu identifizieren ist«.

Knarren im Keller

Ausgestattet mit einem Durchsuchungsbefehl des DDR-Generalstaatsanwaltes rückten Kriminalbeamte am 3. Dezember 1989 in das Hauptgebäude der Kommerziellen Koordinierung in der Ostberliner Wallstraße 17–22 ein. In der Nacht zuvor hatte sich das Ehepaar Schalck nach West-Berlin abgesetzt.

Im Keller der Schalck-Behörde stellten die Fahnder nicht nur Kunstgegenstände, Kosmetika, HiFi-Elektronik und mehrere Tonnen Gold sicher, sondern auch ein ansehnliches Waffenlager: rund 150 Handfeuerwaffen samt Zubehör wie Zielfernrohre, kugelsichere Westen und Munition. Neben einigen Flinten und Büchsen, die wohl für die Jäger im ZK bestimmt waren, listete das Beschlagnahmeprotokoll vor allem Polizei- und Kriegswaffen auf.

Auffallend daran: Die Schießprügel stammten fast ausnahmslos aus westlicher Produktion. So hielt Schalck in der Wallstraße etwa Revolver der US-Traditionsmarke Smith & Wesson, italienische Berretta-Pistolen, österreichische Steyr-Repetier- oder belgische FNL-Gewehre jeweils gleich im Dutzend vorrätig. Den Staatsanwälten bot sich ein Bild, als habe sich Schalck seine Kellerkollektion als Vorführmuster für potentielle Kunden gehalten.

Unter den Westwaffen befanden sich auch Pistolen und Maschinenpistolen aus dem Hause Heckler & Koch (H & K). Die Rüstungsschmiede, ansässig im schwäbischen Oberdorf, beliefert hierzulande Bundeswehr und Polizei. Nicht nur in der Zentrale in der Wallstraße, auch im Imes-Lager bei Kavelstorf wurden Waffen der Marke H & K sichergestellt. Nach den Typenbezeichnungen handelte es sich dabei um Gerät, das auf der Kriegswaffenliste des Bundesamtes für Wirtschaft (BAW) stand, also nach bundesdeutschem Recht nicht in die DDR ausgeführt werden durfte. Das BAW hatte auch keine Sondergenehmigungen ausgestellt.

Auch Heckler & Koch selbst beteuerte, solche Waffen, etwa die Maschinenpistole MP 5, würden ausschließlich an staatliche Kunden verkauft. Das gelte sogar für die bloße Abgabe von Prospektmaterial.

An wen die bei KoKo gefundenen Exemplare verkauft oder von welchem Lizenznehmer sie hergestellt wurden, war anhand der Registriernummmernn und des Waffenbuches der Firma leicht feststellbar. Doch das behielt man in Oberdorf lieber für sich.

Erzeugnis 940

Es waren hauptsächlich sowjetische oder unter sowjetischer Lizenz nachgebaute Waffen, die die ostdeutschen Friedensfreunde über die Imes in alle Welt verschacherten. Als Exportschlager galt dabei das legendäre Standardgewehr der Roten Armee, die Kalaschnikow AK 47. Es wurde auch in weiteren Versionen, etwa als Maschinenpistole oder Scharfschützengewehr, hergestellt. Typisches Erkennungsmerkmal ist das lange, nach hinten gebogene Magazin. Zwar durfte die DDR die AK 47 in Lizenz produzieren, aber nicht ohne Genehmigung der Sowjets exportieren. Die wollten zum einen die Kontrolle über die Verbreitung ihrer Waffen behalten, zum anderen natürlich das lukrative Geschäft mit dem berühmten Gewehr auf ihre Rechnung machen. Doch Schalck ließ die Kalaschnikow oft kurzerhand »im Reexport bzw. ohne Zustimmung des Lizenzgebers« im Ausland vertreiben, also ohne das Okay der Sowjets, wie die DDR-Militärstaatsanwaltschaft nach der Wende ermittelte.

Um Ärger mit Moskau und lästige Lizenzgebühren zu vermeiden, ließ Imes zuletzt mit einem Trick die Valuta-Kassen klingeln: Sie brachte eine imitierte Kalaschnikow unter der Bezeichnung STGK 90 auf den Markt. Das Kürzel STGK stand wohl für »Sturmgewehr Kalaschnikow«. Tatsächlich wurde das »DDR-Produkt« STGK 90 ein Renner; allein die indische Armee orderte 35 000 Stück.

Als absatzhindernd erwies sich jedoch, daß die DDR-Waffe ebenso wie das AK 47 nur die im Ostblock übliche Munition (vom Kaliber 5,45 × 39 mm) verschießen konnte. Um in den Krisenzentren der Dritten Welt die gewünschten Umsätze erzielen zu können, gab Schalck im Herbst 1986 eine Weiterentwicklung der STGK 90 in Auftrag: Unter Regie von Imes und unter Federführung des VEB Kombinats Spezialtechnik Dresden wurde, erneut auf der Basis der Kalaschnikow, das »Erzeugnis 940« entwickelt, das auf dem internationalen Waffenmarkt später unter der Typenbezeichnung »Wieger 940« rangierte. Die Besonderheit: Das neue Gewehr made in Germany (-Ost) war für Patronen des NATO-Kalibers (5,56 × 45 mm) ausgelegt. Mit der »Wieger 940« wollte sich die DDR, so ein interner Imes-Bericht, »neue Märkte erschließen und den Export in das NSW planmäßig und stabil erhöhen«. Wo immer in der Dritten Welt geschossen wurde, ob mit Ost- oder Westkaliber, Schalcks Devisentruppe konnte fortan liefern.

Für Entwicklung und Produktion der Prototypen wurden zunächst im neutralen Ausland und in der Bundesrepublik Spezialmaschinen und Meßgeräte beschafft, für die größtenteils ein strenges Embargo galt. Der österreichischen Firma Steyr Wälzlager wurde »zur Sicherung Produktion Gerät 940« im November 1988 der Zuschlag für diverse Meßgeräte erteilt. Für eine Viertelmillion D-Mark wurde Technik bei der Firma Tripet in der Schweiz eingekauft. Wild Leitz in Frankfurt bekam den Auftrag für ein CNC-Präzisionskoordinatenmeßgerät. Selbst bei der direkten Konkurrenz, bei der schwäbischen Waffenschmiede Heckler & Koch, wurden Offerten eingeholt. Als das »Erzeugnis 940« in Serie ging, erhielt die österreichische Firma Plansee Ende 1989 den Zuschlag für Dreh- und Fräswerkzeuge im Wert von knapp einer Million

Schilling. Dabei handelte es sich nach KoKo-Unterlagen um sogenannte »Wiederholaufträge«; Plansee mußte also schon vorher an die ostdeutschen Waffenklempner geliefert haben.

Im Sommer 1989 meldete Schalcks Mann fürs Militärische, MfS-Offizier Dieter Uhlig, seinem Chef, mit dem »Erzeugnis 940« habe die DDR nun ein »marktfähiges Erzeugnis, das sich sowohl technisch als auch ökonomisch unter den international anerkannten Spitzenerzeugnissen dieser Art einreiht«. Die Serienherstellung konnte beginnen. Nach dem Baukastensystem konzipiert, wurden verschiedene Versionen, etwa mit verkürztem Lauf (STG 940 K/S), als Präzisionsgewehr (PG 940), Maschinengewehr (LMG 940) oder als Fallschirmjägerausführung (940 R) mit einklappbarer Schulterstütze, feilgeboten. Als gelte es, ein neues Motorrad anzupreisen, lobte Uhlig »das hohe technische Niveau, das Leistungsvermögen, die Nutzungseigenschaften und auch das gelungene Design dieser Waffe«.

Weniger rosig malte Schalcks Mitarbeiter die aktuellen »Marktbedingungen« aus, die sich leider aufgrund »des Abbaus der militärischen Konfrontation, der Abrüstungserfolge und der zunehmenden Beseitigung internationaler Konfliktherde gravierend verändert« hätten. Für einen rechten Waffenschieber gab es da nur eines: »In unseren Anstrengungen nicht nachzulassen und die Märkte nunmehr aktiver, aggressiver zu bearbeiten.« Schon im November 1988 waren Imes-Händler nach Nigeria und Ghana gereist, um Polizei- und Armeeoffizieren ihr »Spitzenerzeugnis« vorzuführen. Denen hatte das Produkt durchaus gefallen, wie der Reisereport deutlich macht: »Bei den immer größer werdenden Aufgaben der Polizei durch die Zuspitzung der Konflikte nach innen braucht die Polizei (. . .) genau solche heftigen Waffen.« Die Nigerianer hätten »selbst kurz das Schießen« probiert, »trafen aber kaum«.

Kaufen wollten die Nigerianer dann aber doch nicht. Dafür lagen Bestellungen aus Peru und Indien vor, insgesamt über

6000 Waffen – zwecks Truppenerprobung. Das brachte die Imes-Truppe mächtig unter Druck, da die Aufnahme der Serienproduktion erst für das vierte Quartal 1989 vorgesehen war. »Die Fertigung der 6000 Stück mußte unter handwerklichen Bedingungen organisiert werden«, meldete Uhlig im Juni 1988 an Schalck. Vor allem hatte die DDR nicht genügend Munition des NATO-Kalibers 5,56 × 45 vorrätig. Um trotzdem »die Märkte Peru und Indien für zukünftige Lieferungen zu sichern«, mußte die KoKo-Firma Camet, normalerweise für den Handel mit Schlachtvieh und Provisionen des bayerischen Metzgerclans März zuständig, die Munition über die österreichische Munitionsfabrik Hirtenberger beschaffen. Und Bajonette wurden kurzerhand über einen österreichischen Händler in Südkorea bestellt.

Nach KoKo-Unterlagen hatte das VEB Kombinat Spezialtechnik zum Zeitpunkt der Wende bereits mehrere tausend Wieger-Modelle produziert. Etwa 2000 Stück konnten am 10. Dezember 1989 – ebenso wie 20 000 Kalaschnikows samt einigen Tonnen Munition – im Imes-Geheimdepot bei Kavelstorf sichergestellt werden. Nach Beobachtungen örtlicher Bürgerrechtler waren jedoch in den Tagen zuvor mehrere Tonnen Güter abtransportiert worden. Wohin, wußte niemand. Möglicherweise wurden die Waffen von alten Stasi-Seilschaften verschoben – auch an die Milizen im jugoslawischen Bürgerkrieg.

Ost-West-Beziehungen

Bei den Waffenschiebern im Westen war Schalcks Imes als Selbstbedienungsladen hoch geschätzt. Regelmäßig fand sich die Branche zur »sozialistischen Leistungsschau« auf der Leipziger Messe ein. Im Messeabschlußbericht der Imes für das Jahr 1986 beispielsweise waren Verhandlungen mit diversen

kanadischen, US-amerikanischen und britischen Waffenhänd-
lern verzeichnet. Unter ihnen war auch Lofto Johanneson,
jener fliegende isländische Händler, der mehrfach im CIA-
Auftrag Waffen in Schönefeld abgeholt hatte. An der Leipziger
Messe nahm er regelmäßig als Vertreter der Firma Techaid
International teil. 1986 interessierte er sich für T-72-Panzer.
Für seine Ostberliner Partner hatte »Lofti«, wie ihn Freunde
nannten, immer einen guten Tip im Gepäck: »Im Falle der
Beschaffung von Embargoware aus NATO-Ländern empfahl
J.«, so eine Imes-Gesprächsnotiz, »die Container mit zu kau-
fen, da sie im Falle des Kaufs von der Leasing-Firma nicht
registriert werden und auf dem Schiff die Möglichkeit der
Umsignierung gegeben ist. Hinsichtlich der Mehrzweck-
schießgeräte gab J. den Hinweis, diese aus Südafrika zu be-
schaffen. Südafrika verfüge gegenwärtig über die modernsten
Geräte dieser Art. Der Import sei problemloser als aus NATO-
Ländern.«

Aus dem NATO-Land BRD fanden sich ebenfalls geschäfts-
hungrige Messebesucher in der Imes-Box ein: Ein Handels-
makler des Thyssen-Konzerns zeigte Interesse – an 110 000
Stahlhelmen für Kuba! Es wurde vereinbart, ein Muster-
exemplar der Kopfbedeckung per Interflug zu übersenden.
Außerdem vermeldete das Imes-Tagebuch von der Leipziger
Frühjahrsmesse 1989 Verhandlungen mit Mercedes-Benz über
»Lkw für Libyen«.

Nach welchem Schema die Waffendealer aus Ost und West
ihre Geschäfte einfädelten, schilderte exemplarisch der Ex-
Außenhändler Hans Lübbers (Name geändert) in einer staats-
anwaltschaftlichen Vernehmung nach der Wende: Kuba lieferte 1988 der DDR 6000 »voll einsatzfähige Beutewaffen, die
überwiegend aus US-amerikanischer Produktion stammten«.
Sie wurden, als »landwirtschaftliche Maschinen« deklariert,
nach Rostock verschifft, in Kavelstorf zwischengelagert und
später größtenteils an einen amerikanischen Waffenhändler in

San Francisco veräußert. In Kavelstorf, so gab Zeuge Lübbers zu Protokoll, seien regelmäßig westliche Waffenhändler zu Besichtigungsterminen angereist.

Das Imes-Lager bei Kavelstorf, verkehrsgünstig in der Nähe des Überseehafens Rostock gelegen, war im Dezember 1984 in Betrieb genommen worden. Es wurde als Diensteinheit des Ministeriums für Staatssicherheit geführt und ausschließlich von Stasi-Leuten »bewirtschaftet und gesichert« (so die Militärstaatsanwaltschaft). Zuständig für den konspirativen Transport, Umschlag und die Lagerung der Ware war die Abteilung Bewaffnung und Chemischer Dienst im MfS, die sogenannte »BCD-Linie«.

Alexander Schalck persönlich versuchte bis zuletzt, die Imes-Deals in der gewohnt konspirativen Weise fortzuführen. Noch am 30. November 1989 drängte er den damaligen DDR-Regierungschef Hans Modrow, den Geheimschutz für das Lager Kavelstorf unbedingt aufrechtzuerhalten; die »Vertraulichkeit über Kunden, Waren, Preise usw.« dürfe auf keinen Fall verletzt werden. Zumindest so lange nicht, bis alles verkauft sei. Doch die Geheimnisse der Imes ließen sich nicht in die neue Zeit hinüberretten. Am 2. Dezember 1989 stürmten Aktivisten des Bürgerkomitees das Kavelstorfer Geheimdepot. Noch am selben Tag tauchte Alexander Schalck-Golodkowski unter.

Er hatte seinen Waffenbasar noch aufrechterhalten wollen, als sich andernorts längst Endzeitstimmung breitmachte. Noch am 3. November waren von der Imes zwei Musterexemplare ihres geplanten Exportschlagers »Wieger 940« an einen alten Stammkunden, die Revolutionsgarden der Islamischen Republik Iran, auf den Weg gebracht worden; am 1. Dezember sollte Dieter Uhlig zu Verhandlungen nach Teheran fliegen. Als Luftfrachtsendung wurden die beiden Vorzeigemodelle in einer Holzkiste mit Interflug IF 520 nach Wien geschickt; von dort sollten sie mit Flug OS 409 der Austrian Airlines nach

Teheran gelangen. Doch in Wien wurde die Sendung von der österreichischen Polizei konfisziert. Begründung: Es handele sich um Kriegsmaterial.

Bei der hektischen Untersuchung der peinlichen Panne in der DDR stellte sich heraus, daß es der für den Transport zuständige Staatsspediteur VEB Deutrans versäumt hatte, die nötige Transitgenehmigung beim Wiener Innenminister zu beantragen. Von der Deutrans-Frachtabteilung auf dem Flughafen Schönefeld wiederum war vergessen worden, Interflug und Imes über das Fehlen des Papiers zu informieren. Als Ursache der Panne meldete ein Imes-Funktionär am 8. November 1989 dem Staatssekretär Genossen Dr. Schalck: Republikflucht zahlreicher Mitarbeiter.

Anhang

bestätigt: *Mielke*

V o r s c h l a g

zur Einstellung eines Offiziers im besonderen Einsatz

Personalien:

Name, Vorname:	S c h a l c k , Alexander
geb. am, in :	3. Juli 1932 in Berlin
wohnhaft :	102 Berlin, Mollstr. 12
erl. Beruf :	Feinmechaniker
jetzige Tätigkeit:	1. Sekretär der SED Kreisleitung Außenhandel
Arbeitsstelle:	MAI
Religion:	ohne
Parteizugehörigkeit:	SED
Organisationen:	FDGB, DSF
Familienstand:	verheiratet, 2 Kinder
Vermögen:	keines
Vorstrafen:	keine

Wohnungsanschriften:

1932 - 1955	Berlin-Treptow, Bouchèstr. 80
1956 - 1965	Berlin-Treptow, Karl-Kunger-Str. 33
1965	102 Berlin, Mollstr. 12

Im September 1966 wird Schalck als Offizier im besonderen Einsatz (OibE) rekrutiert.

Kurz vor seiner Flucht schreibt Schalck diesen Brief an Ministerpräsident Hans Modrow.

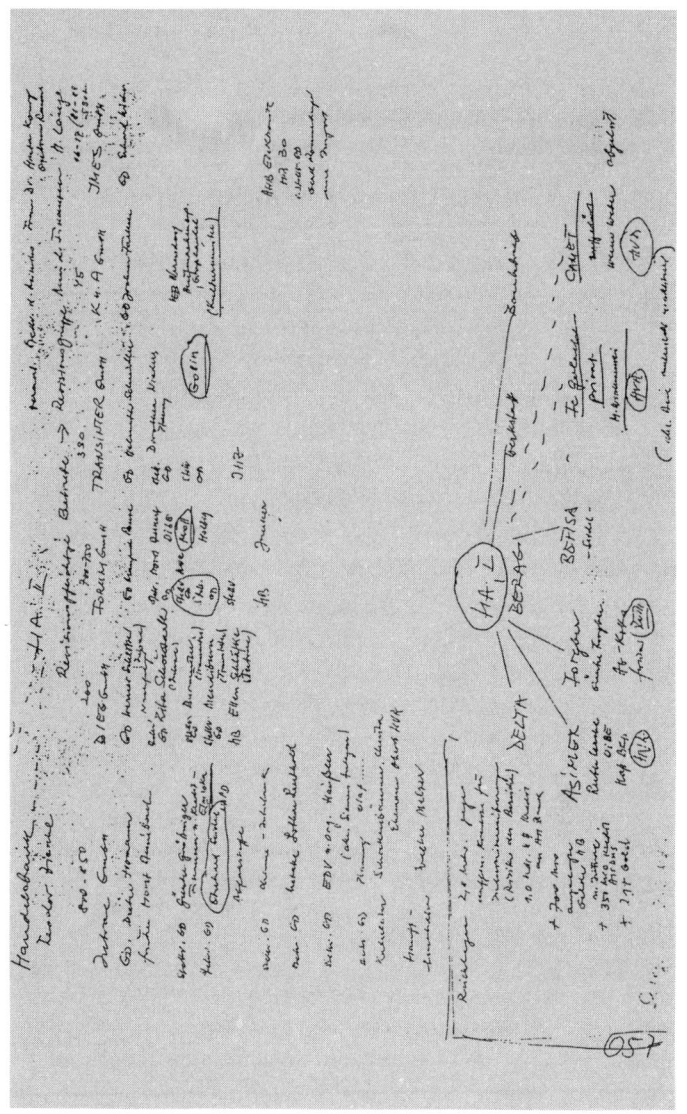

Das KoKo-Imperium - nach handschriftlicher Aufzeichnung seines
ehemaligen Chefs, Alexander Schalck.

VS-VERTRAULICH
amtlich geheimgehalten

BUNDESNACHRICHTENDIENST

III D 4 2 | | 20.06.77

MELDUNG

TgbNr	488/77 VS-Vertr.		
Kennziffer	WIR M 0422/77	Berichtsnummer	34DB20067702
Aktenzeichen	DDR 1935 WENA		
Titel	DDR: Antiquitätenverkauf zwecks Devisenbeschaffung		

| Bezug | 1 | |
| | 2 | |

| Zeit der Festst. | 05.77 | Bewertung | B - 3 |

Kurzfassung

Der Kunsthandel der DDR ist beauftragt, möglichst
viele Antiquitäten in den Westen zu verkaufen.
Es wird vermutet, daß diese Aktivitäten der DDR
auf ihren permanenten Devisenmangel zurückzuführen sind.

Deskriptoren

Sperr- oder
Freigabevermerke

Verteiler | Vermerke des Empfängers

BPrA | BK [X] | AA [X] | BMVg | BMWi [X] | BMI [X]

BMB [X] | BMBW [X] | BMFT | BMF | BML

BPA | BfV | ASBw

Anlage 5 zu 10A
Nr. 0264/91 VS-Vertr.

Meldung:

Aus Kunsthändlerkreisen der DDR wurde bekannt:

Der Kunsthandel der DDR hat den Auftrag erhalten, möglichst viele Antiquitäten im Westen abzusetzen. Eine größere Anzahl Lastwagen ist in Richtung innerdeutsche Grenze unterwegs. Als Bestimmungsort wird Düsseldorf oder Amsterdam vermutet, als Motiv der Transaktion der permanente Devisenmangel der DDR.

Stellungnahme:

Die DDR beabsichtigte bereits 1973, wertvolle Kunstgegenstände aus der "gemeinsamen deutschen Geschichte", vornehmlich aus dem 19. Jahrhundert, zu exportieren. Hierzu sollten insbesondere die Bestände der Museen Dresden, Berlin (Ost) und Leipzig herangezogen werden. Als Interessenten traten damals Kunsthändler aus der Schweiz, den USA und dem Vatikan auf. Die Exportabsichten wurden jedoch aufgegeben, nachdem sowohl Proteste aus der Bundesrepublik Deutschland als auch Unverständnis aus der DDR-Bevölkerung laut wurden.

Es wird vermutet, daß es sich bei den nun bekanntgewordenen Exportabsichten nicht um einen Vorstoß gleicher Art, sondern nur um eine Intensivierung des Absatzes von Antiquitäten wie Bauernmöbel, Porzellan, Uhren u.ä. handelt. Lieferungen dieser Art erfolgten bisher zwecks Devisenbeschaffung hauptsächlich in die Schweiz, die Niederlande und die USA. Über den Umfang können keine genaueren Angaben gemacht werden.

Zuständig für den Export von Antiquitäten ist die Handelsfirma KUNST UND ANTIQUITÄTEN GMBH, Berlin (Ost), die im Januar 1973 gegründet wurde, dem TRANSINTERVERBAND (= Vertreterorganisation der DDR) zuzurechnen ist und vom Bereich SCHALCK direkte Anweisungen erhält; Geschäftsführer ist Horst SCHUSTER.

Seit 1977 war der Bundesnachrichtendienst über die dubiosen Antiquitätengeschäfte der DDR informiert.

ORIGINAL.
DUPLICATE.
TRIPLICATE.

APPLICATION FOR IMPORT LICENCE.

Part I.

(TO BE COMPLETED BY APPLICANT)

Name of Applicant ___ FERDINAND DAHM – DAHM – BETEILIGUNGS – GMBH

Description of Goods required:— ———

(a) Customs Classification ___

(b) Brief description in words ___ Security Equipments for Police - Vehicles
Radio Communications, Telex Machines, Computers, Shoes, Denning
trousers, Berets (Blue) etc. etc.

(c) Quantity ___ Variable

(d) Estimated value ___ Variable

(e) Country of origin ___ West-Germany

(f) Name and address of supplier ___ Mr. Ferdinand Dahm, Dahm Beteiligungs – GMBH

Method of payment for goods ___ Gift to Police Security Service

Purpose required for ___ Use by Gambia Police Force and Security Services

Date 29/08/86   Signature Ferdinand Dahm

Part II.

FOR OFFICIAL USE)

IMPORTS APPROVED   LICENCE No. Trans /F.5/1/86

CLASSIFICATION AND DESCRIPTION.	QUANTITY.	VALUE.	COUNTRY OF ORIGIN.
AS PER ABOVE	–	–	WEST GERMANY

Valid until 31st August, 19 87

Approved 1st. September, 1986

Date 28th. August, 19 86.   Signature ___

Title ___ Undersecretary of Finance (Trade)
Banjul The Gambia
West Africa.

*When application for a number of items is being made a list giving these particulars
for each item should be attached.

Der Kaufmann Ferdinand Dahm nutzte eine Importlizenz aus Gambia für den
Schmuggel von Hochtechnologie.

H 133/73

Fa. Simon persönlich - streng vertraulich

1o54 Berlin

Schönhauser Allee 26 x

Werter Genosse Simon!

Als Anlage übersende ich Ihnen eine Weisung über die Durchführung von

Importen und bitte Sie, die darin enthaltenen Festlegungen sinngemäß

auf Ihre Geschäftstätigkeit anzuwenden.

Aus gegebener Veranlassung weise ich nochmals besonders darauf hin,

daß alle Importaktivitäten, auch wenn sie über die fachlich dafür zuständigen

AHB abgewickelt werden sollen, vorher mit mir abzustimmen sind.

Mit sozialistischem Gruß

Dr. Schalck

Anlage

Simon Goldenberg handelte sich 1973 einen Rüffel seines Schülers
Alexander Schalck ein.

```
            ⌐        P r o t o k o l l

                    der Übergabe/Übernahme
      der Fa. G. Simon Industrievertretungen
      1058 Berlin, Schönhauser Allee 26a
      an die
      Fa. Simon-Industrievertretungen GmbH.
      1058 Berlin,Schönhauser Allee 26a
      ===========================================================

      1. Die Übergabe/Übernahme wurde zwischen den Herren
         Goldenberg, Simon (Übergebender für die Fa. G. Simon
         Industrievertretungen)
         und                       .
         Weber, Werner (Übernehmender für die Fa. Simon-Industrie-
         vertretungen GmbH.)
         in der Zeit vom 12.1. - 30.1.1976 durchgeführt.

      2. Die Übergabe/Übernahme erfolgte auf der Grundlage der
         Absprache vom 9.1.1976 in Anwesenheit des Übernehmenden,
         zwischen Herrn Manfred Seidel, Ministerium für Außenhandel
         - Bereich Koko - und Herrn Goldenberg, Simon.

      3. Die Übernahme durch den Hauptgeschäftsführer der Firma
         Simon-Industrievertretungen GmbH vollzog sich auf der
         Grundlage der Vereinbarung zwischen Herrn Goldenberg, Simon
         Inhaber der Fa. G. Simon Industrievertretungen und der
         Interessengemeinschaft der Handelsvertreter und Handels-
         makler EV, Präsident Schindler.

      4. In der Zeit vom 12.1. - 30.1.1976 wurden die Firmen und
         Kontaktpersonen von Herrn Goldenberg durch Führung von
         persönlichen Gesprächen übergeben.

      5. Alle juristischen Probleme, die mit der Firmenumschreibung
         mit Behörden und anderen Institutionen zu klären waren,
         wurden mit Datum des Abschlusses der Übergabe erfüllt.

         Die Übergabe/Übernahme konnte am 3o.1.1976 zum Abschluß
         gebracht werden. Mit der Übergabe ist der Hauptgeschäfts-
         führer der Fa. Simon-Industrievertretungen GmbH in die Lage
         versetzt, die Geschäfte entsprechend den Festlegungen der
         Vereinbarung vom 9.1.1976 zwischen Herrn Seidel und Herrn
         Goldenberg weiterzuführen.


      Berlin, den 30.1.1976

      für Fa. G. Simon              Für Fa. Simon-Industrievertre-
      Industrievertretungen                tungen GmbH.

      (Goldenberg, Simon)           (Weber, Werner)
```

Übergabe der Firma Simon (später Camet) an Goldenbergs Nachfolger
Werner Weber.

Berlin, 12.10.1984

Genossen Minister Mielke

Lieber Genosse Minister!

Am 12.10.1984 übergab März im Auftrag von F.J.Strauß
beiliegende Unterlagen mit der Bitte um Unterstützung.
Ich habe eine Kopie des Materials Genossen Volpert
direkt zugestellt.

Ich bitte um weitere Entscheidung.

Darüber hinaus bat März darum, ernsthaft zu prüfen,
für Simon-Goldenberg Nachweisdokumente auszustellen,
aus denen ersichtlich ist, daß er seit 1959 Bürger
der DDR war.

Nachdem Goldenberg seinen Wohnsitz von Rosenheim
nach München verlagert hat, ergeben sich Komplikationen
bei der Ausfertigung notwendiger Personaldokumente,
da kein Nachweis über seine Staatsbürgerschaft erbracht werden kann.

Um Recherchen durch Münchner Behörden zu vermeiden
empfiehlt März, Möglichkeiten zu finden, Goldenberg
ein entsprechendes Dokument zuzuspielen, aus dem seine
Einbürgerung als Bürger der DDR 1959 ersichtlich ist.

Bitte um Entscheidung.

Mit kommunistischem Gruß

Alexander Schalck

Anlagen
13. Liste

Schalck-Vermerk für Erich Mielke über die Ausstellung falscher Papiere für
Simon Goldenberg.

Stellungnahme IV Z zu den Äußerungen des BND
Bl. 3/4 des Vermerks Stück 5/82

Die besagten Äußerungen sind mir unverständlich und
gehen an der Sache vorbei.

Dem BND sind seit langem die Gründe für die "verzögerliche
Behandlung" des Falles GOLDENBERG bekannt (erst eigene
operative Interessen, dann Abgabe des Falles an DST;
Schwierigkeiten im Bereich Bay StM des Innern (Dr. LANGEMANN)
BLfV) vgl. hierzu den Schriftverkehr Bl. 34, 76 und 188
sowie die Vermerke Bl. 80, 82 u. 216 d.A. Hinzu kommen
direkte Kontakte BLfV - BND (insbes. Schriftverkehr VP MÜLLER
AL RAUSCH zwecks "Überprüfung" der Angaben von Dr. LANGEMANN,
vgl. Bl. 185, 186 d.A.).

Nachdem der neue Bayerische Innenminister schriftlich (u.a.
vermutlich aufgrund unseres mit VP MÜLLER abgesprochenen
Schreibens vom 26.6.1981 (insbes. Bl. 203)) grünes Licht für
eine Befragung von GOLDENBERG gab (im Dezember 1981, vgl.
Bl. 215), wurde der BND (FLEMING) am 8.1.1982 in München - in
Gegenwart von LRD MÜLLER - entsprechend unterrichtet. Bei
diesem Gespräch wurde darauf hingewiesen, daß klar zwischen
einer Ansprache (geplant für den 27.1., vertagt auf den
3.2.) und einer Abschöpfung unterschieden werde, weil u.a.
für die eigentliche Abschöpfung im Falle einer positiven
Ansprache umfangreiches Hintergrundwissen und viel Zeit
erforderlich sei. Es bestand Einigkeit, daß das erforderliche
Hintergrundwissen (Ost-West-Handel) z.T. nur beim BND
vorhanden ist; der BND bekundete in diesem Zusammenhang
erneut sein Interesse an einer gemeinsamen Abschöpfung
(unter BfV-Flagge).

Am Tage nach der Ansprache habe ich, nachdem Herr FLEMING
nicht zu erreichen war, Herrn BETZ über Verlauf und Ergebnis der Ansprache informiert, das Anforderungsprofil
für einen (BND-) Befrager geschildert, sowie die taktisch

kurzfristig erfolgte Festsetzung eines 1. Abschöpfungs-
termins (16.2.1982) erklärt. (GOLDENBERG sollte klar gemacht
werden, daß wir ihn nunmehr nicht so schnell in Ruhe lassen,
vgl. hierzu Bl. 221 d.A.)

Ich habe dringend darum gebeten, diesen Termin einzuhalten
und entsprechende Vorbereitungen zu treffen.

Der nunmehr neuerlich erwünschte Terminaufschub seitens
des BND wirft ein bezeichnendes Licht auf diesen und ich
frage mich, ob die "Anschuldigungen" gegen das BfV im Raum
stehen bleiben sollen.

Köln, den 11. März 1982

(Dörrenberg)

Interne Kritik des Bundesamtes für Verfassungsschutz an der Taktik des BND
im Falle des Übersiedlers Simon Goldenberg.

V e r m e r k

Am 01.02.1983 fand ein Gespräch mit Josef März
statt (14.3o Uhr - 15.3o Uhr).

März überbrachte Grüße von Strauß und berichtete
über sein letztes Gespräch mit ihm in der vorhergehenden Nacht.

März kommentierte dazu, daß beide reichlich Alkohol getrunken hatten und deshalb von beiden Seiten
in einer auch für ihre Beziehungen sehr leiden-
schaftlichen Art eine Reihe von Fragen, die die
Beziehungen zur DDR berühren, angesprochen wurden.

Ausgangspunkt war die Entscheidung von Strauß,
daß März am 01.02. zu mir fahren soll mit der
Mitteilung, eine kleine Denkpause einzulegen,
damit man in Ruhe die begonnenen Gespräche erfolgreich abschließen kann. Die Zeit, in der die
Verhandlungen begonnen wurden, fällt in den
Wahlkampf. Das ist auch aus der Sicht von Strauß
ein ungünstiger Zeitpunkt, da er mit politischen
Fragen und Emotionen belastet wird.

Er bleibt bei seiner Einladung an mich und würde
sich freuen, mich nach der gewonnenen Wahl in
München zu empfangen, um aus seiner Sicht zu
einer Reihe von praktischen Fragen der Weiter-
führung der Beziehungen offen sprechen zu können.

Auf meine Feststellung, daß die Tonart, in der Zimmermann und Kohl und andere Politiker der CDU/CSU in den letzten Tagen auftreten, sie die Weltöffentlichkeit durch ihre Äußerungen provozieren, stellte März fest, daß wir in den nächsten sechs Wochen noch manche Formulierungen hören werden, die in diesem zugespitzten Wahlkampf nicht zu vermeiden sind. Zimmermann ist ein Politiker ohne Stellenwert.

Auf meine Frage, wer überhaupt noch Stellenwert bei ihnen hätte, bemerkte März, daß Blüm einer der interessantesten Politiker der CDU und jetzt auch ein Partner von Strauß geworden ist. Diesen Mann sollte man aufmerksam in seiner Entwicklung verfolgen.

Im Zusammenhang mit der gewünschten Bedenkzeit, mit der wir übereinstimmen, teilte ich März mit, daß heute ein angeblicher Beauftragter von Kohl "Vorschläge in der Tasche hatte", die Fragen berühren, für deren Sondierung ausschließlich unser Kanal vereinbart worden war.

Ich habe März unmißverständlich erklärt, daß wir uns streng an die getroffenen Abmachungen halten, daß weder Strauß noch März von uns genannt wurden und uns heute unverständlich ist, daß jetzt eine neue Linie mit sehr konkretem Wissen über das Telefongespräch und über den Ort Rosenheim offensichtlich auf die Beziehungen mit März anspielt.

Schalck-Vermerk über ein Treffen mit dem bayerischen Fleisch- und Viehhändler Josef März am 1. Februar 1983.

Information

März überbrachte beiliegende Schreiben von
Franz Josef Strauß mit der Bitte um positive
Entscheidung.
Aus prinzipiellen Gründen würde ich nicht empfehlen,
daß ich das Thema Fußballclub Augsburg - Fußball-
club Vorwärts Frankfurt (Oder) über Genossen Mittag
dem Generalsekretär zuleite, weil sonst die Frage
nach der Kurierverbindung gestellt wird.
Wenn Sie anderer Auffassung sind, müßte ich durch
Sie entsprechende Auflassungen bekommen.

Das wir seit einigen Tagen nichts von Strauß hören,
weder zum Thema Messe noch zum anderen Thema, hängt
offensichtlich nach Aussagen von März mit erheblichen
persönlichen Meinungsverschiedenheiten zwischen Kohl
und Strauß zusammen.
Das hat sich offensichtlich am Thema der Regierungs-
umbildung zugespitzt.
Das uns bekannt gewordene Gespräch zwischen Kohl und
Strauß nach der Rückkehr aus Israel war dabei Anlaß
zur Verärgerung von Strauß, da weder das Problem
Wörner noch andere Strauß interessierende Fragen
wegen angeblichen Zeitmangel von Kohl (Stattfinden
des Wirtschaftskabinetts) behandelt werden konnten.

Es entspricht den Tatsachen, daß Strauß auch aus
familiären Gründen - ernsthafte Diskrepanzen mit
seiner Ehefrau - nach Bonn will.

Es hat nach Aussagen von März fast den Anschein, daß
er auch bereit gewesen wäre, als Verteidigungsminister
anzutreten - gegen den Rat aller seiner Freunde.

März schätzt ein, daß wir in den nächsten Tagen - heute
finden in Bonn Gespräche zwischen Strauß und Kohl statt -
zur Messe und zum anderen Komplex verwertbare Nachrichten
erhalten.

Es ist abgesichert, daß auch während meiner Abwesenheit
jederzeit eine direkte Verbindung zu Strauß sichergestellt ist und ich sofort über Nachrichten informiert
werde.

Bitte um Entscheidung über das weitere Vorgehen.

Anlagen

Schalck-Vermerk an Erich Mielke mit dem Vorschlag, bestimmte
Informationen dem Generalsekretär Erich Honecker vorzuenthalten.

Information

Über März wurde ein Gesprächstermin für den 11.05.1987,
15 Uhr, vereinbart. Im Gespräch sollen im wesentlichen
zwei Grundfragen angesprochen werden:

- die Reduzierung der Eisenbahntarife für Rentner und
  Reisende in dringenden Familienangelegenheiten um
  66 2/3 %.
  Die DDR geht davon aus, daß das Inkrafttreten dieser
  Maßnahmen durch die Deutsche Bundesbahn mit Wirkung
  vom 1.7.1987 wirksam werden müßten, da bei ablehnenden
  Po-sitionen eine Reduzierung der Reisenden für diesen
  Personenkreis die Konsequenz wäre.

- aktuelle Projekte, die die DDR und die BRD berühren.

März, der unter Alkoholeinfluß stand, sich dafür ent-
schuldigte, auch die Gründe nannte, war in seinen
Darlegungen offener als das in vorhergehenden Gesprächen
der Fall war. Einleitend teilte er mit, daß am Freitag,
dem 1. Mai 1987, ein geheimes Treffen zwischen Strauß, Kohl
und ihm in ihrem Gästehaus in Spöck stattgefunden hat,
in dem alle aktuellen politischen Fragen, die die
Sowjetunion und die DDR berühren, behandelt wurden.

In diesem Zusammenhang offenbarte März, daß er über
viele Jahre enge persönliche freundschaftliche Kontakte
zu Kohl unterhält. Das veranlaßte Kohl zur Feststellung,
daß es doch für alle Beteiligten leichter wäre, wenn
die Verbindung Strauß zu uns auch ihn einbezieht und
März als Verbindungsmann fungiert.

Ich habe dazu festgestellt, daß mein Mandat in der
Verbindung zu Strauß besteht und alles andere danach
Sache der BRD-SEite ist, vorausgesetzt, daß diese
Verbindung geheim bleibt, sonst wäre dieser Kontakt
zu März wertlos. Die Geheimhaltung wurde von März
zugesagt.

Das Interesse von Kohl und Strauß orientierte sich
auf eine Hauptfrage - die durch interne Berichte
des CIA, die auch März zur Kenntnis gegeben wurden,
untersetzt sind - : Wird Gorbatschow der erste Mann
in der UdSSR auf lange Sicht bleiben, oder ist
mit kurzfristigen - der CIA spricht von zwei Monaten -
Veränderungen zu rechnen.

Da Kohl davon ausgeht, daß seine Koalitionsregierung
für die nächsten 15 Jahre existieren wird, ist für
die BRD von erstrangiger Bedeutung, welche Führungs-
persönlichkeiten in der UdSSR langfristig für die
Politik verantwortlich zeichnen werden und damit
für ihre Berechenbarkeit.

Ich habe März in meinem persönlichen Standpunkt
zum Ausdruck gebracht, daß er davon ausgehen
kann, daß der Generalsekretär des ZK der KPdSU,
Gorbatschow, souverän die Verantwortung wahrnimmt
und kurzfristige Veränderungen nicht vorstellbar
sind.

Das Interesse der Regierung der CDU/CSU konzentriert
sich weiter darauf, daß war auch Gegenstand des

Gespräches zwischen Strauß und Kohl, daß Strauß kurzfristig eine Einladung von Gorbatschow nach Moskau
erhält zu politischen Gesprächen. Beide erwarten, zu den
bevorstehenden Gesprächen mit Muchachowski am 8.5.1987
in München detailliertere Angaben zu erhalten. Kohl
würde eine solche Einladung absegnen. Sie liegt
auch in seinem Interesse. Eine kurzfristige Reaktion
der sowjetischen Seite würde begrüßt werden. Dabei
könnten aktuelle Fragen der Abrüstungsgespräche zwischen
der UdSSR und den USA und die Haltung der Bundesrepublik zu den einzelnen Komplexen behandelt werden.

Kohl und Strauß haben großes Interesse, daß Gorbatschow
noch in diesem Jahr die Bundesrepublik besucht. Trotz
des bisher bekannten Terminplanes - der das nicht vor-
sieht - rechnen sie sich relativ große Chancen aus
und hoffen darauf, von Murachowski dazu weitere Auskünfte zu erhalten. März bemerkte, daß ein Besuch
von Gorbatschow vor Honecker zweckmäßig wäre.

Zurückkommend auf sein Angetrunkensein stellte er
fest, daß Strauß ihm gestern den Auftrag erteilte,
mit dem Beauftragten von Mubarak, der in Begleitung von
Frau Mubarak offensichtlich auch mit Strauß zusammen-
gekommen war, Gespräche zu führen und auf Drängen der
Ägypter die Zusage zu geben, daß März als Beauftragter
von Strauß in Kürze Kairo besuchen wird, um die
speziellen Wünsche der ägyptischen Seite für Strauß
und Kohl entgegenzunehmen. Diese Zusammenkunft verlief über mehrere Stunden bis in die späte Nacht,
es wurde viel Alkohol getrunken und das hatte
in Bezug auf den Alkoholspiegel Auswirkungen bis
zum heutigen Zusammentreffen.

Schalck-Vermerk über ein geheimes Treffen zwischen März, Strauß und
Bundeskanzler Kohl auf Gut Spöck am 1. Mai 1987.

114365 camet dd
114394y ahbn dd 28.11.83 ~1225 fgnr#2013 mm25
114365 camet dd

grxxxe

gen. weber bitte zur/kentnis

fleischimporte 1. quartal 1984
----

sehr geehrter herr maerz ,

bezug nehmend auf die zum o. g. betreff gefuehrten vorgespraech
teilen wir ihnen mit,dass wir zur uebernahme im 1.quartal 1984
folgende importmoeglichkeiten sehen:
ca.   5.000 t schweinehaelften,ohne kopf,ursprung uvr
:ca.   500 t roastoeef,ursprung cssr
ca.   2.000 - 3.000 stueck leb. schlachtbullen,ursprung csar

die zu vereinbarenden qualitaetsbedingungen wuerden sich nach
unseren vertraegen des jahres 1983 richten.
ausgehend von der heutigen lage auf internationalen rind- und
schweinefleischmaerkten haben wir fuer die o.g. importe
folgende preisvorstellungn:

schweinehaelften   max. 2.160,--dm/metr.t frei grenze cssr/ddr
roastoeef   max. 5.500,--dm/metrmt frei ddr-kuehlbetried
leb. schlachtbullenmax. 1.450.--dm/metr. t frei grenze cssr/ddr
eine voraussetzung fuer die durchfuehrung des o.g. geschaeftes
ist die gewaehrung eines kommerziellen kredits mit einer laufzeit
von 13 monaten,wobei die kreditbedingungen noch abgestimmt,werden
wuessten.
falls ihrerseits interesse an einem geschaeft wie dargestellt besteht,bitten wir sie,uns bis zum 02.12.1983 fernschrifttich ein
entsprechendes festangbot zu uebermittln,das bis zum 6.12.1983
gueltig ist.
fuer ihre disbezueglichen bemuehungen besten dank im voraus.

afg nahrung ahb-nahrung
export-import   krause@
114365 camet dd

Telex des AHB Nahrung an Josef März mit einem fragwürdigen Angebot von
Ostblock-Fleischeinfuhren nach Bayern.

Der Bayerische Ministerpräsident

8000 München 22 **2 6. April 1988**
Prinzregentenstraße 7
Tel. (089) 2 16 50 · FS 05-23 809

Herrn Staatssekretär
Dr. Alexander Schalck-Golodkowski
Ministerium für Außenhandel
Unter den Linden 44-60

1080 Berlin

Lieber Gesprächspartner!

Frau Liesl März, die Frau unseres leider so jäh verstorbenen gemeinsamen Freundes, hat mich gebeten, ihr ein besonderes Empfehlungsschreiben für ihren Besuch bei Ihnen
mitzugeben. Ich war zwar der Meinung, daß angesichts der
langjährigen Bekanntschaft und Ihrer freundschaftlichen
Haltung es eines solchen Empfehlungsschreibens gar nicht
bedarf. Aber sie hat sich sehr über meine Zusage gefreut,
ihr für die Zwecke des Besuches bei Ihnen ein solches
Empfehlungsschreiben zur Verfügung zu stellen.

Bei unserem Gespräch am letzten Samstag war sie gerührt
über Ihre freundliche und großmütige Haltung und Ihre
Zusage, daß die Verbindungen mit der Familie und dem
Unternehmen März auch in Zukunft so weiter bleiben
sollen wie bisher.

Ich hoffe, daß wir uns bald wiedersehen, ohne daß ich
besondere Probleme im Sinne habe. Unser Gedankenaustausch
war immer für beide Seiten nützlich. Vielleicht könnten
Sie mir gelegentlich mitteilen, welche Termine Ihnen
für eine Reise nach München möglich erscheinen. Mit
allen guten Wünschen und den besten Empfehlungen an Ihre
Frau Gemahlin

Ihr

Franz Josef Strauß

Empfehlungsschreiben von Strauß an die Witwe von Josef März, Liesl, mit
der Bitte an Schalck, die Geschäftskontakte fortzuführen.

WILLI MÄRZ

8200 Rosenheim   09.12.1988
Meraner Straße 55 · Telefon 08031/41778

Herrn

Dr. A. Schalck
Staatssekretär

Berlin / DDR

Sehr geehrter Herr Dr. Schalck,

am Ende dieses für unsere Familien traurigen Jahres möchten wir Ihnen einen
ganz besonderen Dank dafür aussprechen, daß Sie ohne **Wenn und Aber** zu
unserer Familie gestanden haben und stehen und uns damit in den schwersten
Stunden Hoffnung und Rückhalt gegeben haben.

Die vielseitigen offenen und verdeckten Attacken nach dem Tode von Josef
waren oft so brutal angelegt, daß man ohne treue Freunde hätte verzweifeln
können.

Ihnen, sehr geehrter Herr Dr. Schalck, möchten wir dafür in Anerkennung der
Verdienste meines Bruders ein so hohes Maß an Dankbarkeit aussprechen, das
wir in Worten nicht kleiden können.

Wir haben wieder Mut gefaßt und unermüdlich daran gearbeitet, das Unternehmen im Sinne von Josef weiterzuführen und in ruhigere Gewässer zu ge-
leiten.

So dürfen wir Ihnen, sehr geehrter Herr Dr. Schalck, heute nochmals unseren
aller verbindlichsten Dank aussprechen, mit der festen Überzeugung, daß Sie
uns auch weiterhin Ihr Vertrauen geben.

Und so möchten wir Ihnen, aber auch Ihrer sehr verehrten Frau Gemahlin,
nach einem für Sie auch bestimmt arbeitsreichen Jahr, geruhsame Feiertage
wünschen und für das kommende Jahr 1989 vor allem beste Gesundheit, Glück
und weiterhin viel Erfolg.

Mit herzlichen Grüßen

Ihre
Familien März

Dankesschreiben von Willi März an Alexander Schalck mit der Bitte, die
Geschäfte fortzusetzen.

A. Schalck   Berlin, den 04.08.1989

Mitglied des Politbüros
und Sekretär des ZK der SED

Genossen Dr. Günter Mittag
_____

Lieber Genosse Mittag !

Am 04.08.1989 . 14.30 Uhr - wurden wir durch
unsere Verbindung von dem Wunsch Theo Waigels
informiert, mit mir Ende August bzw. Anfang
September 1989 ein informelles Gespräch zu
führen.

Bitte um Entscheidung zum weiteren Vorgehen.

                              Mit kommunistischem Gruß

Von Erich Honecker abgesegneter Vorschlag Schalcks, mit CSU-Chef
Theo Waigel zusammenzukommen.

Helmstedt-Autobahn, den 1... ....

Betr.: Auszug aus dem Tätigkeitsbuch,
       Eintragung Nr. 4699 v. 8.11.72, 23.15 Uhr

Hilfeersuchen

Am 8.11.72, um 22.00 Uhr, teilte Herr H e i n von der Zollgrenz-
dienststelle Autobahn telef. mit, daß gegen 20.55 Uhr der schweizer.
Sattelzug, amtl. Kennz.: TI - 97925, der aus der DDR eingereist war,
nach der Feststellung von Unregelmäßigkeiten bei der Zoll-Kontrolle
von dem Fahrer gewendet und nach Durchbrechen der Schranke wieder
in Richtung Ost gefahren wurde.
Es sei nicht auszuschließen, daß der Fahrer - unter Umgehung der Zoll-
kontrolle - erneut die Grenze zu passieren versucht, so daß polizei-
liche Hilfe erforderlich wird.
Veranlaßt:
1.) Meldungen an MvD, OvD und OdL erstattet.
2.) Zollhof aufgesucht. Außer der festgestellten starken Beschä-
    digung der Schrankenanlage keine weiteren Erkenntnisse.

                          gez. Zangel, PHM

F. d. R. :   *Zangel*, PHM

Diese Fotokopie ist ein voll-
.... - Ur-
....
.... 19.1.73
                Langer, Aug.

Vermerk über den vom Zigarettenschmuggler Stichelmaier verursachten
Grenzzwischenfall.

VS-VERTRAULICH
amtlich geheimgehalten

VS-NfD

BUNDESNACHRICHTENDIENST

III D - 4.		14.05.79

MELDUNG — WIR

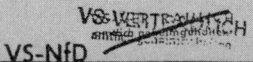

TgbNr	516/79 VS-Vertr.		
Kennziffer	WIR M 0382/79	Berichtsnummer	DB14... 90
Aktenzeichen	DDR 1935 SWZ 1935 BRD		
Titel	DDR: Verhandlungen über Gestattungsproduktion mit Schweizer Zigarettenherstellern		
Bezug	1		
	2		
Zeit der Festst.	04.79	Bewertung	C - 3

Kurzfassung

Die DDR verhandelt gegenwärtig mit mehreren Schweizer
Zigarettenherstellern über den Abschluß von Ge-
stattungsverträgen für die Zigarettenproduktion in
der DDR. So ist.u. a. beabsichtigt, jährlich 500 Mill.
Zigaretten der Firma PHILIP MORRIS EUROPE S.A. in
der DDR herzustellen.

Deskriptoren	Gestattungsproduktion IDH Westhandel
Sperr- oder Freigabevermerke	Gesperrt für Missionen Verwendung nur im nationalen Bereich

Verteiler — Vermerke des Empfängers

BPrA	BK [X]	AA	BMVg	BMWi [X]	BMI
BMB [X]	BMRW	BMFT	BMF	BML	
BPA	BMV	ASO			

Meldung:

Die DDR verhandelt z. Z. mit den Schweizer Zigarettenherstellern REEMTSMA CIGARETTEN AG, R.J. REYNOLDS TOBACCO
INTERNATIONAL S.A. und PHILIP MORRIS EUROPE S.A. über Möglichkeiten der Gestattungsproduktion für die Zigaretten-
herstellung in der DDR.

Die Verhandlungen mit der PHILIP MORRIS EUROPE S.A. stehen
bereits vor dem Abschluß. Zunächst ist eine jährliche Produktion von 500 Mill. Zigaretten vorgesehen, wofür die
Schweizer Firma Tabak, Papier und Verpackung zur Verfügung
stellt. Die DDR erhofft sich aus dieser Gestattungsproduktion
einen jährlichen Gewinn von schätzungsweise 1 Mill. DM. In
Höhe dieses Betrages sollen in der DDR produzierte MORRIS-
Zigaretten für die Versorgung des Binnenmarktes eingesetzt
werden.

Anmerkung:

Das Interesse der DDR an Gestattungsproduktionsverträgen mit
Schweizer Firmen hängt ganz offensichtlich eng mit der Umpolung von Lieferungen aus der Bundesrepublik Deutschland
auf andere westliche Lieferländer (Politbürobeschluß vom
Mai 1978) zusammen. Der Stellvertretende Minister für Außenhandel, Staatssekretär Dr. Alexander SCHALCK, hatte Ende 1978
auf die zunehmende Bedeutung der Gestattungsproduktion für
das Warenangebot in den INTERSHOP-, DELIKAT- und EXQUISIT-
Läden hingewiesen. In diesen Geschäften sollen in Zukunft
verstärkt Erzeugnisse aus Gestattungsproduktionen angeboten
werden, da damit Devisen eingespart werden können.

BND-Meldung an die Bonner Regierung zum Zigarettenschmuggel über die
DDR (»Umpolung«) und die Lizenzproduktion von »Marlboro«.

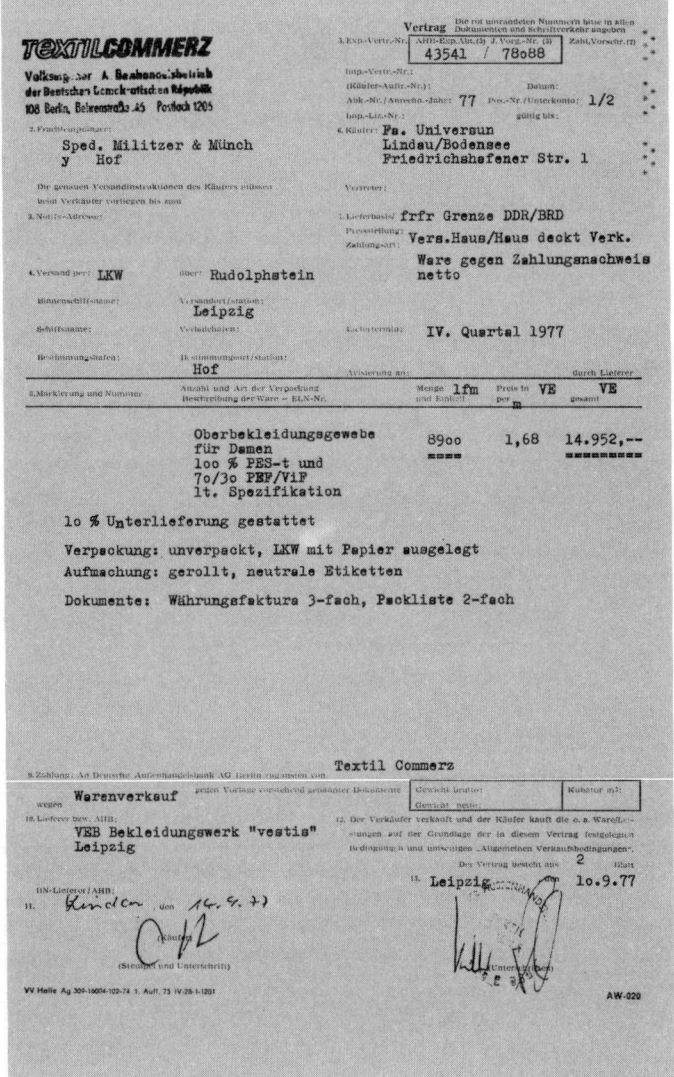

TEXTILCOMMERZ

Volkseigener Außenhandelsbetrieb
der Deutschen Demokratischen Republik
108 Berlin, Behrenstraße 45   Postfach 1205

Vertrag   Die mit umrandeten Nummern bitte in allen
Dokumenten und Schriftverkehr angeben

1. Exp.-Vertr.-Nr.   AHB-Exp.Abt.(S) J.-Vorg.-Nr. (S)   Zahl.Vorschr.(S)
43541 / 78088

Imp.-Vertr.-Nr.:

(Käufer-Auftr.-Nr.):   Datum:

Abk.-Nr./Anschluß-Jahr: **77**   Pos.-Nr./Unterkonto: **1/2**

Imp.-Liz.-Nr.:   gültig bis:

2. Frachtempfänger:
**Sped. Militzer & Münch
y   Hof**

6. Käufer: **Fa. Universun
Lindau/Bodensee
Friedrichshafener Str. 1**

Die genauen Versandinstruktionen des Käufers müssen
beim Verkäufer vorliegen bis zum

Vertreter:

3. Notify-Adresse:

7. Lieferbasis: **frfr Grenze DDR/BRD**

Preisstellung: **Vers.Haus/Haus deckt Verk.**
Zahlungsart: **Ware gegen Zahlungsnachweis
netto**

4. Versand per: **LKW**   über: **Rudolphstein**

Binnenschiff(name):

Versandort/station: **Leipzig**

Schiffsname: Verladehafen:

Liefertermin: **IV. Quartal 1977**

Bestimmungshafen: Bestimmungsort/station: **Hof**

Avisierung an: durch Lieferer

8. Markierung und Nummer	Anzahl und Art der Verpackung Beschreibung der Ware – ELN-Nr.	Menge und Einheit	Preis in per	VE	VE gesamt
Oberbekleidungsgewebe für Damen 100 % PES-t und 70/30 PEF/ViF lt. Spezifikation	**8900** **1fm**	**1,68** **m**	**VE**	**14.952,--**

10 % Unterlieferung gestattet

Verpackung: unverpackt, LKW mit Papier ausgelegt
Aufmachung: gerollt, neutrale Etiketten

Dokumente: Währungsfaktura 3-fach, Packliste 2-fach

Textil Commerz

9. Zahlung: An Deutsche Außenhandelsbank AG Berlin zugunsten von

wegen   **Warenverkauf**   gegen Vorlage ordnungsgemäßer Dokumente

Gewicht brutto: Kubatur m3:

Gewicht netto:

10. Lieferer lt. AHB:
**VEB Bekleidungswerk "vestis"
Leipzig**

12. Der Verkäufer verkauft und der Käufer kauft die o. a. Ware/Leistungen auf der Grundlage der in diesem Vertrag festgelegten Bedingungen und unserangen "Allgemeinen Versandbedingungen".

Der Vertrag besteht aus   **2**   Blatt

13. **Leipzig**,   **10.9.77**

UN-Lieferer/AHB:
11. *Rindem* den **14.9.77**

Käufer

(Stempel und Unterschrift)

Unterschrift

VV Halle Ag 309-18004-102-74 1. Aufl. 73 IV-28-1-1201

AW-020

Liefervertrag von Textilcommerz für über die DDR verschobene Textilien.

BUNDESNACHRICHTENDIENST

III D	4		29.09.78

AUFZEICHNUNG | WIR | K | 118

TgbNr	798/78 VS-Vertr.		
Kennziffer	WIR A 0077/78	Berichtsnummer	340025097801
Aktenzeichen	DDR 1935 BRD		
Titel	DDR: Unregelmäßigkeiten im Innerdeutschen Handel		
Bezug	1	TgbNr 681/78 VS-Vertr. WIR A 0068/78	16.08.78
	2	Rückäußerung BMWi	
Stand	09.78		

Kurzfassung

Verstöße der DDR gegen die Bestimmungen des
Innerdeutschen Handels haben in erster Linie
den Zweck, zusätzliche Devisen zu beschaffen.
Zentral gesteuert werden derartige Aktionen
vom "Bereich SCHALCK" im Ministerium für Außenhandel. Zu den häufigsten Verstößen gegen die
IDH-Bestimmungen gehört das Fälschen von Ursprungszeugnissen.

Deskriptoren	IDH
Sperr- oder Freigabevermerke	Gesperrt für Missionen Verwendung nur im nationalen Bereich

Verteiler | **Vermerke des Empfängers**

BPrA | BK [X] | AA | BMVg | BMWi [X] | BMI

BMB | BMBW | BMFT | BMF | BML

BPA | BfV | ASBw

Anlage 8 zu 10A
Nr. 0264/91 VS-Vertr.

Ordner 1 Ex1 Faß 1/11
Az: 350.01
De2/7/91 NA3

84/019/75 Aufzeichnung (BLRD-Deckblatt)

DDR: Unregelmäßigkeiten im Innerdeutschen Handel

1. Verstöße der DDR gegen die Bestimmungen des Innerdeutschen
Handels (IDH) bzw. ihre Umgehung haben in erster Linie den
Zweck, der DDR zusätzliche Devisen zu verschaffen. Trotz be-
trächtlicher Unkosten (Transport, Umpackung, Provisionen,
Schmiergelder etc.) soll der finanzielle Gewinn der DDR durch
derartige Transaktionen beachtlich sein.

Während früher die Außenhandelsbetriebe der DDR solche Delikte gewissermaßen im Alleingang begingen, hat seit etwa
1974 der TRANSINTER-Verband (Zusammenschluß der DDR-Vertreter-
firmen) unter der Führung des "Bereiches SCHALCK" im Ministerium für Außenhandel der DDR zunehmend die zentrale
Steuerung dieser Aktionen übernommen. Heute kann davon ausgegangen werden, daß alle illegalen Machenschaften der DDR-
Außenhändler direkt von SCHALCK bestimmt werden, womit sich
auch die Methoden verfeinert haben, so daß die Deklaration
von Waren, die unter keinen Umständen ein DDR-Erzeugnis sein
können (z. B. Baumwolle) heute die Ausnahme ist.

Zu den häufigsten bzw. gravierendsten (hier bekannten) Verstößen gehört neben vorgetäuschten Transitgeschäften, Schmuggel,
Zahlungen außerhalb des Verrechnungsabkommens und Unter-
fakturierung, die Fälschung von Ursprungszeugnissen und
Frachtpapieren. Auf diese Weise gelingt es der DDR, Erzeugnisse aus Drittländern (z. B. aus anderen RGW-Ländern) im
Rahmen des IDH abzusetzen oder DDR-Produkte neutralisiert
in den EG-Markt einzuschleusen (sogenannter Kontingentsbetrug).

Dabei bedient sich die DDR der von ihr abhängigen Handels-
firmen und Transportunternehmen in der Bundesrepublik Deutschland und dem westlichen Ausland sowie DDR-eigener Briefkastenfirmen, aber auch jener zahlreichen westlichen Firmen, die
- DDR-unabhängig - bereit sind, für entsprechende Profite
innerdeutsche und Außenwirtschaftsbestimmungen außer acht zu
lassen. Zu den Hauptbeteiligten auf DDR-Seite gehören neben
den Vetreterfirmen des TRANSINTER-Verbandes auch eine Reihe
von Außenhandelsbetrieben und vor allem die Spedition DEUTRANS
sowie ein Umpackgroßbetrieb in Coswig bei Dresden.

2. Folgende bekannte Beispiele zeigen, auf welche Weise die DDR in den vergangenen Jahren Drittlandwaren als DDR-Erzeugnisse im Rahmen des IDH in der Bundesrepublik Deutschland abgesetzt hat:

   - Der AHB CHEMIE-EXPORT verkaufte etwa 1975 an ein Unternehmen in der Bundesrepublik Deutschland Ferrosilicium und Ferrochrom. Diese Produkte, deren Qualität stark schwankte, dürften z. T. aus anderen RGW-Ländern gestammt haben, wofür die Tatsache spricht, daß die Ware in Coswig umgepackt worden ist.

   - Im Zeitraum 1975/76 wurde Bettwäsche aus Rumänien als DDR-Erzeugnis in der Bundesrepublik Deutschland abgesetzt. Der VEB DEUTRANS erhielt für das Umpacken 4 % des Warenwertes vergütet.

     Beteiligte waren:
     AHB ZENTRAL-KOMMERZ, AHB TEXTILCOMMERZ, VEB DEUTRANS, Berlin (Ost); ROMANOEXPORT, Bukarest; ROSIMEX, Antwerpen.

   - Textilien aus Rumänien (u. a. Herrenoberhemden, Schlafanzüge, Trainingsanzüge) wurden 1976 als DDR-Produkte in die Bundesrepublik Deutschland verkauft. Geringe Teile dieser Warenpartien gingen auch in die Niederlande und nach Belgien.

     Die Ware wurde per Container von Bukarest in den Freihafen Hamburg verfrachtet, von DEUTRANS in die DDR transportiert, dort umgepackt und umdeklariert und von DEUTRANS in die Bundesrepublik Deutschland zurückgeliefert.

     Beteiligte waren:
     AHB WIRATEX, AHB INTRAC, AHB TEXTILCOMMERZ, VEB DEUTRANS, VEB VEREINIGTE WÄSCHEFABRIK AUE und Lager Gera, alle DDR; ROMANOEXPORT, Bukarest; ICE CONFEXIM, Bukarest; TEXYLON AG, Zürich; Isaak und Robert BRUCKER, Inhaber der ORION N. V., Amsterdam, und einige Briefkastenfirmen in der Bundesrepublik Deutschland.

- 4 -

Geheimvermerk des Bundesnachrichtendienstes über Schiebereien im innerdeutschen Handel, darunter mit Textilien (auch durch die Familie Brucker).

<u>Vermerk:</u>

Die Auswertung der im Schreibtisch des Bosshammer beschlagnahmten
Unterlagen (1 Plastikumhüllung) hat folgende Verdachtsmomente
ergeben:

1. Alle vorgefundenen Rechnungen fernöstlicher Lieferanten sind
   bereits im holländischen Ermittlungsverfahren gegen Brucker
   aus dem Jahre 1979/1980 bekannt geworden. Derartige Rechnungen
   wurden damals in einem Gheimbüro des Brucker in Amsterdam vorgefunden und beschlagnahmt. Ermittlungen haben ergeben, daß Brucker
   über seine Fa. Bartex/ Vaduz diese Textilien aus Fernost über
   Venedig nach Embrach/Schweiz verbringen ließ. Anschließend wurden
   diese Waren

   a) mit gefälschten Ursprungszeugnissen in die Nieder-
      landen eingeführt, Warenwert ca. 40 Mio. DM;
   b) in die DDR und anschließend als DDR-Ware mit AG3B
      in den R um Düsseldorf geliefert; Wert ca. 60 Mio. DM;
   c) mit gefälschten italienischen Versandpapieren T 2 L
      nach München befördert und zollfrei abgefertigt.
      Warenwert ca. 7 Mio. DM;
   d) mit gefälschten Warenverkehrsbescheinigungen EUR 1
      als Marokko- Ware nach Düsseldorf verbracht. Wert
      ca. 3 Mio. DM.

   Näheres bitte ich dem Bericht des BCD vom 18. Mai 1984 zu entnehmen.
   Alle die Textilien waren als NON-Quota-Waren in Fernost erworben worden.
2. Auf Grund dieser Ermittlungen sind die Textilien des Brucker/Bartex
   in Vaduz im Jahre 1980 etwa im Sept. oder Oktober beschlagnahmt worden.
   Es handelte sich um eine Zivilrechtliche Beschlagnahme. Die Beschlag-
   nahmelisten liegen dem ZFA Nbg. bis Oktober 1980 vor.
   Bartex ging in Liqudation. E wurde ein Vergleich geschlossen über das
   " Betreibungsamt" in der Schweiz. Die Textilien wurden sodann über
   die Nachfolgefirma Relan verkauft. Verwaltungsrat bei Relan ist Herr
   Landolt. Landolt war auch schon bei den damaligen Bruckergeschäften

beteiligt. Als Käufer dieser Waren ist u.a. die F°. Quelle bekannt
geworden. Quelle hat diese Verhandlungen in der Schweiz mit Robert
Brucker geführt. Die Quelle hat hierzu Herrn Bosshammer und Herrn
Keck in die Schweiz gesandt. Den Quelleunterlagen ist zu entnehmen,
daß Robert Brucker und Isaak Brucker die beiden einzigen Aktionäre
der Bartex waren. Folgende Transportwege konnten festgestellt werden:
1. Mit Vertrag vom 20.4.1982 kaufte die F° Quelle von Rolan insgesamt 183.300 Stck. Herrenhemden im Wert von 916.650.– DM (siehe
Vertrag).

Die im vorgenannten Vertrag angeführten Artikelnummern konnten
in der Lagerliste Bartex vom Oktober 1980 festgestellt werden.
Die Überprüfung der bei der Fa. Quelle eingelagerten Bartex/Rolan
Hemden hat ergeben, daß auf den Kartons die alten Artikelnummern
übermalt waren. Diese konnten teilweise in der mir vom ZFA FFM
übersandten Lagerliste der Fa. Staramo, ebenfalls eine alte Brucker-
firma, Schweiz, vorgefunden werden. Die Ummarkierungen fanden nach
den bisherigen Ermittlungserkenntnissen regelmäßig bei Bartex
Jacky Maeder in Embrach statt. Die alten Artikelnummern sind für
die Ermittlungen hinsichtlich des tatsächlichen Lieferanten von
Bedeutung. Nachdem die Fa. Quelle dem Bundesamt für Gewerbliche
Wirtschaft zur Erlangung der Einfuhrgenehmigung u.a. Versandpapiere
vom September 1980 mit den neuen Artikelnummern über den Transport
von Taiwan nach Venedig vorgelegt hat, daß es sich um nachträglich
ausgestellt Papiere handelt. In diesem Zusammenhang wird daraufhinge-
wiesen, daß Bosshammer gegenüber Brucker geäußert hat, daß er Export-
lizenzen aus Taiwan erhalten könne, da dort noch Quoten offen seien.
Um eine Quotenkürzung durch die EG zu vermeiden, seien auch die
Taiwanesen offenbar bereit, entsprechende Exportlizenzen zu erteilen.
Näheres ist einem Aktenvermerk der Fa. Quelle zu entnehmen.
Es wird dabei besonders daraufhingewiesen, daß es sich hierbei um die
Quoten 1980 handelte, die letztlich im August 1981 erteilt wurden.
Es besteht der Verdacht, daß die Einfuhrgenehmigungen erschlichen
worden sind.

Bei den Markierungen H1 liegen Erkenntnisse vor, daß derartige Hemden
über die DDR als DDR-Waren an die Firma Detex bzw. Drechsel geliefert
worden sind.

A k t e n n o t i z

Herrn Bittlinger
Herrn Bosshammer
Herrn Gebauer

30. 4. 1981

Bartex

In obengenannter Angelegenheit habe ich heute gegen 15.oo Uhr
mit Herrn Brücker gesprochen. Dabei habe ich ihn zunächst darüber informiert, daß wir nach wie vor bemüht sind Taiwan -
bzw. Korea-Quoten zu bekommen. Diese Verhandlungen gestalteten
sich doch langfristiger und schwieriger als wir zunächst angenommen haben. Ein Ergebnis liegt hier zur Zeit noch nicht vor.

Herr Brücker äußerte hier zu Verständnis und meinte, daß er
ohnehin nicht damit rechne, daß wir kurzfristig Quoten bekommen
könnten.

Er teilte mit, daß er eine Möglichkeit habe, uns kurzfristig
ca. 500.000 Flanell-Hemden anzubieten, die wir verzollt in
Deutschland von einer deutschen oder einer schweizer Firma
übernehmen könnten. Hierfür sei aber Zahlung per Akkreditiv
erforderlich. Das Akkreditiv könne so ausgestaltet werden, daß
Zahlung erst geleistet wird, wenn sichergestellt ist, daß wir
die Ware in Besitz haben und diese in der Bundesrepublik frei-
verkäuflich ist.

Ich habe Herrn Brücker gesagt, daß dies ein vollkommen neuer
Aspekt sei, den ich Herrn Bittlinger umgehend vortragen würde.
Ich habe ihm für Donnerstag, 30.4.1981 einen telefonischen
Zwischenbescheid zugesagt.

29.4.1981
Ke/mvw

Vermerk des Quelle-Mitarbeiters Keck über die nachträgliche Beschaffung
von »Quoten«.

IMES

Import-Export Gesellschaft mbH

– Der Generaldirektor –

His Excellency
Engineer Torkan
Minister of Defence and
Armed Forces Logistics of the
Islamic Republic of Iran

Tehran

Berlin, *16th of September 1989*

26.11.89 an Protokollabt.
übergeben.

Excellency,

Please allow me to express my cordial congratulations
to your appointment as the Minister of Defence and
Armed Forces Logistics of the Islamic Republic of Iran.

As you might be informed about, IMES Import-Export GmbH
is a GDR Foreign Trade Company which started its cooperation with both the Ministry of Defence and the
Ministry of Sepah immediately after the victory of the
Islamic Revolution, maintaining it during the time of
the war without any interruption.

I take the liberty to use the opportunity of your
appointment to offer to your good ministry the continuation
and the expansion of this cooperation, especially in the
following fields:

- Overhaul and maintenance of military equipment, such as
  tanks, APC's, guns, rifles etc. including the delivery
  of technologies and technical documentations.

- Training of military personnel (including tank comman-
  ders, pilots, technicians etc.)

- Delivery of MiG-21 aircraft together with the necessary
  ground support equipment and spare parts.

- Delivery of various weapons and ammunition.

- Spare parts especially for USSR made equipment.

Internationales Handelszentrum   Tel.: 20 96/24 03   Telex: 114 385
Friedrichstraße – Berlin/DDR 1086

Imes-Schreiben an das iranische Verteidigungsministerium kurz vor der
Wende in der DDR.

Logbuch der West Africa Airline mit dem Hinweis, daß die Fracht für
Washington von Imes betreut wurde.

Abkürzungen

(Aus Raumgründen werden Abkürzungen, die als allgemein bekannt vorausgesetzt werden dürfen, sowie Firmennamen nicht berücksichtigt.)

AHB	Außenhandelsbetrieb
ANO	Abu-Nidal-Organisation
AVE	Außenhandelsvereinigung des deutschen Einzelhandels
BAW	Bundesamt für Wirtschaft
BCCI	Bank of Credit and Commerce
BCD	Binary Coded Line (binär kodierte Dezimalzahlen)
BfV	Bundesamt für Verfassungsschutz
BKA	Bundeskriminalamt
BND	Bundesnachrichtendienst
CAD	Computer Aided Design (rechnerunterstützter Entwurf)
CAM	Computer Aided Manufactury (rechnerunterstützte Fertigung)
CIA	Central Intelligence Agency
CNC	Computerized Numerical Control (computergestützte numerische Steuerung)
COCOM	Coordination Committee, Koordinierungsausschuß für Export-kontrollen in Ostblockländer
CRA	Creative Resources Associates
DABA	Deutsche Außenhandelsbank
DIA	Deutscher Innen- und Außenhandelsbetrieb
DNW	Dynamit Nobel Wien
DST	Direction de la Surveillance du Territoire
ECD	Economische Controle Dienst
EKD	Evangelische Kirche Deutschlands
ETA	Euzkadi Ta Azkatasuna, baskische Separatistenbewegung
FDGB	Freier deutscher Gewerkschaftsbund
FMLN	Freute Farabundo Martí para la Liberacíon Nacional
GBA	Generalbundesanwalt
GDR	German Democratic Republic
GRU	Sowjetischer Militärgeheimdienst
HA	Hauptabteilung

HDW	Howaldtswerke-Deutsche Werft AG, Kiel
H & K	Heckler & Koch
HVA	Hauptverwaltung Aufklärung
IHZ	Internationales Handelszentrum
ITA	Ingenieur-technischer Außenhandel
KGB	Komitet Gossudarstwennoj Besopasnosti, Komitee für Staatssicherheit
KoKo	Kommerzielle Koordinierung
KuA	Kunst und Antiquitäten GmbH
LfV	Landesamt für Verfassungsschutz
LPG	Landwirtschaftliche Produktionsgenossenschaft
MfAA	Ministerium für Auswärtige Angelegenheiten
MfS	Ministerium für Staatssicherheit
MSI	Südafrikanische Elektronikfirma
NDIO	National Defense Industries Organization
NSA	National Security Agency
NSC	National Security Council
NSW	Nichtsozialistisches Wirtschaftsgebiet
NVA	Nationale Volksarmee
OibE	Offizier im besonderen Einsatz
PLO	Palestine Liberation Organization
PKK	Parlamentarische Kontrollkommission der Nachrichtendienste
SED	Sozialistische Einheitspartei Deutschlands
SSD	Staatssicherheitsdienst
Stasi	Staatssicherheitsministerium
STGK	Sturmgewehr Kalaschnikow
StM	Staatsministerium
SWT	Sektor Wissenschaft und Technik
VE	Verrechnungseinheiten
VEB	Volkseigener Betrieb
VoPo	Volkspolizei
VUFAG	Verwaltungs- und Finanzierungs-AG
WAAL	West Africa Airline
WTA	Welt-Textil-Abkommen
ZK	Zentralkomitee
ZKI	Zollkriminalinstitut

Register

(Geänderte Namen sind hier nicht berücksichtigt.)